Atrapados en el vacío

Manuel Villegas

Atrapados en el vacío

La depresión

Herder

Diseño de la cubierta: Toni Cabré

ISBN: 978-84-254-5250-5

Imprenta: Sagrafic
Depósito legal: B-14.728-2025
Impreso en España - Printed in Spain

Herder
www.herdereditorial.com

Índice

1. Sobre la depresión

Pues de repente, a la pobre víctima el día le resultaba intolerablemente largo y la vida desoladoramente vacía. Iba a la puerta de su celda, miraba el sol en lo alto y se preguntaba si un nuevo Josué había detenido el astro a la mitad de su curso celeste. Regresaba entonces a la sombra y se preguntaba por qué razón él estaba metido en una celda y si la existencia tenía algún sentido.

Aldous Huxley

El demonio meridiano

«El día intolerablemente largo, [...] la vida desoladoramente vacía[...], la existencia carente de sentido». Con estas sensaciones describe Aldous Huxley (1923) la experiencia depresiva de los monjes del desierto en el siglo IV, que ellos atribuían a las tentaciones del «demonio meridiano». A saber, el demonio que, aprovechando la hora de más calor, minaba el estado de ánimo de aquellos eremitas para hacerles dudar de su fe y de su vocación monástica. Volvía entonces el monje a sus meditaciones, continúa el texto de Huxley, inspirado en los escritos de Evragio Póntico (2013), «para hundirse, entre el disgusto y la fatiga, en las negras profundidades de la desesperación y el consternado descreimiento».

Esta es una de las primeras descripciones psicomísticas de la fenomenología depresiva que encontramos en la literatura. No podemos caer en el anacronismo de pensar que la preocupación de los padres del desierto fuera propiamente psicológica, pero sí llama poderosamente la atención que, al contrario de la medicina antigua, Evragio (345-399) no atribuyera estos estados de ánimo a los humores corporales, sino a representaciones mentales, aunque de origen demoníaco, como cuando escribe: «Si un monje quiere tener conocimiento de los demonios más crueles y familiarizarse con sus estrategias para adquirir experiencia en su arte, debe observar sus *pensamientos y emociones*».

La depresión, en efecto, llamada según las épocas y los contextos culturales, «melancolía» o «acedia», era atribuida ya desde Hipócrates, en el siglo V a.C., a un exceso de bilis negra. Era considerada una afección del cuerpo, pero que perturbaba al alma. El médico romano Celso, por ejemplo, proponía una serie de recomendaciones para tratar la melancolía: «fomentar la distracción con lectura y juegos, realizar una actividad moderada al aire libre y consumir hierbas medicinales para reequilibrar el exceso de bilis negra».

La psiquiatría actual ha cambiado la perspectiva humoral en la base de la etiología de la depresión por la cerebral, en la que se ven implicados neurotransmisores como la serotonina, la noradrenalina, la dopamina, el glutamato y el GABA, los niveles de citoquinas proinflamatorias, problemas de interacción hemisférica, factores hormonales y hasta estacionales, etc., entre otras muchas causas. Y, aunque se insiste siempre en una etiología bio-psico-social, el acento termina por ponerse fundamentalmente en la etiología y el tratamiento biológicos.

En este texto nos interesa estudiar la dimensión psicológica o experiencial del fenómeno depresivo en función de su comprensión, prevención y psicoterapia. Naturalmente, todas las alteraciones emocionales van acompañadas de cambios fisiológicos sobre los que, sin duda, es posible incidir farmacológicamente. Haremos referencia a estas y otras cuestiones en el penúltimo capítulo de este libro, centrándonos por ahora exclusivamente en el objetivo de la comprensión fenomenológica de la depresión y su psicoterapia.

Etimología y significados de la palabra «depresión»

Se trata de una palabra compuesta por el prefijo *de* y el verbo latino *premere,* de donde *de-primere,* cuyo participio, *depressus*, ya se intuye que da origen al sustantivo «depresión». El verbo significa apretar de arriba abajo, *hundir*, rebajar, y, en consecuencia, el participio del que deriva el nombre nos habla de algo que está hundido, como, por ejemplo, la depresión central de Chiapas en México. De este modo, la palabra depresión se utiliza en distintos contextos o campos semánticos, como la economía, la meteorología, la geología o la geografía y, naturalmente, también la psicología, pero siempre con el mismo significado de «hundimiento».

Dado que la palabra «presión» hace referencia a una fuerza, un empuje, como, por ejemplo, el de la presión arterial responsable del sistema circulatorio, la utilización de diversos prefijos cambiará de significado, según el que se le quiera dar a este impulso. Así, la palabra *re*-presión hace referencia a la fuerza inhibidora con que se intenta neutralizar una tendencia contraria, como en el caso de una disidencia política. En cambio, llamamos *o(b)*-presión, al sometimiento al que se sujeta a un colectivo nacional o social al que se quiere dominar. *Im*-presión designa la fuerza con la que se graba algún elemento sobre una superficie real o figurada, por ejemplo: «la noticia causó una gran impresión en su ánimo». Por el contrario, la palabra *ex*-presión indica la fuerza con que algo sale o se manifiesta de dentro hacia fuera: «expresó su enfado de forma vehemente». Finalmente, la combinación del prefijo *sub-* y el sustantivo *-presión* alude a la aniquilación de toda fuerza impulsiva que resulta de la aniquilación o *supresión* de la misma, desde la propia raíz.

En esta lógica, la palabra *de*-presión refleja perfectamente este hundimiento psíquico al que nos venimos refiriendo, ya desde su introducción en el lenguaje psiquiátrico a partir del siglo XVIII, cuando el británico Richard Blackmore y el escocés Robert Whytt rebautizan el cuadro melancólico, descrito anteriormente, con este nombre. El lenguaje analógico o metafórico hace hablar al depresivo de caer en un pozo o en el abismo, como si se le abriera la tierra bajo los pies, o en un agujero negro donde no hay nada, sino el vacío, y de donde uno cree no poder salir por sí mismo.

Atrapados en el vacío

Independientemente de la perspectiva etiológica y terapéutica, acorde con los paradigmas conceptuales predominantes en cada época de la historia, existe casi unanimidad en todos ellos en la descripción del estado de desolación y vacío en que se encuentra el deprimido, en términos parecidos a los utilizados por los monjes del desierto, que hemos citado antes. Este se caracteriza por una sensación de impotencia que da lugar a sentimientos de tristeza, de desesperanza, de inutilidad, de falta de motivación y de sentido, entre otros.

Así, por ejemplo, el Manual de Diagnóstico DSM-5, al referirse a la depresión, habla en términos muy parecidos: «estado de ánimo deprimido la mayor parte del día (por ejemplo, se siente triste, vacío, sin esperanza); disminución importante del interés o el placer por todas o casi todas las actividades; sentimiento de inutilidad o culpabilidad; disminución de la capacidad para pensar o concentrarse, o para tomar decisiones; pensamientos de muerte, ideas suicidas recurrentes», entre otras cosas.

La nevera vacía

Silvia, paciente de 32 años, cuenta así, de manera sencilla y gráfica, a sus compañeras de grupo de terapia la experiencia, por suerte ya superada, de su pasaje por una depresión profunda.

> *Toda la vida me ha gustado hacer comida. Pero tenía la nevera abierta y no sabía qué hacer para comer. Iba al mercado y no sabía qué tenía que comprar. Volvía a casa con el carro vacío, llorando por la calle. No sabía.*
>
> *Yo he tenido una depresión profunda. Estaba fatal. Llamaba al médico, «que no estoy bien, que estoy mal». Estaba mal, me ahogaba.*

Quería morirme, morirme. En la cama, por la noche, yo siempre he vivido al lado del tren, oía el pitido del tren, que me llamaba. Entonces, por eso, yo puedo decir: ahora sé por qué se mata la gente. Muchas amigas mías se han tirado al tren.

Ahora no oigo nada, porque psicológicamente estoy bien. Si no fuera por el perro, me hubiera tirado del techo. Me subía al techo y el perro a mi lado y yo para tirarme. Lo he pasado tan mal...

Horror vacui

En la historia del arte se ha hecho famosa la expresión *horror vacui,* que significa, literalmente, «horror al vacío», lo que ha derivado en rellenar los espacios pictóricos o escultóricos de ornamentaciones superfluas y ostentosas, como en el Barroco o el Rococó. Pero, ¿cómo se puede tener pánico al vacío si no hay nada? ¿Cómo es posible percibir la nada, si no existe? La respuesta está en que lo que se percibe no es la nada, sino la *ausencia* de algo, es decir la falta de ente: (ab)-(*esencia*), no esencia, no-ente. *Nothing,* en inglés (no-cosa), en catalán *no res* (en latín, *res* significa cosa), o *rien* en francés, equivalen a nada; *niente,* en italiano, es la negación del ente, la nada. Si se percibe la *au-sencia* es porque se detecta la falta de algún *ente* que debería estar *pres-ente,* en el lugar donde estoy yo.

¿Y cuál es el ente que debería estar *presente* y, por el contrario, se halla *ausente?* Aquel que responde a mi expectativa. En consecuencia, pueden ser muchos, según las expectativas de cada individuo, los elementos o estímulos que se encuentran a faltar. Por ejemplo, se puede echar de menos la presencia humana, lo que deriva en la sensación o el sentimiento de *sol*edad o de*sol*ación.

Una tradición somalí, referida por Kapuscinski (2000), describe de forma dramática la percepción de soledad a la que se ve abocado el nómada en busca de agua en el desierto:

> Hamed me cuenta que la poesía de su pueblo habla a menudo del drama y la aniquilación de aquellos clanes que, atravesando el de-

> sierto, no han conseguido llegar hasta un pozo. Esas peregrinaciones de trágico final duran días, incluso semanas enteras. Las primeras en caer muertas son las ovejas y las cabras. Pueden aguantar sin agua apenas unos pocos días. Luego les llega el turno a los niños. [...] Luego, mueren las mujeres [...]. Durante un tiempo siguen con vida los hombres y los camellos. El camello puede aguantar sin beber unas tres semanas. [...] Esas tres semanas son el límite extremo de supervivencia para el hombre y el animal, si quedan solos en la tierra: «*solos* en la tierra», exclama Hamed. [...] El hombre y el camello siguen viaje en busca de agua, de un pozo [...]. «El hombre y el camello mueren juntos», dice Hamed. [...] Por lo general al nómada y a su animal les quedan aún fuerzas suficientes como para arrastrarse hasta alguna sombra. Se los encuentra más tarde, muertos, en algún lugar sombreado o allí donde al hombre le había parecido ver una penumbra.

Pero no es necesario que se trate de la ausencia de entes materiales o físicos, como seres humanos o pozos de agua, sino, sobre todo, de entidades capaces de responder a expectativas motivacionales como, por ejemplo, la ausencia de estímulos de diversión, que da lugar al *aburrimiento*; o la ausencia de ayuda o protección, que origina la sensación de *abandono* o *desamparo*. De modo que podríamos ir relacionando la ausencia de muchos otros factores motivacionales internos o externos con sus derivados depresivos como, por ejemplo, la falta de capacidad con la sensación de *inutilidad* o de *impotencia*; la de futuro con la falta de *proyectualidad* o la *desesperanza*; la de ilusión con *decepción*; la de sentido con *absurdo;* la de reconocimiento, con *invalidación*, y así, hasta el infinito.

Enfermedad o conflicto existencial

Ahora bien, ¿cómo llega una persona a este estado? Sin duda son muchos los caminos que pueden conducir a una persona a una sensación de vacío, inutilidad, desilusión o falta de motivación. En general, no existe una sola causa, aunque un determinado acontecimiento puede ser suficiente para ello si afecta a algún núcleo especialmente significativo para la persona, sino una historia de vida que ha ido configurando una experiencia de fracasos, pérdidas, dolor o frustración, que han llevado a la persona a una percepción de impotencia y desesperanza, que adopta la sintomatología depresiva.

Sufro por mi gente

Margarita es una paciente de 74 años que llega a terapia con un diagnóstico de distimia y depresión mayor recidivante. Sufre también afecciones del sistema músculo-esquelético (cinco operaciones de cadera en los últimos años) que le impiden hacerse cargo de las funciones que ha ejercido siempre en la familia, e incluso a veces, de sí misma. Los primeros episodios depresivos aparecen a los 37 años, a raíz de la muerte de una hija de 13, y se han ido sucediendo en función de otros múltiples sucesos, como la muerte del marido hace siete años y la del hermano mayor hace tres, con quien estaba muy unida desde que en la infancia quedaron abandonados por sus padres y tuvieron que vivir en la calle. En referencia a su demanda terapéutica dice así:

> *Yo estoy depresiva, pero estoy depresiva por todo lo que estoy explicando, por mis problemas, o sea, mi tristeza. Es por mis problemas... Tiene un sentido, no es una enfermedad, es un sentido de que quiero mucho a mi gente y sufro mucho. Entonces me ilusiono mucho con mis nietos porque, cuando mi hijo cayó en la droga, y su mujer también, hubo un desbarajuste. Y los niños se apoyaron mucho en mí. Y ahora yo veo que mis nietos me necesitan y que yo ya no puedo, y eso me hunde, me hunde mucho. Es algo que tengo como... un sentir, un sentimiento, un sufrimiento aquí, siempre. Siempre pendiente de ellos. A veces, a lo mejor, tengo una etapa en que estoy muy mal, muy hundida, pero tengo mis motivos. A ver, yo lo que me analizo es que si me pasa eso no es porque mentalmente esté tarada, sino que me pasa porque realmente me están pasando cosas que me están haciendo daño, como mi salud y como muchas cosas que, bueno... Cuando yo ya veo que empiezo a*

> *bajar, enseguida empiezo a sacar un poquito mi carácter y decir «no, no, no», en vez de hundirme, hundirme. Bueno, ahora estoy en una temporada que me estoy enfrentando bastante a mí, a mí, a mí. A decir «no» y «no» y «tira pa'delante». El riesgo que tengo es que, a lo mejor, de golpe y porrazo, no sé por qué, doy un bajón. Yo ya sé que, a ver, porque lo he leído, cuando hay una depresión mayor como la que yo he tenido, que la he tenido muy mala, con intento de suicidio y todas esas cosas, siempre te queda algo. Pero claro, yo todo esto lo sé y lo estoy luchando.*

En este texto, y en palabras de la propia paciente, se resumen, de alguna manera, una serie de conceptos fundamentales que vamos a desarrollar a lo largo de este libro. En primer lugar, la paciente asegura no estar «enferma», sino superada o abrumada por una cantidad ingente de «problemas» de todo tipo, también de «salud física», que la «hunden» en la «impotencia». En segundo lugar, estos problemas son «reales», no invenciones de un «trastorno mental» y la hacen *sufrir*. En tercer lugar, la naturaleza de estos problemas es de tipo *relacional*, alude al desbarajuste originado por la drogadicción de su hijo y su nuera y el efecto que esto causó en relación con el *cuidado* de los nietos, generando un desequilibrio en su sistema de regulación moral, al provocar un predominio de la regulación socionómica oblativa en detrimento del resto de sistemas de regulación (Villegas, 2011, 2015). Finalmente, la paciente refiere a su actitud de resistencia al desánimo, a través de la *lucha*. Acude, sin embargo, a terapia porque hay cosas que no acaba de poder vencer con esta lucha, como puede deducirse de la referencia a los «*bajones*» (recaídas), que a veces se producen de «golpe y porrazo».

Los dos primeros conceptos señalados en el texto, la depresión *no es una enfermedad*, sino una perturbación del estado de ánimo, causada por *problemas reales* que nos *hacen sufrir*, son prácticamente aplicables de forma universal y transversal a todos los casos de depresión psicógena. El tercer concepto, que tiene que ver con la *naturaleza del problema*, aunque alude igualmente a una cuestión a plantear en todos los casos, presenta una variabilidad idiográfica que obliga a tratar cada caso como único. Eso no impide, sin embargo, tratar de llegar a describir categorías conceptuales, capaces de agrupar distintos tipos de experiencias depresivas, relacionadas con pérdidas, duelos, fracasos, errores, desilusiones, frustraciones, desengaños, traiciones, invalidaciones, abandonos, divorcios, separaciones, maltratos y un larguísimo etcétera, que iremos desgranando a lo largo de este texto.

La depresión reactiva

Existe, sin embargo, otro aspecto interesante a señalar en el texto, y es el que hace referencia a una aparición abrupta de la sintomatología depresiva. Hay un hecho desencadenante que puede situarse en el tiempo y que marca un antes y un después, en este caso, la drogadicción del hijo y la nuera con el consiguiente desamparo de los nietos. Antes se había señalado la muerte de una hija de 13 años. Al margen de una historia mucho más compleja, que tendremos ocasión de analizar con más detalle en el capítulo 7, lo que queremos resaltar aquí es la capacidad de acontecimientos vitales específicos para desencadenar reacciones depresivas por sí mismos, sin necesidad de recurrir a factores predisponentes o a personalidades premórbidas. A este tipo de depresiones las llamaremos *reactivas*, dado que la posibilidad de producirse puede afectar a cualquiera en circunstancias parecidas, como le sucede a la paciente del siguiente caso.

La rotonda

Pilar, paciente de 36 años, casada, madre de un niño de 11 meses, diagnosticada de depresión mayor, acude a terapia para poder elaborar un duelo complicado. Trabaja en un instituto de bachillerato. En el proceso terapéutico se le pide, como ejercicio para casa, escribir una autobiografía de sus experiencias vitales. Llega a la sesión con un manuscrito de 138 páginas, del que extraemos el siguiente fragmento (Rojí, 2014). En el texto aparece designado con su nombre propio, Jaime, el marido de la paciente.

Jaime y yo, que estábamos aburridos en nuestro encierro, decidimos salir con el chiquillo para tomar un aperitivo. Mi marido al volante, mi hijo en su silla colocada en el extremo derecho del asiento trasero y yo, a su lado. Arrancamos y llegamos al stop. *Después de unos segundos nos situamos en nuestro carril y casi de inmediato, justo al salir de la curva, un asesino hizo un adelantamiento inconcebible que nos pegó lateralmente. Gracias a la escasa velocidad a la que circulábamos y a los reflejos de Jaime, que logró no perder completamente el control del coche, no caímos al barranco. Sin embargo, después de dar un par de bandazos en zigzag, acabamos semiempotrados justo al final del doble pretil, con una de las ruedas traseras colgada sobre el abismo.*

Oí que Jaime me preguntaba si yo estaba bien, y le contesté que sí. Después me preguntó por el niño, y yo, que sentía su tibieza protegida por mi cuerpo de la maraña de hierros, cristales rotos y fragmentos de tapicería desgarrados, volví a responder afirmativamente. Jaime y yo salimos del coche. Me han contado que yo, desde el exterior, empecé a gritar, como una posesa, la palabra hijo. Yo solo recuerdo, inmóvil y ajena a mí, la imagen de mi hijo quieto con sus ojazos oscuros muy abiertos y el cuello abandonado sobre el pecho, con la irreversible flacidez de un muñeco desnucado. Tenía once meses y cinco días…

Del resto, ¿qué puedo decir? Prácticamente no recuerdo nada de lo acontecido después del accidente. Sé que volví con las clases y con la vida de siempre, que me molestaba mucho la mera presencia de los demás y su interés por animarme haciéndome compañía provocaba una violencia sorda, tan intensa que me entraban ganas de matar… Sé que Jaime intentó acercarse a mí, pero yo no logré reconocerlo como un ser real, de la misma manera que no fui capaz de reconocerme a mí misma, más que como una estela agostada sobre un pedazo de celuloide caduco. Eso fue todo durante varias semanas…

Y sé que en alguno de aquellos momentos asumí que, incluso pese al dolor, mi vida continuaba siendo un privilegio, que la ausencia de mi hijo sería una brecha imposible de saturar; pero también acepté que el tiempo, que todo lo destruye, destruiría al fin su propia destrucción.

A principios de noviembre, Jaime me pidió el divorcio, porque pensaba que lo nuestro no tenía arreglo, y además hacía casi un año que había conocido a una mujer de la que ahora se sentía enamorado. Le respondí de inmediato que le concedía el divorcio... Durante dos o tres días continué haciendo mi vida concentrada en las rutinas de siempre, como si no hubiera sucedido nada que me incumbiese. El sábado por la mañana me desperté llorando. Sentí que algo se había quebrado en mi interior para siempre y la desolación fue un maremoto que me sepultó.

Pero cuando algunos de mis compañeros se acercaron a visitarme sin haberme avisado antes, comprendí que tendría que atajar el duelo fuese como fuese. Para hacerme con las riendas apreté los puños; me tensé tanto como fui capaz.

Aquel esfuerzo dio resultados. Porque en cosa de cuarenta y ocho horas me recuperé y volví al trabajo y me ocupé de la casa y de mi aspecto físico... Pero semejante ejercicio de autocontrol tuvo también una consecuencia inesperada que me amedrentó infinitamente más que el dolor o el llanto. Simplemente, a fuerza de maltratarme el alma, dejé de sentir.

¿Cómo explicarlo? Fue algo así como estar viviendo por fuera de mi cuerpo, dándome perfecta cuenta de cuanto sucedía a mi alrededor, ejecutando todas aquellas acciones que me correspondían, comportándome en todo momento de acuerdo con lo que se esperaba de mí; pero enajenada como un autómata... Además, presentía que, tras aquella quietud, aparentemente imperturbable, se estaba incubando mi aniquilación. No sabía qué hacer, no tenía a quién recurrir, pues los demás llegaron a decirme que me admiraban por mi entereza y, viéndolos tan convencidos de la veracidad de sus propias palabras, permanecí petrificada. Por la noche tuve un sueño terrorífico... A la mañana siguiente pensé en suicidarme, así, a sangre fría, en el interior de la bañera. Supe que extraviada en mi propio laberinto, estaba a punto de perder la razón...

Lo demás ya lo sabes. Tú dices que ahora estoy mucho mejor y es cierto, porque me recobro a mí misma en lo que escribo y puedo conversar contigo. Pero tengo también la certeza de que la vida se me ha roto.

Una experiencia disruptiva como esta, que en cuestión de segundos puede cambiar una vida y tiene como efecto la muerte de un hijo y un divorcio, puede dar lugar a una *depresión reactiva,* independientemente de si ya se daban antecedentes o predisponentes para ello.

La depresión originaria

Existen otras situaciones en que las personas se encuentran ya desde su nacimiento en condiciones existenciales tan precarias que nos llevan a hablar de una *depresión originaria*. Tal es el caso de la paciente a la que hemos llamado Heidi, a cuya historia dedicaremos una especial atención, más adelante.

No debería haber nacido

Heidi: *Son muchas historias, en mi vida son muchas historias, porque yo no tenía que haber nacido, y entonces he arrastrado problemas ancestrales y costumbres ancestrales de la familia que me han pegado así con pegatinas, que voy despegando poco a poco.*
Terapeuta: *¿Como cuáles?*
H.: *Pues, bueno, que no tendría que haber nacido; porque mi padre estaba comprometido con otra mujer y mi madre se quedó embarazada de mi padre. O sea, se enamoraron clandestinamente. Al ser la parte paterna una familia influyente, mi madre tenía poco que hacer. Pero bueno, mira, ellos se enamoraron, y pudo el amor... Sin embargo, ellos, cuando yo ya había nacido, quisieron casarse, pero el cura tampoco los quería casar. Entonces era así en los pueblos. Y bueno, pues al final se casaron por iglesia, porque entonces, si no te casabas por la iglesia, no había papeles. Ellos vivían en un pueblo de 600 habitantes en aquella época, el año 1956. Yo nací al año siguiente, 1957, impuramente, o sea, del pecado, por la parte paterna, una familia que era de la iglesia. Y luego había personas que eran de la iglesia y del ejército de Franco. Y entonces, claro, imagínate el hijo les sale comunista. Y claro, pues a él lo tenían calado...*
T.: *Dices que iba con tu abuela al río, tu madre, a ver si perdía la criatura.*
H.: *A mi madre le tiraban piedras a la puerta cada día, la apedreaban, la insultaban, le hacían cosas para que tropezara, para que mi madre abortara.*

T.: *Vaya que fue un embarazo, no sé si deseado o no, pero sí conflictivo.*

H.: *Sí. No sé si mi madre, no se lo he preguntado, si en algún momento del embarazo deseó no tenerme; no lo sé, no lo sé... Lo que considero es que mi madre, en el fondo, es una víctima; aunque ella se ha hecho la dura siempre, ha sido una mujer maltratada y lo sigue siendo. Lo que pasa es que... la forma de vivir de ellos, la tiene asumida totalmente. Porque también ha tenido una vida muy dura. A mi padre, en aquel momento, lo desheredaron; es más, su madre murió y murió enfadada con él, eso no se lo ha perdonado jamás. Mi abuela se murió hace tres años, en agosto, con casi cien años, y no perdonó a su hijo, a mi padre, que construyó su casa casi en frente de la de ella.*

T.: *¿Y no se hablaban?*

H.: *Sí, pero era un desprecio constante. Y hacia mí, lo mismo. O sea, me quería y no me quería, y yo siempre he tenido esa ansia de sentirme aceptada. Y yo me esforzaba para que me quisiera, me esforzaba más y más, era lo que buscaba constantemente. Eso me marcó a mí para toda mi vida.*

A diferencia del texto anterior de Pilar, más centrado en acontecimientos particulares, desencadenantes de reacciones catastróficas en su momento, cuyos efectos dan lugar a la aparición de una depresión mayor, el texto de Heidi describe una atmósfera de *rechazo* e *invalidación* que precede al nacimiento y envuelve todo el ambiente familiar en que se desarrolla su infancia, excepción hecha de los abuelos maternos a los que nos referiremos más adelante, al entrar en el detalle de su caso. Esta atmósfera será el caldo de cultivo que promoverá la *actitud dependiente y complaciente hacia los demás en busca de una aceptación originaria,* que nunca llegará y sin la cual Heidi se considerará un ser ilegítimo, carente de derechos y de (id-)entidad propia.

Como hemos insinuado ya antes, casos como este nos llevan a hablar de otro tipo de depresión, la *originaria*. No se trata de un origen basado en la herencia genética, sino en el contexto psicosocial en que una persona llega a este mundo y que resulta un elemento decisivo en el proceso de construcción de una estima ontológica, la que nos da carta de naturaleza o legitimidad existencial (Villegas, 2022; Villegas y Mallor, 2015). El reconocimiento parental, familiar y social, tanto desde el punto de vista jurídico como afectivo, establece las bases del sentimiento de pertenencia. No pertenecer a nada ni a nadie (ni patria ni «matria») es carecer de (id-)*entidad*, es como llegar a este mundo en patera y sin papeles. De hecho, explica Heidi a propósito de los suyos:

> *Llegaron a quemar los papeles del matrimonio de mis padres y también nuestras actas de nacimiento. O sea, no tengo ni fecha de nacimiento verdadera y tampoco lo he removido más, lo he aceptado de esa manera. Soy sietemesina, ni llego a sietemesina; pero bueno, es igual. Y con mi hermano hicieron lo mismo.*

Sobre estas condiciones de negación al «derecho» de existir se establece una percepción de vacío existencial que Paul Williams (2014), cuyo caso desarrollaremos más adelante, define muy bien cuando afirma sobre sí mismo «sentirse insustancial». La persona literalmente «no existe», cuando no es reconocida por los demás, cuando es objeto de exclusión social. Valeria Ugazio (2012) coloca la exclusión, desde su perspectiva social, sistémica o relacional, en la base de la depresión.

> Las personas con organización depresiva provienen de familias en las que predomina la *semántica de la pertenencia,* centrada en dos polaridades semánticas nucleares: inclusión/exclusión, honra/deshonra. Estar incluido en la familia, en la parentela, en la propia estirpe, en la comunidad es lo más importante… La expulsión del grupo, la falta de una pertenencia familiar, son vividas como una deshonra irreparable, mientras el bien más grande es estar enraizados y ser honrados o reconocidos dentro de los propios grupos de pertenencia, de la familia a la comunidad, o incluso en el trabajo.

Si *ex-sistir* significa etimológicamente estar (*sistere*) fuera (*ex*), estar ahí fuera, en el mundo, encontrar el propio lugar en el mundo se hace constitutivo del propio ser.

La depresión mixta

Hemos planteado hasta ahora dos posibles orígenes de la depresión. Una puntual, *reactiva* a una situación de invalidación masiva y abrupta, y otra más difusa y profusa, presente ya en el *origen* de la historia vital de la persona, que la envuelve y acompaña en su desarrollo en la infancia y la adolescencia y, frecuentemente, más allá en toda la vida adulta, a veces oculta bajo otros síntomas como los trastornos alimentarios, las obsesiones o la agorafobia, por citar solo algunos.

Naturalmente, ambas condiciones pueden producirse en la vida de una persona de modo convergente, dando origen a una modalidad depresiva que podríamos denominar *mixta*. Incluso puede afirmarse que en las personas adultas es la modalidad predominante, sin ser la exclusiva. El caso que vamos a considerar ahora pertenece claramente a este tercer grupo, el de la depresión mixta.

La hija rota

Elisa, de 61 años, acude a terapia derivada por su médico de cabecera con una demanda centrada en el dolor crónico que afecta su calidad de vida y bienestar general, acompañada de «falta de ilusión por nada en estos momentos de su vida», que, avanzando la terapia, define de forma más específica con estas palabras:

> *Me gustaría ir mirando algún enfoque de fortaleza interior, como poder adquirir algunas herramientas para que la salud no me mine el estado anímico, que yo pueda tirar para adelante con un poco de ilusión, con algo más de energía emocional, porque la tristeza se apodera de mí en muchas ocasiones y sé que hay mucha molestia interior por cosas pasadas, y por vivir sola.*

En perspectiva, su biografía puede dividirse en tres grandes etapas. La primera corresponde al periodo que abarca la infancia y adolescencia, hasta los 21 años, que podríamos denominar *periodo de formación*.

Elisa es la tercera de cinco hermanos, todos ellos varones. La situación económica de la familia es bastante holgada. La educación recae en la figura materna, mientras que el padre aparece como sostén económico. Entre los 4 años y los 6 años es víctima de abusos sexuales por parte de un tío paterno, que cohabita en la casa. Los episodios pasan aparentemente desapercibidos por parte de los padres. Desde edad temprana, a partir de los 6 años, asume un papel significativo en el cuidado de los dos hermanos nacidos después de ella, ya que su madre comienza a delegar en ella muchas funciones parentales. A los 18 años experimenta un episodio de depresión profunda, que incluye intentos autolíticos con medicamentos. Por un lado, vivenciaba una situación de atrapamiento y ahogo dentro de la familia, al haber dejado los estudios y no concretar ningún proyecto de formación profesional. Por otro, es víctima de un intento de violación por parte de quien era su novio en esta etapa. Su comportamiento se vuelve retraído, se encierra en sí misma y pierde la ilusión y la confianza. El agravamiento de la sintomatología depresiva requiere tratamiento médico. Ante la falta de apoyo en el núcleo familiar, se ve obligada a superar con sus propios recursos la crisis depresiva, lo que le supone un ejercicio de autoconocimiento y esfuerzo personal para redirigir su vida. Como resultado de este proceso toma la decisión de realizar un ciclo formativo de administración de empresas, que le abre las puertas de acceso al mundo laboral.

El segundo periodo lo podríamos designar como de *emancipación.* La entrada al mundo laboral, a partir de los 21 años, le permite ganar independencia, autonomía y confianza en sí misma. Esto le posibilita también abandonar la casa familiar y comenzar a vivir sola. Se desempeña como administrativa en distintos ámbitos profesionales en una carrera ascendente, siempre de mayor responsabilidad. Se siente satisfecha y realizada en el ámbito profesional y laboral hasta los 52 años, cuando la muerte de su jefe y amigo personal desencadena una serie de hechos que acaban con un despido improcedente. Durante esta fase de su vida, entre los 21 y 52 años, se establecen de forma consecutiva tres relaciones de pareja significativas. La primera tiene importantes matices de dependencia y maltrato psicológico, con varios episodios de ruptura y reconciliación. Es una relación que define como apasionada y en la que se sentía «enamorada hasta las trancas». La segunda relación es con una persona 19 años mayor. Es una relación que le aporta estabilidad emocional y apoyo, en la que se siente reconocida y valorada como persona. Después de cinco años decide terminarla ante la negativa de la pareja de formalizar legalmente esta relación por la vía del matrimonio o la pareja de hecho. Sentía que todo iba bien, pero faltaba algo: se refería a ella misma como «una mujer joven, independiente, educada y con solvencia económica» y que deseaba estar casada legalmente. La tercera la establece con una persona casada. Decide iniciarla porque «al menos sabía que no me estaban engañando, porque me puso las cartas sobre la mesa desde el inicio y yo las acepté». Esta relación le proporciona bienestar por las muestras de compañía, afecto y apoyo, pero también le produce insatisfacción y malestar por los mismos motivos. En el momento en que inicia la terapia, le describe como la «única persona que realmente se preocupa por cómo estoy».

El tercer periodo lo podríamos denominar de *invalidación.* Viene marcado por el cese laboral y la aparición de la problemática ligada al dolor crónico. A los 45 años sufre una histerectomía y tiene que asumir que no tendrá descendencia, aunque igualmente reconoce no haber buscado ser madre de forma activa, porque consideraba que no tenía las condiciones materiales necesarias ni la pareja adecuada para ello. A los 52 años, tras la pérdida de un gran amigo y jefe durante mucho tiempo en el trabajo, comienza a presentar un dolor en la rodilla que requiere baja médica. La vuelta a la oficina es problemática por nuevos cambios en el área de dirección y funcionamiento de la empresa, y termina dejando la empresa con una indemnización económica por despido improcedente. En los siguientes nueve años se configura un cuadro clínico con múltiples padecimientos osteomusculares y tratamientos médicos con diferentes especialistas. Estos hechos condicionan su retiro definitivo del mundo laboral y con ello la reducción drástica del mundo social de Elisa. Progresivamente aparece la sintomatología psicológica que lleva a consulta: estados depresivos, anhedonia, falta de motivación e interés, sentimientos de soledad y vacío, y una pérdida del sentido de su vida.

La fase evolutiva inicial en la vida de Elisa se halla caracterizada por un *déficit nutritivo* y un atrapamiento parentalizado, que limitan su desarrollo. Como sucede en muchos de esos casos, la persona afectada busca superar estos déficits con una *compensación meritocrática*, la cual suele funcionar satisfactoriamente, aunque a costa de un precio muy alto en autoexigencia personal y dependencia en las relaciones amorosas, hasta que las vicisitudes de la vida ponen en cuestión todo el sistema, llevando a la conciencia de un *fracaso existencial*. Sobre este trasfondo vital se configura la depresión mixta.

Estas tres fases, *déficit nutritivo* → *compensación meritocrática y/o dependencia afectiva* → *fracaso existencial*, que hemos descrito hasta ahora y que pueden ser leídas desde una óptica psicosocial, como correspondientes a la infancia y adolescencia (la primera), a la juventud (la segunda) y a la madurez (la tercera) permiten también una lectura en términos de fracaso en el desarrollo de su capacidad de autorregulación moral, que facilita la comprensión del cuadro depresivo.

La regulación depresiva

Acabamos de aludir al fracaso en el proceso de conseguir una autonomía psicológica desde la que regularse en todos los ámbitos de la vida. La gráfica que sigue a continuación representa de manera sintética los sistemas de regulación moral que hemos desarrollado ampliamente en otras publicaciones anteriores (Villegas 2011, 2015). En ella se describe el proceso evolutivo orientado al desarrollo de la autonomía, hasta alcanzar la capacidad de autorregulación moral, a través de etapas sucesivas que lo van jalonando de la infancia hasta la madurez en un contexto psicosocial. La reproducimos aquí para mayor comodidad del lector, aunque aconsejamos acudir a los textos originales referidos en la bibliografía para una mayor comprensión y profundización del modelo del desarrollo moral.

CORRESPONDENCIAS ETAPA EVOLUTIVA – DESARROLLO MORAL	
ETAPA EVOLUTIVA	**NIVEL DE DESARROLLO MORAL**
PERIODO NEONATAL (0 - 2 AÑOS) Regulación por necesidades	**PRENOMÍA** Previo a la norma social Depresión originaria
INFANCIA (2 - 6 AÑOS) Regulación por deseos	**ANOMÍA** Carente de norma social Trastornos de conducta
NIÑEZ (6 - 12 AÑOS) Regulación por normas	**HETERONOMÍA** Sometido a la norma social impersonal Obsesiones / Narcisismo meritocrático
ADOLESCENCIA (12 - 18 AÑOS) Regulación por relaciones grupales	**SOCIONOMÍA COMPLACIENTE** Acomodado a la norma social grupal Dependencia afectiva
JUVENTUD (18 AÑOS...) Regulación por relaciones personales	**SOCIONOMÍA VINCULANTE** Acoplado a la norma social relacional Agorafobia / Depresión reactiva
EDAD ADULTA Regulación por juicio propio	**AUTONOMÍA** Criterio propio o personal

La columna de la izquierda establece los periodos, fases o etapas del desarrollo moral por edades. Añade en la parte inferior a cada etapa el criterio de regulación predominante en ese periodo evolutivo. La columna de la derecha indica el nivel de desarrollo de regulación moral alcanzable en cada uno de estos periodos, que se define en relación con la autonomía, considerada la cúspide deseable de todo el proceso evolutivo. Todas estas etapas toman su denominación en referencia al *nomos* o criterio con que aspiran a regularse. En consecuencia, la utilización de los prefijos *pre, a, hetero* y *socio* antepuestos a la palabra «nomía» significan el mayor o menor grado de aproximación a la autonomía. Se indica, además, de forma sucinta, las principales «patologías» atribuibles a disfunciones específicas de cada una de ellas.

Los déficits en el desarrollo de la regulación *prenómica* se manifiestan a través de la *depresión originaria.* La persona se siente desvalida por sí misma desde el punto de vista del sustento afectivo o emocional, y, a veces, incluso funcional. Desmotivada, sin fuerzas, ni recursos para hacerse cargo de sí misma, pensando más en morir que en vivir, establece un tipo de relaciones interpersonales de carácter dependiente, con frecuencia pasivo agresivo. En otras ocasiones intenta compensar sus déficits con autoexigencias meritocráticas que merezcan la validación externa, que le confirme en su ser.

En la *depresión reactiva* el sistema de regulación habitual alcanzado hasta aquel momento a través del desarrollo de la persona se hunde, aunque sea transitoriamente, por un periodo más o menos largo, en condiciones similares a las de la depresión originaria. Así, por ejemplo, la persona se siente incapaz de hacer frente a sus obligaciones o responsabilidades habituales (heteronomía), o incluso del cuidado de sí misma (prenomía) y de los suyos (socionomía), limitándose a centrarse pasivamente en sus necesidades, cuya satisfacción delega en los demás en la medida en que se siente, al menos temporalmente, imposibilitada para hacerlo por sí misma de manera eficiente.

La perspectiva existencial

En términos existenciales se puede considerar la depresión como la «constricción del ser»: *Dasein*, en términos filosóficos. Como esta expresión puede resultar de difícil comprensión, podemos traducirla como la constricción o limitación del mundo, entendido como espacio simbólico de proyección de la existencia. La palabra *ex-sistencia* significa literalmente estar *(sistere)* fuera *(ex)*, de donde surge el concepto heideggeriano de *Da-Sein*: «el ser ahí», que está fuera. ¿Fuera dónde? En el mundo.

En el contexto de la filosofía existencial, el mundo se entiende como espacio simbólico de proyección propia y de relación con los demás. El ser humano se halla situado en relación con el mundo *natural*, el *Umwelt* o mundo de la naturaleza, de la ecología, el mundo de la corporalidad, de la sexualidad, de la salud y de la enfermedad, de la vida y de la muerte; al *Mitwelt* o mundo de la presencia *social* y de las relaciones interpersonales, el mundo de la familia, de la pareja, de las amistades, de la profesión o del trabajo, de la fama y de la imagen; y el *Eigenwelt* o mundo propio, el mundo de la intimidad, la autoconciencia, la identidad personal, la percepción de sí mismo, de la autonomía y la responsabilidad. El fallo, el fracaso, la ausencia, la pérdida, la constricción, la negación, la exclusión o la limitación en cualquiera de estos mundos pueden ser motivo de depresión, es decir, de impotencia o falta de *poder* ser.

La reacción depresiva responde muchas veces al fracaso existencial como consecuencia de un itinerario vital equivocado, que podríamos calificar de «proyecto existencial frustrado», como percepción de pérdida de sentido o como ausencia de proyección en el futuro. En el momento en que, por la causa que sea, tenemos la sensación de no encontrarle sentido a nuestro existir, eso lleva como consecuencia la reacción depresiva, acompañada muchas veces de ideas de muerte o suicidio, puesto que lo que está en juego es la continuidad del mundo propio *(Eigenwelt)*.

En los capítulos que siguen tendremos la oportunidad de recorrer los distintos caminos por los que el ser humano puede llegar a experimentar el vacío de su existencia en respuesta a los avatares de la vida, gracias a los testimonios de los pacientes que han querido compartirlo con nosotros. Sin su relato, todas las explicaciones teóricas sobre la depresión no pasarían de ser meros enunciados vacíos de significado.

Nota Bene

Vamos a distinguir ya desde el inicio, si eso sirve para centrar mejor la tesis de esta obra, dos tipos de depresiones en virtud de su origen: las de tipo psicosocial y las de tipo orgánico, entendiendo que pueden existir las de tipo mixto, por ejemplo, problemas de *salud*, que puedan dar lugar a estados de ánimo depresivos, aumentando la sensación de impotencia o de inutilidad. El problema está en que el DSM-5 se refiere a todos ellos como si pertenecieran a una misma categoría nosológica. Trataremos ampliamente este tema en el capítulo séptimo. Como puede deducir el lector, a nosotros nos interesa desarrollar fundamental, por no decir exclusivamente, la dimensión psicológica de la vivencia depresiva, que puede ser objeto de tratamiento psicoterapéutico.

2. La experiencia depresiva

La depresión en la historia de la humanidad

Según la Organización Mundial de la Salud (OMS), más de 300 millones de personas en el mundo conviven con este trastorno psicológico. Se trata de una experiencia humana que puede considerarse universal y transversal, tanto en el espacio como en el tiempo, al menos desde que tenemos constancia en los escritos de la antigüedad, no solo clásica o medieval, sino, incluso, en tradiciones más antiguas, como la bíblica.

Así, por ejemplo, en el libro de los Proverbios atribuido al rey Salomón, en el siglo x a.C., pueden hallarse expresiones como estas: «Corazón alegre hace buena cara, corazón en pena *deprime* el espíritu» (Prov 15,13). «El ánimo del hombre lo sostiene en su enfermedad; pero *perdido el ánimo*, ¿quién lo levantará?» (Prov 18,14). O en el libro del Eclesiastés, aunque de autoría incierta, atribuido igualmente al rey Salomón: «Miré yo luego todas las obras que habían hecho mis manos, y el trabajo que tomé para hacerlas; y he aquí, todo era vanidad y *aflicción de espíritu*, y sin provecho debajo del sol» (Ec 2,11).

Aunque no podemos tomar la traducción de los términos depresión, tristeza o aflicción de espíritu que aparecen en estos textos bíblicos en el sentido actual, cargado de connotaciones psicológicas y hasta psiquiátricas, no cabe duda de que describen estados de ánimo que, en nuestro tiempo, leeríamos como tales.

Lo mismo puede decirse de la época clásica grecorromana. Ya hemos hecho mención de la tradición hipocrática con relación a la *melancolía*. Los escritores romanos, como Celso y Séneca, que desarrollan su obra en el siglo I d.C., hablan del *taedium vitae,* un concepto más existencial que psicológico, pero que no se entendería sin su correlato vivencial. La palabra latina *tristitia* incluye los conceptos de melancolía, apatía, pesadumbre, náusea, hundimiento en el terror por la nada. Lucrecio (siglo I a.C.) caracteriza los síntomas de la tristeza como anticipación de la muerte, letargo, enfermedad de la muerte, que en su caso fue por suicidio.

La perspectiva evolucionista

Una razón plausible de este carácter universal de la depresión y de su elevada incidencia en la población general puede deducirse de la perspectiva derivada de la teoría evolucionista. A este propósito plantea Steven Hollon (2024):

> Mucho de lo que creíamos sobre la depresión ha resultado no ser cierto. Aunque es una experiencia dolorosa, la depresión no es ni una enfermedad ni un trastorno, sino una adaptación que evolucionó en nuestro pasado ancestral para servir a un propósito. La teoría evolutiva más coherente con las pruebas existentes es que la depresión evolucionó para facilitar el tipo de pensamiento cuidadoso, necesario para resolver problemas interpersonales complejos [...]. Además, estudios recientes de cohortes de nacimiento indican que la depresión es mucho más prevalente de lo que se reconocía hasta ahora (es *típica de la especie)* y que solo un pequeño porcentaje de las personas que se deprimen llegan a ser reincidentes.

Esta dimensión adaptativa de la respuesta depresiva ante una amenaza estaría en consonancia con la teoría basada en el fenómeno conocido como «inhibición de la acción», llamado así por Henri Laborit (1980) ya en la década de 1950. La inhibición de la acción se produce por la reacción conjunta de las dos ramas del sistema nervioso neurovegetativo, el simpático y el parasimpático. Como regulan mecanismos opuestos, llegan a inhibirse mutuamente, dando como resultado la parálisis o «hacerse el muerto». La inhibición de la acción, la inmovilización, mímesis o hacerse el muerto, como reacción momentánea, puede resultar adaptativa; permite al animal, por ejemplo, camuflarse o pasar desapercibido, o, cazado, no ofrecer resistencia, con lo que evita un mayor dolor, a la vez que resulta una estrategia oportunista, dada la probable relajación del cazador, que puede soltar la presa casi sin darse cuenta y permitirle la huida.

Desmayarse, bloquear la mente ante situaciones de peligro como un asalto, una violación o un accidente son respuestas protectoras del sistema nervioso autónomo (SNA). Seguramente la depresión, como ciertos pasajes del duelo y otras respuestas inhibitorias, pueden resultar claramente funcionales con el fin de facilitar una reorganización del sistema. Pero, a largo plazo, el mantenimiento de la respuesta inhibitoria puede dejar de ser funcional y hasta resultar altamente perjudicial.

Más recientemente, Porges (1995) ha apelado a la función del nervio vago que detecta el peligro e inicia una estrategia de defensa destinada a ayudarnos a sobrevivir. Esa estrategia biológica se llama «inmovilización», y se manifiesta en la mente y el cuerpo con un conjunto de síntomas que llamamos «depresión», entre otros. La teoría polivagal, comenta Porges (2012) en un *webinar* internacional,

> básicamente hace hincapié en que nuestro sistema nervioso tiene más de una estrategia de defensa y la selección de usar una estrategia de movilización o de inmovilización o desconexión no es una decisión voluntaria. Fuera del ámbito de nuestra conciencia consciente, nuestro sistema nervioso está continuamente evaluando el riesgo en el entorno, elabora juicios y establece prioridades para las conductas que son adaptativas (pero eso no es cognoscitivo).

Las consecuencias patológicas de la inhibición de la acción o de la inmovilización abren la vía a la comprensión del fenómeno depresivo, de las enfermedades psicosomáticas, así como de la neuropsicoinmunología. Al igual que el miedo o la rabia (la huida o el ataque) resultan respuestas adaptativas en contextos reales e inmediatos, la prolongación en el tiempo de este tipo de respuestas emocionales puede dar lugar a trastornos fóbicos, de ansiedad o a conductas antisociales. Del mismo modo, la respuesta depresiva, inhibitoria o inmovilizadora, puede resultar adaptativa en ciertas condiciones o circunstancias, pero, a la larga, puede llegar a ser mortal. Esta observación se halla ya enunciada en la llamada «paradoja vagal» por el propio Porges (2012), cuando se pregunta «¿cómo puede ser que el nervio vago pueda ser protector y letal a la vez?».

La respuesta, aparte de las explicaciones anatómicas de la estructura y función del nervio vago, relacionadas con la relajación de la actividad fisiológica (bradicardia, por ejemplo) y con la calma y, por ello, con el letargo de nuestro cerebro reptiliano, se halla en la consideración de los recursos defensivos de nuestro SNA. Existen básicamente cuatro modalidades de respuesta ante el peligro, tal como representamos de manera muy esquemática en el siguiente gráfico:

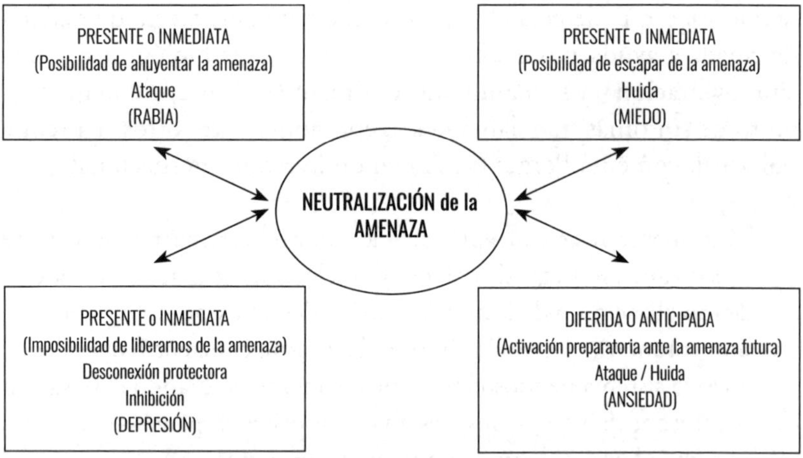

En él se especifican los dispositivos neurofisiológicos capaces de protegernos de las amenazas provenientes del exterior que pueden afectar a nuestra supervivencia. Básicamente, se activan en función de dos variables, la *inmediatez* y los *recursos* a disposición para hacer frente a la *amenaza*. Si esta se hace presente y disponemos de recursos para ahuyentarla, se activará la *rabia* dirigida a destruirla o alejarla. Si, por el contrario, ante su presencia nos sentimos indefensos, y el único recurso que nos queda es la huida, se activará el *miedo*. Naturalmente, miedo y rabia pueden combinarse y hasta alternarse, según las incidencias del enfrentamiento, como en un combate de esgrima, en el que se alternan el ataque con la defensa, el avance con el retroceso. Si, en cambio, la amenaza no es presente, sino anticipada, hablaríamos de *ansiedad* como activación preparatoria para las conductas de ataque o fuga.

Finalmente, en el supuesto de que la amenaza continúe presente, nos sintamos impotentes o indefensos ante ella y no sea posible la huida, la respuesta será *inhibitoria*. La activación neurofisiológica se reduce a lo mínimo, con el fin de preservar los órganos vitales y los recursos energéticos basales. Esta respuesta adaptativa es la que da lugar en el mundo animal al mimetismo (camuflaje con el medio ambiente) o hacerse el muerto *(tanatosis)* como recursos para desincentivar al depredador.

La respuesta equivalente en contextos sociales humanos es la *depresión*, una desvitalización general que puede llegar a ser crónica, dependiendo de la posibilidad de modificación del carácter amenazante del entorno, que en términos conductuales puede leerse como una respuesta de *indefensión aprendida* (Seligman, 1975). Esta modificación puede deberse a un cambio propiamente contextual o a una mayor capacitación de la persona para hacerle frente, misión preferente de la psicoterapia.

Las emociones de la depresión

Una forma de aproximarse a la comprensión de la experiencia depresiva es a través del análisis del discurso de los propios pacientes. Aunque cada vivencia es única, personal e intransferible, tratándose de textos depresivos es de esperar que se repitan sistemáticamente en ellos una serie de tópicos característicos, como los del siguiente escrito de una adolescente de 16 años:

> *La vida ya no tiene sentido para mí, ya no tengo ilusiones, ya me he desengañado, ya no puedo luchar más, ya estoy cansada de llorar y de engañarme, pensando que el día siguiente será distinto. Ya no puedo más.*
>
> *Me siento sola, estoy sola, ya no sé pedir ayuda y ahora la necesito más que nunca. Estoy desesperada porque sé que nunca me curaré, porque ya lo he probado todo y nada funciona.*
>
> *Lo único que quiero es desaparecer; pero no puedo hacerlo, pero lo deseo. Es muy duro decir esto, pero es lo que de verdad quiero. Estoy cansada de decir mentiras a todo el mundo, de no poder hacer lo que realmente me apetece, de no poder ser como soy realmente, de no poder vivir.*
>
> *Todos los esfuerzos que he llevado a cabo son mentira, no son reales, solo son momentos esporádicos que tal como vienen, se van. Maldigo el día en que nací. ¿Por qué me tenía que pasar a mí esto? Ya no puedo más. Solo quiero llevar una vida normal. Estoy cansada de estar llorando todo el día por algo mal hecho que podría haber evitado. Me muero por dentro. Lo estoy perdiendo todo, la familia, las amigas, la vida.*
>
> *La única solución es desaparecer, pero hay algo que me lo impide; pero no quiero impedimentos, no quiero conformidad. La única solución es desaparecer, pero no sé cómo hacerlo sin que nadie sufra por mí... Por eso, si no hubiera nacido, todo sería mejor, tanto para mí como para la gente de mi alrededor y que sufre por mí.*
>
> *Ahora me doy cuenta de lo mucho que necesito a mis padres, me doy cuenta de que no tengo cariño y que por eso los necesito, pero no sé cómo pedirles ayuda. Tal vez si supiesen cómo me siento comprenderían mejor mi dolor. Pero dudo que lo hiciesen y este debe ser el motivo por el que no les digo nada, porque sé cómo reaccionarán y no quiero verlo, porque no me gustará.*

«Sola, desesperada, desengañada, cansada, desilusionada, vida sin sentido, llorar, deseo de desaparecer, no haber nacido». Este campo semántico de negatividad (el adverbio «no» parece hasta 20 veces en un texto de solo 338 palabras) que impregna el discurso de la paciente, a la que hemos llamado Noelia, podría intercambiarse con cualquier historia depresiva, sin necesidad de conocer más detalles.

No vamos a desvelar precisamente aquí la historia de la autora de este escrito, sino a subrayar otro aspecto fundamental en este texto para la comprensión de la experiencia depresiva. Se trata del sentimiento de *impotencia* que la protagonista expresa al menos en siete ocasiones, en frases como: «no poder hacer, no poder ser, no poder vivir».

La impotencia no es una emoción, sino una (des)*motivación*. Que podamos hablar de un sentimiento o sensación de impotencia no lo convierte en tal. También hablamos de sentir hambre o sed, que evidentemente no son emociones, sino motivaciones básicas, lo cual no impide sentirlas sensorialmente. Poder o no poder se sienten físicamente como una fuerza orgánica, por ejemplo, cuando tratamos de levantar un peso o subir una cuesta. Por analogía, luego lo aplicamos a muchas otras situaciones, incluso inmateriales, pero que requieren una fuerza o, tal vez, un esfuerzo, como, por ejemplo, «no poder pensar o recordar».

Se trata de una motivación, sin embargo, que fácilmente puede dar lugar a otras sensaciones o emociones, entre ellas, como veremos a continuación, la rabia y la tristeza, características de la depresión, lo que ha llevado a algunos autores, como Neuburger (2022), a definirla como «impotencia rabiosa».

La impotencia rabiosa

Cuando la depresión sigue al fallo o al fracaso propios o, por el contrario, a la traición, al abuso o al engaño ajenos, fácilmente puede activarse una rabia impotente que, consciente de su incapacidad para modificar los efectos irreversibles de los acontecimientos, se ahoga en sus propios gritos o quejas.

Podemos entender la rabia como una emoción activadora de la agresividad. De modo que, si queremos acercarnos a una definición formal de la rabia, podría enunciarse como sigue: «activación agresiva frente a los obstáculos que impiden la consecución de nuestros objetivos o a las amenazas contra nuestra integridad física o moral». En esta definición ya se intuyen dos componentes esenciales activadores de la rabia: el ataque y la defensa.

En el plano neurológico, la rabia se caracteriza por una alta tasa de carga neuronal que persiste hasta que consigue descargarse. La descarga sigue una vía neuromuscular del sistema simpático en forma de golpes, mordiscos, gritos, como también puede adoptar en los seres humanos una modalidad verbal menos destructiva, pero tal vez más hiriente, basada en insultos, improperios o descalificaciones.

Ninguna otra emoción consigue activar la conducta con la misma intensidad, ni mantener ese estado de activación durante tanto tiempo. En consecuencia, puede acarrear un peligro para quienes puedan ser objeto de esta descarga, incluido el propio individuo que la experimenta. Pero puede convertirse también en un poderoso auxiliar para conseguir la restauración de los perjuicios ocasionados por las causas que sean, o la preservación de la integridad física ante peligros que la amenazan, si se sabe canalizar debidamente.

Hemos detectado en la rabia una doble función de defensa y ataque. Para empezar, la rabia es una emoción activadora de una reacción inmediata a una amenaza o un obstáculo que es necesario apartar cuanto antes de nuestro camino. Responde a la estrategia de «la mejor defensa es el ataque».

Esta reacción puede ser pasiva, limitada a reacciones *expresivas* como la *queja,* o, por el contrario, *activas* que se manifiesta a través de comportamientos agresivos como la *violencia.* En ocasiones, la rabia consigue su fin de forma rápida y eficaz y constituye una fuente de satisfacción o liberación instantánea. Otras veces, la rabia no antecede a la acción, sino que sigue a su fracaso. En este caso la rabia es la respuesta a la *frustración.*

Esta rabia puede subir de intensidad y alcanzar la categoría de *furor* o *ira*, dirigida generalmente a identificar y destruir al culpable (es decir, al causante) de mi fracaso. Según la atribución de causalidad sea externa o interna esta rabia asumirá una dirección hetero o autopunitiva.

Modalidad heteropunitiva

Por ejemplo, en el ámbito interpersonal, las actitudes mezquinas, abusivas o injustas de nuestros semejantes, los agravios ocasionados por parientes, las separaciones o abandonos de amigos, parejas o compañeros derivan con frecuencia en respuestas de *cólera, enfado o ira*, orientadas a generar en el otro el sentimiento de culpa. Ricardo, paciente de 28 años, reacciona de este modo ante la traición inesperada de Inés, su pareja, escribiendo esta carta:

> *Siento mucha rabia, me siento engañado. No has jugado limpio. Hasta el último día me has dicho que me querías y que tenías la esperanza de volver a estar conmigo, cuando en realidad ya tenías casi elaborado el duelo por lo nuestro. ¿Por qué me mientes? ¿Por qué no me dices la verdad? ¿Por qué no me la has dicho hace muchos años? ¿Por qué no me has dicho que no me quieres, que no te gusta como soy? ¿Por qué no me has dejado desde un principio, si yo no era lo que tú esperabas? ¿Por qué has estado disfrazando la realidad, diciéndome que yo lo era todo para ti cuando no era verdad? ¿Por qué me has estado diciendo que yo te gustaba, cuando por otro lado siempre estabas intentando cambiarme? ¿Por qué me has dicho siempre que estabas muy satisfecha en el sexo conmigo, cuando en realidad por otro lado me proponías tener relaciones con otras personas o mantener una relación de pareja abierta? No lo entiendo. Está bien si no soy lo que quieres, pero ¿por qué no me lo has dicho sin más titubeos, tal cual son las cosas? ¿Por qué has estado disfrazando la realidad? Si no te gustaba el sexo conmigo o era insuficiente o había algo diferente que querías hacer, ¿por qué no me lo has dicho claramente? Las cosas se hablan y se les busca una solución. Hubiera preferido tu sinceridad, ya que creo que podríamos haber solucionado estos aspectos, e incluso mejorar nuestra relación. Hubiera preferido que me hubieras dicho lo que querías y, si yo no podía dártelo, dejar la relación antes que sentir esta ambigüedad que me está volviendo loco. Ya no sé qué creer, Inés, no sé qué pensar, no sé si creerte, ya no confío en ti, de hecho, creo que nunca he confiado al cien por cien. No se puede decir una cosa y al poco tiempo decir lo contrario: eso es jugar con las*

personas. Ya no sé si creer realmente que yo era el hombre de tu vida, si creer realmente que quisieras tener hijos conmigo, si creer realmente que estabas orgullosa de mí, porque en realidad siento que te has avergonzado de mí muchísimas veces. Por un lado, me decías unas cosas y, por otro, te encargabas de burlarte de mí e invalidarme, y no solo cuando estábamos a solas, sino también delante de los demás. Me hubiera dolido menos que me hubieras dejado desde el principio porque no me querías, porque te avergonzabas de mí, porque yo no era lo que tú esperabas o querías, que todo este juego de ambigüedades que me ha estado trastocando y volviendo loco y que todavía lo sigue haciendo a día de hoy. Creo que el duelo que estoy haciendo por ti es más tortuoso por todos estos aspectos. Hay cosas de ti que nunca entendí y que creo que nunca entenderé. Hay cosas que no me han quedado claras, hay cosas que me las llevaré para siempre con la sensación de duda más grande, con la sensación de no tenerlas resueltas y con la tristeza de que no podré resolverlas nunca. Quizá porque no haya nada que entender. Quizá porque lo único que tengo que entender es que nunca me has querido y que solo has mantenido esta ambigüedad para poder seguir conmigo y aprovecharte de las cosas que ya te iban bien de estar conmigo.

Más adelante aparece la tristeza y la desolación:

Me siento perdido. Deambulando por la vida. Sin saber qué hacer ni a dónde ir. Sin esperanza, sin sentido, sin alegría. Me invade constantemente un sentimiento de amargura y desesperanza, de desilusión.

Se ha roto todo por lo que vivía antes, todo lo que sentía se ha muerto con ella. Mis creencias mágicas y especiales se han roto y me han salpicado en mil pedazos. Ya no sé qué es la vida, ya no veo magia donde antes la veía. Supongo que hablo desde el dolor más profundo de mis entrañas. Supongo que hablo desde ese niño pequeño que tiene miedo y se siente desvalido, que no sabe qué hacer ni adónde ir, si nadie lo dirige.

La realidad me aplasta la cara con gran brutalidad. Yo, yo y nada más que yo. Pobrecito de mí, pobrecito de mi persona, pobre niño pequeño. Está totalmente desvalido en este mundo triste y cruel. Cansado del miedo, del sufrimiento, de la preocupación obsesiva, de controlar lo que no puedo controlar, de no aceptar lo que no me queda más que aceptar.

Soy como un niño pequeño que se rebela con el mundo porque no es lo que él quiere, porque no es lo que él espera. No soy nadie, solo alguien más en este infinito mundo. No merezco nada de la vida, no me debe nada, solo me debo a mí mismo. Solo tengo deuda con la vida, con mi vida. La deuda de cuidarme, quererme y tirar hacia delante. Nadie, absolutamente nadie, nunca va a poder darme nada de esto.

Modalidad autopunitiva

Frente a los fallos propios caben diversos posicionamientos básicos, unos dirigidos a evitar la autoatribución, como la excusa, la justificación o la negación; otros orientados a la aceptación, el reconocimiento o el aprendizaje a partir de la compresión del error. Pero cabe también la respuesta rabiosa hacia uno mismo, si se atribuye la culpa del fracaso, que puede desembocar en una salida *autopunitiva*. Esta puede manifestarse en forma de respuesta *depresiva,* como la vergüenza, la autoinculpación, el autodesprecio, el descuido, el abandono de sí mismo o la entrega indiscriminada a los otros.

El Día de la Madre

Mari Carmen, paciente de 48 años, asiste a un grupo de terapia en un centro de salud mental. Es la mayor de nueve hermanos. Desde muy pequeña tuvo que hacerse cargo de sus hermanos menores, puesto que la madre estaba muy ocupada en la crianza de los que iban naciendo. Por esa causa tuvo que abandonar la escuela, que era lo que ella más apreciaba, ya antes de los 10 años. Le hubiera gustado estudiar medicina y se sentía con capacidad y ganas de estudiar, pero esas circunstancias truncaron su proyecto. La madre la trató siempre mal, como a una auténtica sirvienta, anulando su voluntad y sus ilusiones a fin de tenerla sometida. Solo se sentía querida y valorada por el padre, que trabajaba en una explotación minera del pueblo, donde murió un día en un accidente cuando ella tenía 13 años.

Se casó joven para huir de la situación que vivía en casa y en el pueblo, con la ilusión de encontrar en la gran ciudad más oportunidades vitales, pero fue a dar con un hombre alcohólico y maltratador, muy celoso, que la quería en casa y le boicoteaba cualquier intento de autonomía. Tuvo dos hijos con él, que, en la actualidad, son adultos: una hija casada, que hace poco ha tenido un bebé, y un chico que todavía vive en el hogar, pero que hace su vida independiente.

Se siente totalmente frustrada en su vida y se considera más bien un estorbo. Esta idea recurrente la ha llevado a intentar repetidas veces «quitarse de en medio» a través de numerosos intentos de suicidio, todos ellos impulsivos. A través de los sucesivos fracasos, ha ido construyendo una historia de sí misma como víctima, en realidad una transformación proyectiva de la experiencia de indefensión aprendida. En el fragmento de sesión que reproducimos se recoge precisamente una escena en la que tiende a repetir la estrategia de replegarse sobre sí misma, cuando fracasan sus expectativas sobre los demás, para no molestarlos.

Mari Carmen: *Pero está de nuevo la ansiedad... Luchar contra la ansiedad, no sé lo que es peor. No te puedes refugiar en la depresión...*
Terapeuta: *Para no afrontar la ansiedad.*
M.C.: *Para no afrontar la ansiedad, pero entonces no te puedes refugiar. Si tú tienes la cosa de decir «¡me refugio en la depresión!».*
T.: *¡Claro! Por eso, cuando lo expresas, sale la rabia.*
M.C.: *El domingo me encontré por los suelos, porque resulta que fue el Día de la Madre. Entonces, ¿qué paso? Pues que mi hija se fue con su novio a hacer el reportaje fotográfico de las comuniones, mi esposo se fue a ver una exhibición de culturismo. Se fueron todos y yo sola. Yo me sentí tan mal, tan mal, en aquel momento, que estaba mal y decidí ir a acostarme y la única solución fue refugiarme en la cama.*
T.: *En la depresión...*
M.C.: *En la depresión. Me pasé el día llorando, pero luego pensé que si hubiese hablado con mi hija, a lo mejor no hubiera pasado esto. Lo que*

pasa es que no lo hablé, porque quizá ella hubiera renunciado al banquete y se hubiera quedado, a lo mejor, pensando que era una obligación, y a mí las obligaciones no me hacen gracia, me gusta que salga de una misma... Y ya te digo, a mí me afectó de esta manera...
T.: *Porque tú esperabas que saliera de ella... O sea, la cosa es interesante, ¿no? Si uno espera que suceda tal cosa y no sucede, se decepciona; y entonces, al decepcionarse, se frustra y al frustrarse, le nace rabia y al nacer rabia... Pues si no saca la rabia, le sale la impotencia. Le sale la impotencia y se deprime, es un mecanismo. Pero eso depende de cómo lo imaginemos, de qué esperamos que nos suceda o que no nos suceda... Tú te fuiste totalmente mal de aquel día porque permitiste a tus hijos que hicieran su vida.*
M.C.: *Sí, porque con tal de no decirles «quedaos, porque me vais a hacer feliz», me lo quedé para mí; porque pensé que ellos tenían ya su plan y pensé que a lo mejor quedarse les haría sentir mal. Y con tal de no hacerles daño a ellos, preferí hacérmelo a mí.*
T.: *Pues eso era un acto totalmente maternal; lo que pasa es que aquí hay un pequeño detalle, que es que dices «en lugar de hacerles el mal a ellos, me lo hago yo». No se tenía que hacer daño nadie.*
M.C.: *Yo quizá lo tomé así.*
T.: *Claro, pero nadie tenía que hacerse daño porque tú podías decir «qué bien que ellos hacen su vida, yo estoy haciendo de madre y si queremos celebrar algo que sea con ganas, un día que a todo mundo le venga bien y bueno, si no, no se hace, ¡no pasa nada!».*

Otros pacientes responden de forma *autoagresiva*, a través de conductas lesivas (autolesiones) que, en casos extremos, pueden desembocar en el *suicidio,* con implicación, incluso en ocasiones, de terceros, víctimas inocentes de la furia autodestructiva. Si fantasean con morir, lo expresan con frecuencia a través de afirmaciones categóricas del tipo «No tendría que haber nacido» o con ensoñaciones de muerte, como liberación:

Algunos luchan por vivir, se aferran a la vida, lo darían todo; mientras que otros, al menos yo, deseo en secreto una muerte plácida, que se acabe esta tortura... Diría que soy horrible por decir todo esto, al menos lo sentiría de alguien como yo, pero la primera que paga las consecuencias soy yo, así que no voy a reprochármelo; ya tengo suficiente tormento con lo que tengo.

Estas actitudes autodestructivas suelen obedecer a experiencias de rechazo, abuso, abandono o maltrato en la infancia y subyacen con frecuencia a intentos reales de suicidio. La forma en que Mari Carmen se castiga en este episodio que acabamos de revisar puede calificarse de incruenta, pero ella misma ha recurrido a intentos de suicidio en muchas otras ocasiones. Heidi, a cuyo caso ya nos hemos referido en el capítulo anterior, abandonada y abusada en su infancia, lo intentó en varias ocasiones durante su vida ante los fracasos afectivos que la jalonaron. Respecto al primero de los intentos, lo describe en estos términos:

Me sentía sola en esos momentos, me sentía abandonada por mis papás y por mis abuelos, porque dejaron que me fuera con ellos al extranjero... Hubo un momento en que me sumergí hasta el fondo en la piscina y no quería salir, me quería dejar hundir, con la boca abierta. Y el socorrista me sacó; me tuvo que hacer el boca a boca.

La alternativa a este modo de pensar para algunas personas es la fantasía, con la que intentan compensar la falta de autoestima, aunque fácilmente recurren a las autolesiones cuando entran en contacto con la realidad. Irene, de 29 años, a quien su padre le había dicho ya desde pequeña que solo servía para fregar platos, escribe en su diario:

A veces me imagino atractiva, con un hombre a mi lado a quien pueda explicar todo. Entonces empiezo a tener fantasías: Pues mira esta noche saldré con Juan (exnovio) *porque me llamará; y no sé qué, no sé cuántos. Pero entonces esa parte de mí que dice que no puedo pensar así porque no va a ser verdad. Y la única manera de parar todo eso es hacerme daño. Es una forma de castigarme. Las autolesiones consisten en quemarme o clavarme cosas. Cuando era pequeña era daño físico, más tarde fue psicológico, en plan de insultarme todo el día. No permitirme hacer las cosas que quería, supongo. Ahora es un poco de todo. Hace cinco años, más o menos, que he vuelto a hacerme daño físico, pero el psicológico continúa, está ahí. Porque mis sesiones de ponerme delante del espejo y empezar a insultarme son para grabarlas, ¡vamos! Me quedo muy relajada, eso sí. De alguna forma es como si estuviera confirmando lo que ya pienso. Entonces las cosas ya están en su sitio.*

Llámame perra, si quieres.

Mónica, de 31 años, madre de dos hijos, de 2 y 4 años, lleva un largo historial de autolesiones y ha sido derivada al grupo de terapia por intentos de suicidio. Cuando se la invita a comentar su experiencia, lo hace en estos términos:

Mónica: *No me veo con fuerzas para contar nada, o sea no... Sí, es como si no hubiera pasado nada, ¿sabes? Estoy en esa etapa como si todo fuera mentira, otra vez vuelvo a ser Dr. Jekyll y Mr. Hyde. De repente, cuando me da el puntazo con los niños, sobre todo, pues, yo qué sé, les grito un montón. Además, es que se me cambia la voz. Parece que tenga una doble personalidad. Pero, cuando lo pienso, digo «¡hostias!, cómo es posible que me cambie tanto el tono de voz». Porque sale de todo. No lo puedo evitar. Lo que pasa es que no me lo había planteado, creo que yo siempre he funcionado así, nunca me había dado cuenta, ¿no? Pero creo que tengo un problema, desde toda la vida. He sido una persona que tiene mucho aguante, muchísimo. Pero, cuando las cosas me desbordan, me gusta agredirme. No siento placer, cuando me agredo, sino desahogo. Cuando veo sangre, por ejemplo, a mí me encanta. Ahora no lo puedo hacer porque tengo dos hijos y sé que no está bien. Me cuesta controlarme, pero yo estaría todo el día cortándome, ¿no? Por ejemplo, para ver sangre...*
Terapeuta: *Sacando punta al lápiz...*
M.: *Sí. A mí me gusta, porque es una manera de desahogarme cuando no veo solución. Y, entonces, el único adelanto, lo único que veo que ha cambiado ha sido eso. Creo que me he dado cuenta por fin, después de 31*

años, que tengo este problema, ¿no? Que no me quiero. Seguramente no me quiero nada. Tampoco nunca me había planteado el hecho de pensar si me quería o no. Yo, mis últimos cinco años, lo único que pienso es en mis hijos, principalmente. Si hago algo es para ellos; o sea, nunca hago nada para mí. Pero no me siento mal por no hacer nada para mí. Y luego hay algo que me sorprende, que no tengo remordimientos por cortarme, por haber hecho lo del brazo, ¿sabes?, por lo que pasó. No siento remordimientos. Y pienso: «¿seré un bicho raro?». A lo mejor estoy mal de la cabeza. Desde luego, muy bien no estoy, ¿no? Y me pregunto «¿hasta dónde sería capaz de llegar?». Pero ¿cómo controlo yo esto, si es mi manera de funcionar? Entonces yo, pues eso, aguanto y aguanto y aguanto y cuando me da el punto, pues ahora mira, me tomo pastillas, pues ahora «¿qué tal si yo me corto?», «¿qué tal si...?». Pero nunca he querido, bueno, alguna vez sí que he tenido deseos de morirme, pero no me he suicidado de verdad. Siempre han sido ideas... O sea, no he sido capaz. Porque si me hubiera querido suicidar, me hubiera tirado por un puente y me hubiera matado, ¿no? Es decir, he tenido ideas, pero me ha faltado el valor en un momento dado. Y esto que hice la última vez (en alusión a los cortes en un brazo), *pues yo no me quería matar, en ningún momento dije «si os acercáis, me voy a suicidar». Yo solo dije «si os acercáis, me corto». Y aquí la señora psiquiatra ha deducido que yo me quería suicidar, ¿sabes? Y me fastidia mucho. O sea, nadie ha hablado de que me quería suicidar. ¿Por qué deduces que yo me quiero suicidar? ¿Quién te ha dicho que yo me quiero morir? O sea, simplemente me quiero desahogar. Pues si tú te desahogas bailando o practicando sexo o metiéndote rayas o lo que sea...*

T.: *O yendo de compras...*

M.: *O yendo de compras, o yendo al bingo o lo que sea, pues a mí me gusta cortarme. Lo que pasa es que, como no es una cosa muy normal, porque a uno le puede perjudicar, porque en una de estas te puedes quedar... Pero bueno, ¿qué pasa? ¿Tan raro es? Estoy cabreada, porque es decir «bueno, si funciono así, funciono así, ¿qué le voy a hacer?». Yo no quiero hacer nada para mí. No quiero disfrutar yo. O sea, estoy en una etapa de mi vida en la que no puedo disfrutar. Solo disfruto, solo soy feliz, cuando no grito a mis hijos, cuando a mis hijos les puedo comprar todo lo que me parece, aunque no lo necesiten. Cuando les puedo dar el oro y el moro. O sea, solo soy feliz así, haciendo cosas para mis hijos. No soporto que nadie grite a mis hijos... Yo pago un pastón de colegio para que a mi hijo no le griten y no lo castiguen en todo el puto día. Y resulta que mi hijo va al colegio y se pasa el día castigado, porque es un desobediente. ¿Por qué? Porque la puta madre que lo parió, que soy yo, lo ha hecho todo fatal... Entonces, mis hijos pagan las consecuencias de mis actos. Y encima, mi marido les grita a mis hijos. O sea, yo me siento como una jodida mierda. Y, entonces, claro, ¿qué hago? Pues me corto, porque no veo solución. O sea, le metería un cate a mi marido, aunque lo quiero mucho, que le tiraría por el balcón... Cogería goma 2, iría al colegio y volaría el colegio, porque sí. ¿Sabes lo que te quiero decir? O sea, estoy rabiosa contra el mundo. Estoy rabiosa contra mí y contra todo. Y es injusto. Yo qué sé. Hay gente que no tendría que tener hijos. A veces pienso que no tendría que haber tenido a estos hijos. Que no me los merezco, porque si yo soy una frustrada de la vida o una mierdosa, me siento mal por esto. Y mi marido no lo entiende. Y entonces ya paso de hablarlo. Y como no puedo hablarlo con él, pues me desahogo a mi manera, ¿no?... Y así estoy. A veces digo: «ojalá me encierren en un psiquiátrico y me metan un chute y me dejen ahí, tiesa». Porque no tengo fuerzas. De veras, no me veo. Pero no me quiero inflar a pastillas. Porque así lo arreglaré por un lado y me joderé por otro. ¿Sabes? Y así, pues bueno, voy pasando la vida. Y entonces no hay nada que me apetezca. No, no hay nada que me motive. Estoy apática.*

T.: *Hay una cosa, de las últimas que has dicho, que me sorprende, y es que eres capaz de transmitir una simpatía al hablar de tus males, por así llamarlos. Lo haces de una manera simpática y me planteo: generalmente, cuando uno está mal llora y se hunde, en cambio tú dices: «¡Bah! ¡Esta hija de puta que soy yo, que soy su madre, la madre que los parió!». Tú hablas de ti misma desde una distancia irónica que me sorprende. Seguramente, a ti te hace sentir más libre de tus propios males. ¿Puede ser?*

M.: *¿Por qué hablo así de mí misma? Porque, ¿qué debo hacer? ¿Debería estar llorando?*

T.: *No, no. Yo no digo que deberías estar llorando.*

M.: *No, no. Es decir, ¿por qué? ¡Buf! O sea, ¿por qué voy a hacerlo de otra manera, si así, yo, en un momento dado, me siento mejor?*

T.: *¡Ya!*

M.: *Lo hago así porque me siento mejor. Porque, de alguna manera, asumo mi responsabilidad. Necesito asumirla. Y entonces eso me ayuda a seguir. Porque si yo cogiera y* (simulando llorar o lamentarse) *«¡Ay, ay, ay!» y me deprimiera, acabaría por tirarme a la vía del tren, o por hacer una verdadera locura. Es así, no lo puedo cambiar. Y como no lo puedo cambiar, ya no quiero llorar. Es como cuando murió mi madre. Estuve diez años llorando y no sirvió de nada. Como lloré tanto y lo pasé tan mal y quise morirme tantas veces, pues ahora me lo tomo con esta ironía. Porque que yo esté llorando o que me lo esté planteando de cualquier otra manera, mucho más negativa, pues, no va a cambiar nada. Sin embargo, esta que utilizo no cambia nada, ¡pero me ayuda! Es decir, me permite poder continuar con mi vida. Por eso lo hago así.*
T.: *Tiene un sentido para ti.*
M.: *Porque creo que soy un poco hija de puta. Pienso que soy un poco hereje, un poco perra, un poco de todo. También creo que soy buena persona, por otro lado… Es decir, tengo muchos sentimientos. O sea, soy una persona sensible. Según lo que me digas, me puedes herir un montón. Las cosas me afectan el doble, a lo mejor, que a cualquier otra persona, ¿sabes? Y prefiero que me digas «eres una hija de puta» a que me digas «es que tú eres tonta, tía». ¿Sabes? Me duele más, me afecta más. A mí no me molesta que me digas «joder, tía, que cabrona eres». O «mira que eres puta». O «mira que eres perra». Pues vale… Pero «es que tía, es que tú eres una incapaz» o «eres subnormal», eso no.*
T.: *Precisamente, lo subrayo por eso. Me parece que poder tomar distancia es una posición sana, poder ironizar sobre ello. Y, como tú has dicho, poder responsabilizarte.*
M.: *Hombre, claro. Es que si no, estaría perdida. Si se me niega el derecho. Digo: «pero si la responsable de lo que le pasa a mi hijo soy yo». O sea, porque me quitan, me matan, me rompen, me parten el alma, cada vez que me dicen «es que tú no eres responsable porque estás enferma». ¡Sí, soy responsable! O sea, no me quites. Lo he hecho mal, pero lo he hecho yo, ¿eh?*
T.: *Exacto.*
M.: *No quiero que se me ponga en duda. Es decir, me siento culpable si intento hacer algo para mí. Me siento una mala madre. Tengo sen-*

timientos de culpa cuando veo que puedo disfrutar de algo que no sea relacionado con mis hijos, sobre todo, ¿no? Porque, para mí, mis hijos van por delante.

La impotencia triste

Desde el punto de vista de los trastornos psicológicos, el miedo y la tristeza son las emociones más implicadas en la mayoría de ellos. El miedo con sus funciones preventivas o evitativas está en el origen de los trastornos ansiosos. La tristeza, en cambio, yace en el fondo de los trastornos depresivos. Pero si nos preguntamos qué queremos evitar o prevenir con la ansiedad, la respuesta apuntará siempre a la tristeza. Esta es la emoción que evoca pérdida o muerte. No es de extrañar, por ello, que, como dice Colina (2011), la depresión como síntoma «pueda surgir en la totalidad de los procesos psicopatológicos».

No siempre, sin embargo, la tristeza evoca necesariamente un proceso psicopatológico. Como cualquier emoción, la tristeza es una respuesta adaptativa. Para alcanzar un rango patológico tiene que surgir de la condición de impotencia que paraliza y sumerge a la persona en la desesperanza. Un comentario de Ceci, paciente hipocondríaca, a la que dedicamos una atención especial en una obra anterior (Villegas, 2024), dice sentirse triste, pero no depresiva. Su comentario es muy ilustrativo al respecto para diferenciar la que podríamos llamar «tristeza normal» de la «tristeza depresiva». En él atribuye sus preocupaciones hipocondríacas a enfermedades reales que nadie sabe detectar, lo que le contraría y agota en el intento de hallar pruebas concluyentes de su veracidad.

Ceci: *A ver, a mí que tenga miedo, que tenga ganas de llorar, ganas de reír, tristeza, a mí esto no me preocupa. A mí lo que me fastidia es que físicamente me afecta. Yo noto que mi tristeza no es de depresión, sino de agotamiento de lo que me pasa. Porque yo no estoy depresiva, porque yo tengo ganas de salir, yo salgo y entro y me lo paso bien, y no tengo ganas de quedarme en mi casa, ni de meterme en la cama, ni de*

> *dormir, ni de nada, yo tengo ganas de vivir, me gusta vestirme... A ver, ¿por qué diablos tengo que encontrarme mal? Entonces todo eso a mí me hace dudar. Me hace dudar de que no puede ser que sea mental porque, en el fondo, mi mente la tengo sana, incluso a veces me doy cuenta y me digo «venga, Ceci, que no tienes nada; venga, todo es psicológico». Pues, no. He llegado a la conclusión de que es una enfermedad que se me queda para siempre.*

La distinción que Ceci establece entre tristeza normal y depresiva se basa en sus ganas de vivir y en su convicción de que tiene razón en defender el origen orgánico, y no psicológico, de sus males. La convicción de que los males que sufre no son «imaginarios», sino debidos a enfermedades reales, que los médicos no saben hallar, hará, precisamente, que la superación de la hipocondría le vaya a requerir varios años de terapia. La misión que se propone Ceci resulta objetivamente imposible, pero ella no se siente impotente y, por eso, persevera.

La tristeza, emoción de base en la depresión

La palabra tristeza deriva directamente del latín *tristitia* en prácticamente todas las lenguas románicas: *tristesa* (catalán), *tristesse* (francés), *tristezza* (italiano). Aunque de etimología incierta, parece mantener una proximidad semántica con el verbo *tero,* que significa *trit*urar, trillar, moler, cuyo participio «*trit*um» aparece en la composición de palabras como *tri*bulación, a*tri*ción, con*tri*ción, además de *tri*steza. Este participio pasivo, «*trit*um», hace referencia al efecto de la molienda que reduce a polvo (harina) o líquido (aceite) los granos de trigo o las aceitunas, al triturarlos, estrujarlos o refregarlos en el molino.

Siguiendo con la metáfora de la molienda, la tristeza implicaría dos momentos: uno primero, doloroso, que hace referencia a la destrucción del grano o la aceituna, las capas que unen afectivamente a la persona con su mundo, la envuelven y la protegen, para dar paso al segundo, que ejercería la función de facilitar la extracción de la esencia de la persona, después de haberla depurado de sus caparazones defensivos en las pérdidas personales y de las adherencias afectivas, en las relacionales. Es un proceso siempre doloroso, que pone en contacto a la persona con lo más profundo de sí misma y la conduce inexorablemente hacia la soledad, la unicidad o la individuación. Y las lágrimas podrían considerarse como el fluido segregado en este proceso de purificación o desapego.

La idea de tristeza remite a un estado de ánimo aplanado, triturado, desgastado, cansado, impotente, y es natural que se refleje en un decaimiento o descuido general, como el que suele acompañar a la expresión de la tristeza. Esta se refleja sobre todo en la mirada perdida, la cabeza gacha y abatida, los labios ligeramente entreabiertos, sobre todo el labio inferior algo decaído.

Desde el punto de vista neurofisiológico, la tristeza se asocia a un bajo nivel de serotonina y compromete diversas estructuras cerebrales. Las lágrimas, características de la tristeza, aunque no exclusivas de ella, tienen una química diferente a las lágrimas reflejo, como las originadas al pelar una cebolla, que solo cumplen una función de lubricación de los ojos. Las lágrimas emocionales producen un efecto analgésico natural, que se asocia a la sensación de consuelo.

Da una lacrima sul viso

Sobre el poder catártico de las lágrimas nos habla un bello relato rabínico, titulado *La primera lágrima,* que avala la legitimidad y la función de las lágrimas como remedio para la tristeza, instituido por el propio Creador. Tras ser expulsados Adán y Eva del paraíso, Dios vio su arrepentimiento y les dijo:

> Pobres hijos míos. Os he expulsado, por vuestras faltas, del Jardín del Edén, donde habríais vivido felices y sin preocupaciones. Ahora vais a conocer un mundo lleno de dolor y de dificultades. Sin embargo, quiero que sepáis que mi amor hacia vosotros jamás desaparecerá. Por eso he decidido regalaros esta perla inestimable de mi

> tesoro celestial: es una lágrima. Cada vez que la aflicción os invada, que sintáis el corazón oprimido y el alma presa de la angustia, esa minúscula lágrima os subirá a los ojos y vuestra pesada carga se verá así aligerada.

El llanto cumple también una función social ya desde la más tierna infancia, no tanto en su fisiología lacrimal como en el gemido (a veces puro grito sin lágrimas), como señal dirigida a los adultos en demanda de cuidado y de afecto. Posteriormente, estas señales van modulándose hasta la posibilidad de traducirse en un llanto silencioso (llorar en silencio). «*Da una lacrima sul viso*», reza la canción italiana de Bobby Solo, «*ho capito molte cose*». Estas lágrimas silenciosas «que dan a entender tantas cosas» constituyen un lenguaje sin palabras muy eficaz para solicitar consuelo, activar la empatía, atraer la ayuda del fuerte hacia el débil. Están orientadas a fomentar la cohesión social. Pero también pueden usarse de forma histérica, como recurso para manipular las relaciones, las llamadas «lágrimas de cocodrilo».

Las lágrimas no siempre suscitan comprensión o compasión. A veces son consideradas como signos de debilidad y pueden causar rubor o vergüenza en quien las derrama, razón por la cual tienden a ocultarse o a contenerse, tal como se suele inculcar erróneamente a los niños varones. A veces, sin embargo, la contención de las lágrimas no es un problema *de género* («los niños no lloran»), sino el efecto de una apatía, producto de una desilusión o un desengaño.

Tal es el caso de la paciente que traemos a colación, a la que hemos llamado Ana y hemos dedicado un amplio espacio en otros escritos (Villegas, 2002). Acude a terapia a los 54 años con la queja de haberse quedado «seca» después de haber dejado de sustentar su vida sobre las fantasías románticas de la adolescencia. Presenta antecedentes de un largo episodio de agorafobia, asociado a la duración de su primer matrimonio. Viene a terapia con una demanda difusa de insatisfacción vital, ansiedad indiferenciada y aislamiento social. Actualmente está siendo tratada con antidepresivos para hacer frente a un estado de apatía y anhedonia generalizada. Dice sentirse atascada emocionalmente y, en particular, refiere un bloqueo o dificultad específica para poder llorar. Trabaja como cuidadora en una residencia de ancianos. A propósito de un sueño que cuenta en la sesión de terapia grupal se desarrolla el siguiente diálogo.

TERAPEUTA: *A veces hay emociones a las que no les podemos dar curso. Por ejemplo, Ana, el otro día hablabas de no poder llorar.*
ANA: *¿Lo explico?*
T.: *Sí, para mostrar cómo se puede dar curso a una emoción.*
A.: *Cuando llegué al trabajo había una abuelita que estaba ladeada ¿no? Esto suele ocurrirle mucho a los que están en sillas de ruedas. Estaba inclinada y la puse un poco derecha. Me fui a hacer lo mío y ya me despreocupé de ella. Pero, a la hora de acostarla, la encontré tumbada. Y cuando fui a ponerla en la cama, le vi una cara que se me quedó grabada en el corazón. En los sentimientos se me quedó grabado un sufrimiento que… ¡Dios mío! Bueno, la acosté y ya me fui. Y por la noche se ve que se me quedó tan grabado que hasta tuve un sueño en el que pude llorar.*
T.: *¿Qué sentimiento se te quedó grabado?*
A.: *Era un sentimiento, un sufrimiento, un dolor, una impotencia ante la vida… Sí, es la vida, mi vida, mi mundo, es en estas cosas donde lo veo todo derrumbado, ¿no? O sea, todo cambiado… ¡¡¡Todo!!!!*
T.: *Esto es la decadencia, lo que decías el otro día…*
A.: *Sí. No sé, un mundo de sufrimiento. Yo no vivía en un mundo de sufrimiento, mi mundo era bueno en todos los sentidos: en ilusiones, en amor, en salud, en todo, ¿no? Y este dolor que yo vi en ella, esto es lo contrario; es la realidad que ahora estoy viviendo.*

Naturaleza y función de la tristeza

La tristeza está orientada a hacer frente a la experiencia de las pérdidas, cuando estas son ya irreversibles por muerte, separación o cambio. Las emociones restantes, el miedo o la rabia, no dan por irreversibles las pérdidas, sino que se enfrentan a la amenaza de aquellas condiciones que pudieran provocarlas, atacándolas o bien huyendo de ellas.

La tristeza es especialmente característica de las situaciones de duelo, orientadas a elaborar las pérdidas de cualquier tipo, desde la muerte de un ser querido a los fracasos personales. En consecuencia, la tristeza es el sentimiento constituyente de la experiencia depresiva.

A diferencia de las otras emociones, la tristeza suele ser menos inmediata en su reactividad y más duradera en el tiempo. Por ejemplo, puede venir precedida por otras emociones como la sorpresa, la rabia o por actitudes como la incredulidad que tienden a negar el reconocimiento de una pérdida. Como veremos más adelante, a propósito del duelo, la tristeza suele aparecer solo en segundo o tercer lugar, después de la negación y la rabia. Sin embargo, una vez instaurada, suele prolongarse por mucho más tiempo que las otras emociones que acostumbran a tener tiempos de reacción mucho más inmediatos y que solo perduran por periodos más o menos largos si dan lugar a sentimientos derivados de ellas, como por ejemplo el odio, en el caso de la rabia, o la ansiedad, en el caso del miedo.

La tristeza, en cambio, es una emoción que fácilmente se identifica con un sentimiento, tal como la define, por ejemplo, la RAE: «*sentimiento* de dolor anímico producido por un suceso desfavorable que suele manifestarse con un estado de ánimo pesimista, la insatisfacción y la tendencia al llanto», precisamente por su larga duración.

Este sentimiento puede adoptar diversas modalidades o tonalidades afectivas, según derive especialmente de la:

- *pérdida de ilusión:* decepción, desilusión, desengaño, desesperanza, descontento;
- *pérdida de motivación o de ánimo:* desinterés, desvitalización, anhedonia, desánimo, abatimiento, melancolía, postración, languidez;
- *pérdida de integridad moral:* culpa, atrición, contrición, arrepentimiento.

Existe, asimismo, la tristeza asociada a una tristeza vital, a la que damos el nombre de *melancolía,* fuente de inspiración romántica, o la *nostalgia* y la *añoranza* asociadas al recuerdo de épocas pasadas, de paisajes lejanos o de relaciones truncadas, tan presentes en fenómenos psicosociales como la emigración o el exilio, descritos como «síndrome de Ulises» (Achotegui, 2002).

Tipología de las pérdidas

Usamos el concepto de «pérdida» de forma muy genérica para poder incluir en él una gran variedad de situaciones (Villegas, 2020). Sin embargo, está claro que, aparte de la consideración subjetiva de cada uno, pueden catalogarse bajo esta etiqueta un sinfín de eventualidades que darían lugar a una posible tipología como la que proponemos a continuación:

- *Pérdidas personales:* vida, salud, integridad corporal, movilidad, envejecimiento, autoestima, narcisismo, identidad, dignidad (violación, abusos), libertad (prisión, secuestro).
- *Pérdidas relacionales:* abuelos, padres, hijos, hermanos, esposo o esposa, otros parientes, amistades, animales, etc., por muerte, separación, abandono, rechazo, fuga, amor no correspondido.
- *Pérdidas materiales:* bienes (catástrofes naturales, conflictos bélicos, accidentes), riquezas (caída de la bolsa, crisis económicas, robos).
- *Pérdidas simbólicas:* recuerdos, sistema de creencias, sistema de valores.
- *Pérdidas proyectuales:* fracaso profesional, pérdida laboral, fracaso del proyecto existencial.
- *Pérdidas sociales:* fama, reconocimiento público, posición o estatus social o económico, exclusión social, categoría profesional o laboral, fracaso en redes sociales.

Algunas de estas pérdidas pueden ser reversibles o irreversibles. La condición de irreversibilidad es característica de las formas más extremas de depresión y duelo, que veremos individualmente más adelante.

Pérdidas nucleares

Detrás de toda depresión se puede identificar una pérdida, una ausencia o una carencia fundamental para cada persona. Algunas de estas carencias se pueden considerar *originarias,* en la medida en que se detectan ya en los inicios de la historia del sujeto, tal como hemos comentado en el capítulo primero. Otras se producen con posterioridad, por traición, abandono, muerte, fracaso, desilusión, desengaño o impotencia, dando origen a depresiones relacionadas con estas pérdidas a las que hemos denominado *reactivas,* como, por ejemplo, la depresión asociada a un duelo complicado.

Originariamente, la depresión emerge de una forma casi natural, como respuesta a una falta de fundamento en el que asentar el propio ser. Es el negativo de la existencia. Como dice Paul Williams (2014), eso supone la negación no solo de la valía, sino de la entidad del propio ser: «Yo sentía que no existía, que es lo mismo que sentirse insustancial». La existencia humana se sustenta sobre el amor ontológico y su carencia pone en peligro la estabilidad y la subsistencia del propio ser, equivale a la falta de fundamento.

La depresión, es decir, la sensación de impotencia, falta de sentido y desmotivación general, acompañada de sentimientos de desesperanza y tristeza, es un fenómeno muy común, que puede darse también de forma *retroactiva* ante múltiples circunstancias, que nos retrotraen a la posición originaria de ausencia de fundamento. La depresión retroactiva se puede considerar como la cárcel en el juego de la oca, donde se puede caer desde cualquier posición en que se encuentre una persona. Es una morada que puede ser considerada transitoria si sabe elaborarse el motivo de la caída a través de un proceso de duelo; o definitiva, si no se quiere reconocer.

El que ha perdido un trabajo, una relación amorosa, unos familiares o allegados por muerte natural o en un accidente repentino, como en el caso de Pilar, citado en el capítulo introductorio, le han entrado en crisis sus creencias o referentes ideales, ha experimentado un fracaso o ha sido herido en su amor narcisista, necesitará un tiempo para recomponerse, siempre que sepa aprender de su dolor, pero tendrá la oportunidad de salir reconstituido, sobre todo si ha hecho un proceso de terapia para elaborar el duelo. En la existencia humana son inevitables los *fracasos* y las *pérdidas* y, en consecuencia, son normales. Lo que es neurótico es la *frustración,* quedarse paralizado y hundido sin capacidad de reacción. Saber convertir el fracaso o la contrariedad en aprendizaje es lo que nos ha de permitir avanzar en el camino de la vida *(resiliencia).*

Si nos atenemos a las observaciones que vierte la psiquiatría sobre la depresión como síntoma clínico, llegamos a la conclusión que la *tristeza* es el síntoma anímico por excelencia de la depresión junto al *abatimiento,* la *pesadumbre* o la *infelicidad,* aunque a veces el estado de ánimo predominante es la *irritabilidad,* la *sensación de vacío* o el *nerviosismo.* A estos síntomas de la esfera anímica o afectiva se añaden otros de tipo motivacional como la *anhedonia* o pérdida de la capacidad de disfrute y la *apatía* como falta de interés por las cosas.

El rendimiento cognitivo, la memoria, la atención y la capacidad de concentración de una persona deprimida están también afectados. La manera de pensar de la persona se ve igualmente teñida o ensombrecida por una perspectiva negativa o pesimista, que afecta particularmente a la valoración que hace de sí misma y de sus posibilidades, dando lugar a una baja autoestima. Hay que añadir a todo ello afectaciones físicas frecuentes, como *insomnio* o dificultad en conciliar el sueño, *pérdida del apetito, fatiga* e *inapetencia sexual,* entre otros, producto del proceso de desvitalización que hemos descrito más arriba.

Con todo este cuadro no es de extrañar que las relaciones interpersonales y sociales se vean afectadas seriamente. Aunque desde el punto de vista evolutivo las manifestaciones de dolor, pena, tristeza o abatimiento estén orientadas filogenéticamente a obtener una mayor atención y cuidado de los demás, una prolongada duración o excesiva intensidad de estos síntomas pueden llegar a provocar el cansancio de los cuidadores, abandonando a su suerte a la persona que los sufre y dejándola en una situación de claro aislamiento social.

Ante este panorama tan devastador cabe preguntarse: ¿qué es lo que puede llevar a una persona a caer en este profundo pozo? Como respuesta podríamos remitirnos a la casuística que hemos ido desgranando desde la introducción. Todas y cada una de las pérdidas a las que hemos aludido bastan y sobran para poder dar origen a una respuesta depresiva. Sin embargo, no es la naturaleza de la pérdida por sí misma la que hace caer el plato de la balanza hasta tocar lo más hondo, sino el significado que adquiere para la persona.

Hay tipos de pérdidas que dan tan directamente en la diana —o en el tendón de Aquiles propio— que desestabilizan totalmente a la persona. Dependen también del momento vital en que se producen, de los recursos personales, materiales o sociales que todavía le quedan para hacer frente a la nueva situación creada, de experiencias de superación o de indefensión anteriores con las que poder manejarse ante la desgracia.

Las desgracias nunca vienen solas

Estas pérdidas pueden presentarse aisladamente o en diversas combinaciones, haciendo más o menos grave su impacto y la reacción depresiva. En el caso que consideramos a continuación pueden detectarse diversos tipos de pérdida, experimentados en un lapso corto de tiempo.

Alfredo, paciente de 52 años, divorciado y casado en segundas nupcias, tiene una hija de 25 años del primer matrimonio. Representante sindical, está sin trabajo debido a conflictos laborales no resueltos. Llega a terapia de grupo después de 6 años de depresión, por la que recibe una pensión de invalidez. Los desencadenantes para la depresión los identifica en una serie de acontecimientos que se produjeron casi simultáneamente.

> TERAPEUTA: *¿Qué pasó durante este tiempo?*
>
> ALFREDO: *Se me juntó una serie de problemas en el trabajo, en casa, la separación de mi mujer, la enfermedad de mi madre y eso hizo que cayera en un pozo del que no veía salida. Bueno, pensaba que la muerte era la única salida. Por eso pensé en el suicidio. Finalmente, mi madre murió y poco antes también mi padre.*

T.: *Muchas pérdidas a la vez.*
A.: *Sí. Me vi impotente, incapaz.*
T.: *También tuviste que dejar el trabajo.*
A.: *Sí. Tuve que dejar el trabajo, luego me dieron la invalidez por depresión. Ahora soy pensionista, pero no he podido salir todavía, no encuentro fuerza para nada, soy incapaz de nada.*
T.: *Y ahora, ¿qué apoyos tienes?*
A.: *Ah, bueno, me volví a casar. De momento, mi compañera intenta ayudarme y la relación es buena.*
T.: *¿Y por parte de tu familia?*
A.: *Bueno, no tengo prácticamente a nadie. Tenía un hermano y también murió muy joven.*
T.: *Debías sentirte muy solo. Debió de ser muy duro. ¿No te ayudó nadie en todo este proceso?*
A.: *Pues, la verdad es que no. Fue muy duro. Luego encontré a la que ahora es mi mujer, pero hasta entonces no tenía a nadie.*
T.: *¿Y qué fue lo primero de todo este cúmulo de cosas?*
A.: *Primero fue la ruptura matrimonial, después la pérdida del trabajo y después la enfermedad de mi madre.*
T.: *¿Cómo se produjo la ruptura matrimonial?* (pérdida relacional).
A.: *Es ella la que se marchó. Quería un tiempo para pensar y durante este tiempo estuvo saliendo con otra persona.*
T.: *¿Y a ti qué efecto te producía que saliera con otra persona?*
A.: *No sé cómo explicarlo. Me dejó por los suelos, es como si ella me hiciese sentir poca cosa, una nada* (pérdida personal).
T.: *Y ante esta experiencia, ¿qué sentimientos te venían a ti?*
A.: *Sobre todo tristeza. Tal vez me hizo sentir poco hombre para ella.*
T.: *Poco hombre para ella* (pérdida narcisista). *¿Cómo fue la separación?*
A.: *No fue muy larga, duró algunos meses, pero unos meses muy malos.*
T.: *¿Era una cosa esperada por ti?*
A.: *No, no, no me lo esperaba* (efecto sorpresa). *Mi mujer salía con otro hombre y yo no me había enterado. La sorprendí* in fraganti. *Entonces ella me lo confesó y me sacó de casa prácticamente con la ropa puesta* (pérdida material). *Entonces me vine a vivir a casa de mis padres hasta que murieron* (pérdida relacional).

T.: *¿Qué sentimientos te suscitó ver a tu mujer con otro?*
A.: *Hombre, pues de tristeza.*
T.: *¿Solo tristeza?*
A.: *Y sentirme engañado. Y traicionado.*
T.: *Engañado y traicionado. ¿Cómo te lo planteó ella?*
A.: *Me dijo que teníamos que dejarlo y que quería el divorcio y que como teníamos una hija lo lógico era que ella se quedase con la hija y con el piso* (pérdida personal, relacional, material y proyectual).
T.: *Pero era ella quien pedía el divorcio y no tú. Si lo mirases con ojos de sindicalista, ¿cómo lo verías esto?*
A.: *Muy mal. Porque tendría que haber sido ella quien se fuera.*
T.: *Parece que hay un momento en el que renunciaste, como en el trabajo.*
A.: *Sí, creo que sí.*
T.: *Renunciaste a tus derechos. No solo una renuncia a una cosa externa sino también a ti mismo, una desvalorización de ti mismo. Entonces no me extraña que te sintieras impotente. De repente tú mismo dejas tu fuerza, dejas tu lucha* (pérdida personal y proyectual).
A.: *Sí, renuncié a mi fuerza.*
T.: *Exacto, y a la lucha por tus derechos. Porque a partir de ahí te fuiste vaciando. Y además vinieron a faltar tus padres. Una cosa detrás de otra. De no luchar derivó una pérdida de fuerza, una pérdida de autoestima, una pérdida de defensa de los propios valores* (pérdida personal).
A.: *Me quedé en blanco, como si me hubieran dado un mazazo en la cabeza. No pude reaccionar.*

En el caso de Alfredo, la sensación predominante es la de traición. Traición por parte de los compañeros de trabajo, traición por parte de la exmujer. Ante esta actitud de los demás, Alfredo se encuentra sin defensas. ¿Cómo va a luchar contra sus compañeros de trabajo, su mujer, a pelear por la casa, por la hija? Simplemente abdica, renuncia, deja caer las armas y se hunde en la depresión.

Es interesante observar cómo en los sentimientos de Alfredo no se manifiesta la rabia. En su lugar aparecen los sentimientos de *impotencia, tristeza, traición, engaño, abandono, soledad,* emociones o sentimientos todos de naturaleza pasiva, característicos de una regulación prenómica (Villegas, 2011, 2015). Se siente desposeído de sus derechos, y no los reivindica, simplemente se aparta con la sensación de haber perdido una batalla antes de haberla librado. Ni siquiera se le tiene en cuenta a la hora de plantear el conflicto.

Contribuye a esta reacción lo inesperado del comportamiento de los otros, lo que refuerza la sensación de traición. En el ámbito laboral, son los compañeros que no le corresponden, sin que él pueda anticiparse a sus movimientos. En la relación de pareja, es la mujer la que inicia la separación, no solo por proponerle directamente el divorcio, sino porque hace tiempo que está construyendo su alternativa a escondidas de él. Todo esto deriva en una pérdida de valoración y autoestima de la que le es muy difícil salir y por la que fácilmente piensa en el suicidio. La incapacidad de responder, debido al factor sorpresa con que se producen los acontecimientos, hace todavía más intensa la sensación de *impotencia,* a la que hay que sumar los sentimientos de abandono y *soledad,* agravados por las pérdidas debidas a la muerte natural de los pocos apoyos que le quedaban.

En términos evolutivos, resulta evidente que Alfredo desarrolla una estrategia inhibitoria ante una amenaza tan masiva a la continuidad de su vida personal y social que se siente superado y hundido por ella. Si nos atenemos a las reacciones posibles consideradas hasta aquí, no hubo ni siquiera posibilidad de *contraataque* (rabia), ni tiempo para la *activación anticipatoria* (ansiedad), debido a la imposición de los hechos consumados, como tampoco de *huida* (miedo), habiendo sido más bien *expulsado* de su casa y su trabajo. Solo le quedaba la *desconexión* como estrategia básica de supervivencia. A esta estrategia evolutiva, prolongada en el tiempo, con todos los efectos resultantes desde el punto de vista psicológico, la llamamos *depresión.*

En el trabajo terapéutico habrá que tener en cuenta la elaboración del duelo por las pérdidas, que muchas veces, como dice Cancrini (1996), prefiere ocultarse en síntomas somáticos (insomnio, dolor de cabeza, inapetencia, etc.) o motivacionales (desgana, desilusión, etc.), antes que poner palabras al dolor. La ausencia de palabras, la incapacidad de otorgar significado a la experiencia depresiva es precisamente la que nos atrapa en el vacío, al menos en el vacío de significado.

3. El vacío ontológico

Hablar de vacío ontológico equivale a hablar de ausencia o aniquilación del ser. Se trata del estado más extremo que puede alcanzar la depresión, cercano a la muerte en vida y, en ocasiones, proclive al suicidio. El vacío ontológico puede ser *originario*, en relación con aquellos casos en que la persona, según propia sentencia, ya «no debería haber nacido» o bien, habiéndolo hecho, no es reconocida como tal por su entorno. En otros casos, la persona es vaciada de su ser por abuso, maltrato o *invalidación masiva* de su ecosistema relacional. Y en la mayoría de ellos es habitual detectar una mezcla de ambos factores, un *déficit ontológico* originario más una *invalidación sistemática personal* a lo largo de su historia.

El déficit ontológico originario

El *déficit ontológico originario* supone la negación radical del ser ya en sus orígenes o nacimiento, manifestado en forma de descuido o desnutrición física y afectiva. Este déficit ontológico suele echar sus raíces en la primera infancia, en la que resulta fundamental, para el proceso evolutivo del ser humano, que sus necesidades básicas sean cubiertas de modo adecuado. Ello no hace referencia a las comodidades de un hogar moderno en una sociedad rica y avanzada, sino a la calidad de las relaciones vinculares que se establecen entre padres e hijos a través del cuidado y satisfacción de las necesidades primarias y que, en términos generales, determinan las diversas formas de apego más o menos seguro o estable. Para ello no se necesitan grandes recursos económicos, puesto que la naturaleza ha provisto incluso el alimento necesario a las madres, sino principalmente un cuidado amoroso, lo que está al alcance de todas las sociedades, también las más pobres.

Desde el punto de vista psicológico, la necesidad más básica de todas es la de sentirse digno de amor, reconocido como persona. Esta es la nutrición esencial que requiere el desarrollo de la psique humana. La naturaleza, sin embargo, no ha dotado a las personas de amor incondicional hacia sus hijos. Algunos progenitores no consiguen establecer con sus hijos el vínculo amoroso que necesitan: tal vez los abandonan o descuidan gravemente y, en el peor de los casos, incluso los pueden llegar a maltratar o abusar.

El descuido, la desprotección tan frecuente en las historias de abuso, el abuso mismo en cualquiera de sus modalidades, la invalidación constante o sistemática, el rechazo implícito o explícito son las formas más graves de desnutrición que van a mantener a muchas personas a la espera de que alguien asuma finalmente el rol nutricional que necesitaban de sus padres, desde una perspectiva pasiva o victimista. En otras personas va a dar lugar a una posición pasivo-agresiva, en la que el autoodio y el sadomasoquismo van a perturbar sus relaciones afectivas. En estas circunstancias, la imagen de uno mismo queda gravemente dañada, expuesta al autodesprecio y la inflicción de autolesiones, como vemos con frecuencia en el trastorno límite de la personalidad. En una carta dirigida a su niño interior, un paciente, abusado en su infancia y adolescencia, escribe:

> *~~Querido~~ enano de mierda interior. Puto crío de mierda interior. Puta mierda interior. Pequeño inútil interior, ¿aún no te has muerto? Pequeña basura interior. Puto gilipollas, chupapollas, es que no sé qué decirte. Puto crio. ~~Querido~~ niño interior, a ver si dejas de dar por el culo de una vez y puedo empezar a hacer las cosas de una forma menos patética, aunque el adulto no es mucho mejor que tú. Jodido tarado.*
>
> *Tú te expones para que otros disfruten y yo disfrute con tu muerte. Mientras otros te golpean y sufres, yo puedo sacar la cabeza del agua que*

hierve y, para no quemarme, tengo que dejar que otros acaben contigo porque solo eso alivia, pero no puedo dejar de oírte gritar e intento callarte golpeando tu boca. Deja de llorar de una puta vez; nadie te va a oír. Te observo en silencio desde la esquina de una habitación oscura. Pataleas en el suelo tirado boca abajo como si estuvieras pegado a él, sucio de sangre y con la cara llena de sudor y lágrimas que ya ni puedes sentir, pero solo yo te oigo y no puedo hacer nada salvo estar ahí mirando cómo finalmente tu cuerpo tiembla agotado; ya no tienes voz y aun así continúas gritando, como si alguien le hubiese quitado el sonido a una película de terror. Pienso que podría apostar por ti, por una larga agonía antes de verte morir rodeado de mierda, semen, babas, vomito, alcohol, tierra y sangre. Pero el fin nunca llega porque eres desgraciadamente demasiado fuerte, un trozo de carne en el que muchos han metido sus garras animales más salvajes; de eso estás hecho, eso eres y así te oigo gritar. Deja de llorar, puto niño de mierda…

Otros progenitores, tal vez, por el contrario, alcanzan a proporcionar a sus hijos todos los recursos materiales que precisan para su desarrollo físico y social, pero permanecen afectivamente alejados de ellos; o, tal vez, incluso los pueden sobreproteger, pero no con ello los legitiman en su ser: en cualquier caso, es un déficit difícil de reparar.

La ausencia de esa experiencia acogedora o de aceptación del propio ser que ofrece el cuidado amoroso supondrá un vacío nutricional difícil de contrarrestar de otro modo, que dará lugar a posibles formas alternativas de validación de tipo narcisista meritocrático, dependiente, sumiso, complaciente u oblativo, o a la instauración de la *depresión originaria* (Villegas, 2011, 2013) como estado de ánimo de fondo permanente. Los seres humanos pueden extraer las bases de su autoestima o reconocimiento ontológico, como personas, de muy diversas fuentes, más allá del amor parental: otros parientes o vecinos, el grupo, la tribu, los maestros, los terapeutas, los compañeros, incluso de sí mismos, lo que constituye el fenómeno de la *resiliencia*. Pero, cuando estas intervenciones reparadoras fallan o no se producen a lo largo del tiempo, suelen recalar en la depresión que arrastran de origen.

El quinto principio

Una experiencia de este tipo se encuentra descrita bajo el enigmático título de *El quinto principio,* libro de Paul Williams (2014) que aborda la reconstrucción de una infancia carente de cuidado y cariño, sometida al maltrato y al abandono sistemáticos, que expone las perturbadoras consecuencias que el déficit nutricional afectivo y el descuido material tienen en la formación de la psique infantil y adulta.

Nacido en sustitución de su hermana Carole, muerta a los cinco meses a causa de una disentería no atendida debidamente por sus padres, Paul llenó el vacío dejado por la primogénita durante un tiempo, hasta que llegó otra hermana, Patricia, a sustituirlo en el imaginario de la madre. Más tarde, esta se dio cuenta del error: no era una niña, sino un niño... Ese era el niño *equivocado.*

Crecido en un ambiente hostil, de alcoholismo del padre y abandonismo de la madre, hasta el punto de no velar por su sustento, Paul aprendió a refugiarse en un bosque cercano y a robar comida para poder subsistir durante el día. A la casa volvía solo por la noche, por la puerta trasera, para poder dormir. En la escuela fue objeto de desprecio y *bullying* por parte de profesores y compañeros.

> El bosque era el santuario de mi niñez, seguro y predecible. Los árboles, los estanques y los arbustos adoptaban una actitud neutral, sin rechazarme ni esperar nada de mí. Me aceptaban.

Este vacío nutricional, que empujó a Paul a «independizarse» de los vínculos parentales originarios para proveer por sí mismo a su sustento tanto en el ámbito material como relacional, lo llevó en consecuencia, también, a desarrollar una serie de comportamientos y convicciones compensatorias, entre ellas lo que él denominó como sus «principios», que redujo a cinco.

> Cuando tenía más o menos tres años, ya había dejado de esperar de mi madre cualquier otra cosa que no fuera hostilidad... Cuando cumplí cuatro años, ya sabía que a ella no debía pedirle nada más

y que tenía que hacerme invisible. Siempre creí que esta desastrosa situación con mi madre era mi culpa. Aunque obligado sin piedad a volverme independiente, me sentía muy avergonzado de ser un fracaso como hijo.

Mi vergüenza fue el crisol del que nació mi primer principio de vida: «*Todo lo que digo o hago está mal*».

Este principio subyacía al segundo, al tercero y al cuarto, que formulé cuando tenía más o menos cuatro años, a modo de estrategias que me permitieran lidiar con las consecuencias del primero.

El segundo principio era el siguiente: *«no creo en lo que dicen. La verdad es lo opuesto a lo que me dicen»*.

El tercer principio rezaba: *«la rabia me mantendrá vivo»*.

Y el cuarto era: *«si trabajo duramente, el doble de los demás, tal vez logre llevar una vida que se aproxime a una vida normal»*.

Yo no hice nada erróneo. Yo era un error. La llegada de Patricia [su hermana] tres años más tarde hizo que las cosas no solo no mejoraran, sino que empeoraran... Una de las consecuencias de que se me considerara una niña desde el nacimiento y de que luego se me descartara no fue que yo me sintiera como una niña, ni que me volviera homosexual, sino que me sintiera como si no fuera nadie. Al mirarme, mi madre veía a otra persona. Yo sentía que no existía, que es lo mismo que sentirse insustancial...

Me habían asesinado, como sucedió con Carole; la diferencia entre nosotros dos es que mi cuerpo permanecía y el de ella no... Aprendí que nadie conocía o que a nadie le importaba lo que nos sucedía a mi hermana Patricia y a mí.

Paul dirige los primeros intentos de compensación a restablecer el orden originario o canónico de las cosas, al adoptar una conducta razonable, reorientada a provocar un reposicionamiento también razonable de la madre, pero con éxito nulo.

Había momentos en que creía que podría invertir la realidad y, pese a los ataques, hacía repetidos y extenuantes intentos por comunicarme con mi madre, partiendo de la idea de que tal vez ella estaría dispuesta

> a entrar en razón si yo se la proporcionaba... No importaba si fallaba, cosa que sucedía siempre: no tenía más que volver a intentarlo otra vez, de un modo más claro, suprimiendo cualquier indicio de ofensa o demanda, creyendo que, por último, ella entraría en razón. Este fue un error de juicio muy serio... Me convencí de que ella, algún día, lo comprendería, aunque de momento yo debiera renunciar a la esperanza. Me inculqué la creencia de que si daba un ejemplo bueno y racional *[heteronomía inversa]*, aun cuando fuera necesario permanecer en silencio, conectaría con ella. En otras palabras, enloquecí.

La imposibilidad de recibir de los padres el reconocimiento necesario lleva a Paul a buscar una compensación en el ámbito relacional, desarrollando, además de la heteronomía inversa ensayada ya con la madre, una socionomía complaciente y oblativa, a fin de obtener la aceptación de los demás.

> El hecho de ser razonable *[heteronomía]* e indefectiblemente servicial *[socionomía]* se volvió un rasgo de mi carácter, que surgía de manera automática en mis relaciones con la gente, en particular con las mujeres. Llegué a comprender que el secreto para salir adelante radicaba en la abnegación, en la identificación y en la satisfacción de los deseos de la otra persona. Si dedicaba atención, manifestaba interés, prodigaba halagos y ofrecía ayuda aunque no me la solicitaran, me ponía en situación de ventaja. En esta engañosa forma de vida, el potencial para que surgieran los malentendidos, los conflictos y las traiciones conmigo mismo, era enorme.
>
> Cuando tenía alrededor de cuatro años, el suicidio comenzó a rondar por mi mente... Yo era un niño aterrorizado, desesperado, con la osadía de quien no tiene nada que perder y se preocupa tan solo de su supervivencia...

El surgimiento de estos cuatro principios permitió a Paul sobrevivir en un medio familiar totalmente negligente y hostil, anticipando la aparición de un quinto principio que debería asumir y superar a los cuatro anteriores en uno solo. Este quinto principio es fruto de un largo proceso de elaboración interior que tenía que ver con asumir la responsabilidad del cambio, entendiendo que ni el pasado ni las figuras de apego de la infancia iban a cambiar.

> No tenía ninguna esperanza de que lo que me sucedía pudiera borrarse o «curarse». El único aspecto de la situación que podía cambiar era yo. Gracias a este conocimiento, ya en la edad adulta, fui capaz de forjar un quinto principio que me permitió vivir sin negar la realidad del pasado y, al mismo tiempo, sin encadenarme a él…
>
> Durante los primeros años de mi vida como adulto invertí cada pizca de energía en deshacer el daño de mi niñez; sin embargo, los efectos persistían: la dificultad para decir no *[falta de asertividad]*, una tendencia crónica al alejamiento *[evitación social]*, y al trabajo excesivo *[meritocracia]*, creencias autocríticas sobre mi aspecto y mi valía *[evaluación negativa]*, y, sobre todo, un legado de vergüenza *[falta de autoestima]* para el que jamás encontré modos duraderos de disminuirla.
>
> El último principio, el quinto, resultó el paso lógico que seguía en la formulación de la secuencia de los Principios. Tomó la forma de una renuncia a los cuatro Principios anteriores, así como a las condiciones en que se habían formulado. Lo cierto es que jamás hubo esperanza alguna de mejorar la situación de mi niñez. Era preciso que entendiese de una vez por todas que mis circunstancias habían sido irreversibles y que ningún esfuerzo por salvarlas, repararlas o mejorarlas podría suponer ninguna diferencia…
>
> Formular el quinto principio no era una negación del pasado, ni un acto de resentimiento, ni un intento de vencer a mis padres. Por el contrario, representaba la ampliación que una mente adulta hacía de una comprensión infantil: «A la mierda»… No fue fácil trasladar el quinto principio a palabras, pues no solo hacía falta que surgiese de un pensamiento adulto, sino que también era necesario que permaneciese fiel a su inspiración, es decir, al deseo *[anomía]* de escapar…
>
> Gracias a él, comencé por fin a derribar el legado de vergüenza y terror de mi infancia por medio del desmantelamiento pieza por

> pieza, de las premisas a partir de las cuales me controlaban los patrones de pensamiento y sentimiento del pasado... Finalmente lo había comprendido; no había adaptación, ni reparación, ni mejora alguna que proporcionase la libertad interior que yo necesitaba para sentirme vivo. Comencé a entender que podía hacer lo que yo quería *[autonomía]*. Había antepuesto a los demás y había estado orgulloso de ello con un alto coste para mí *[socionomía]*... Lo cierto es que raramente ponía en un primer lugar mis necesidades o deseos *[prenomía y anomía]*.

La depresión originaria se establece como el fondo vital sobre el que se estructura la organización posterior de la vida psíquica de la persona en términos de su regulación moral (Villegas, 2011). Básicamente, existen dos tendencias posibles. La primera sigue unos criterios *meritocráticos*, hacerse validar por sus logros, como en el caso de Paul, o bien por criterios socionómicos de cuidado y sacrificio por los demás, para hacerse reconocer como útil y necesario para ellos, como en el caso de Margarita. Esta estrategia suele llevar consigo un alto coste en trastornos de ansiedad, alimentados por el déficit ontológico.

La segunda asume una actitud más *prenómica*, que da lugar a la dependencia y la sumisión en las relaciones interpersonales. La persona no cree valer a ojos de los demás y se considera inválida a los propios. La falta de estima ontológica aparece con toda nitidez y ni siquiera se intenta camuflar detrás de una meritocracia compensatoria. Esto puede suceder tanto sobre un trasfondo de una invalidación originaria como a propósito de una invalidación masiva, aunque puntual.

La invalidación masiva puntual

En la medida en que una invalidación, aunque sea puntual en un período determinado de la vida, pueda considerarse masiva para un sujeto, tendrá el poder de afectar al edificio de la estima ontológica desde sus cimientos. Evidentemente, el efecto destructor de los acontecimientos invalidantes depende de dos factores complementarios:

la intensidad del ataque y la capacidad de resistencia de la víctima. Esta última también es capaz de mayor o menor aguante. Por ejemplo, que alguien sufra una invalidación por razón de su raza o género, que se sienta atacado en su capacidad mental o moralidad, que sea injustamente acusado, difamado, abusado, traicionado, abandonado, maltratado, humillado o despreciado, tendrá un efecto más o menos destructivo sobre la totalidad del sistema, en función de lo *nuclear* que resulte para esa persona el valor afectado y en la medida en que esté en condiciones de neutralizar o no los intentos de invalidación.

Un trozo de carne con bebé...

Gemma tiene 36 años y asiste a un grupo de terapia. Presenta una sintomatología depresiva muy grave, con ideas persistentes de suicidio, originadas por un abandono amoroso por parte del padre de su única hija (Paula, de 6 años), un hombre egipcio que conoció en la parada del autobús y de quien se enamoró perdidamente en el acto, llevándoselo a casa el mismo día y quedando embarazada de él pasado un año y medio.

A este duelo hay que añadir la idea recurrente de que ella no es una buena madre y que el mejor favor que podría hacerle a su hija sería liberarle de su presencia (aquí aparecen las ideas de suicidio). En el siguiente diálogo, llevado a cabo durante su proceso de terapia grupal, explica cómo sufrió malos tratos y se sintió invalidada como madre y como mujer durante el embarazo.

GEMMA: *Antes de estar embarazada no tuve malos tratos; fue durante el embarazo. Esto no lo llego a entender, por más que me lo expliquen. Y bueno, aparte yo tuve un embarazo muy malo, pues me pasé nueve meses vomitando, que no se lo deseo a nadie. Echas el estómago por la boca, dolor de oídos, es una cosa tremenda.*

TERAPEUTA: *¿Antes de estar embarazada no sufriste malos tratos?*

G.: *¡No, nunca! Tienes roces, desacuerdos, conflictos, discusiones, no llegaban ni a ser discusiones. Él tiene una opinión y yo otra, pero lo ha-*

blabas; fue a partir de quedarme embarazada, al mes o así. Llegué a dormir en el suelo, por no molestarlo a él.

T.: *¿Dormías en el suelo estando embarazada?*

G.: *Sí. Una semana estuve durmiendo en el suelo, porque nos pilló en el traslado del piso. Como yo tenía problemas para dormir, él se quejaba de que no le dejaba dormir. Yo me levanté de mi cama y me estiré en el suelo.*

T.: *¡Y a eso le llamas amor!*

G.: *Sí, pero ese no fue mi sentimiento primero, ni el segundo, fue el tercero. Verlo me produjo mucho daño, mucho dolor. Y literalmente me sentí como una mierda de persona; un sentimiento de que todo lo has hecho mal, de que tu vida no tiene sentido. Vivir, ¿para qué? Ese es el sentimiento que me produce: vivir, ¿para qué? Cuando él se levantaba por la mañana, porque no se daba cuenta por la noche de que me iba al suelo del comedor, y me veía, nunca me decía «¡Tú estás loca! ¿Pero qué haces? Si alguien tiene que dormir en el suelo soy yo, ¡si fuese el caso!». Hacía como si no me hubiera visto. Y cuando me trajeron el sofá, pues en el sofá…*

Mari Carmen: *¿No lo hablabas?*

G.: *¿Para qué iba a hablar conmigo, si yo me la pasaba vomitando? Según él, yo no sirvo para estar embarazada. Tengo un cuadro pintado al óleo encima de la chimenea, yo con 25 años, ¿no? Cuando ya estaba embarazada, mira al cuadro y me mira a mí, mira al cuadro y me mira a mí. «¿Sabes qué estoy pensando?». No, pero me lo vas a decir. «Que ni guapa ni fina». Pues así con el embarazo, ni soy guapa ni soy fina. Y le digo «pues de acuerdo, tú sí que eres guapo y tú sí que eres fino, enhorabuena, debes de estar contento por tu parte». ¡Iba al baño a vomitar, yo, hecha polvo, y él salía por la puerta! Yo cojo la puerta del baño y él coge la puerta de la calle. Llegaba a las 4 de la madrugada… «¿Dónde andabas?». «No me acuerdo», decía, «no me acuerdo», ni ponerme una excusa. Cuando lo conocí, yo venía de una terapia de respiración, estaba haciendo un curso para respirar bien y controlar. Precisamente un día que fui lo conocí, y esto es lo que siempre me ha dicho «si tú ya estabas loca; yo, ¿culpa de qué? Si tú estás mal es por tu culpa». Y esta es la excusa que tiene él. Mi hija ahora está todo el día «fea, mala, tonta,*

fuera de aquí, tal…», y cuando me trata así yo no veo a la niña, yo veo al padre: «fea, ¡cállate!».
T.: *¿Cuántos años tiene la niña?*
G.: *Dos años y medio. Me dice «cállate payasa». Y yo, ¡a ver qué!*
M.C.: *¿Se parecen? ¿Se parecen físicamente?*
G.: *Se parece a su familia; tiene una hermana que yo no conozco, que se llama Anette. ¡Debe ser miss mundo! Su madre mide 1,82. A los dos meses me decía «¡es que mi hija se parecerá a mi hermana Anette!». Pero no te dice que se parezca a su madre, ¡yo, que soy su madre!*
M.C.: *¡Que se parezca a ti!*
G.: *No, no. Ni a mí, ni a mi familia. Tiene qué parecerse a su hermana Anette, tiene que ser como ella. Pues, ¡ojalá! Y estuve ingresada siete veces en el hospital, estuve antes del parto una semana y me llamaba para insultarme…*
M.C.: *¿Y vino al parto?*
G.: *Sí, y estuvo allí y casi saca a la niña él. Sí, pero el doctor… Yo creo que si estoy viva y tengo una hija preciosa es gracias a él, porque fueron nueve meses de no soltarme. Y no solo como ginecólogo, sino también asesorándome psicológicamente, porque yo le había explicado. ¡Pero el caso es que cuando la niña tenía 5 días de nacida yo ya estaba rota, rota, rota! Fue cuando yo le dije ya en casa «¡vete, vete de casa!» y me dijo que «con mucho gusto» y puso la cara como cuando a alguien lo liberas de un peso, de esta carga.*
T.: *Entonces, si tú estabas durmiendo en el suelo, ¿qué estabas esperando que sucediera?*
G.: *Que pasara el tiempo de dar a luz, porque a mí me trataba mal de todas maneras. Yo no esperaba nada. No, no estaba esperando que viniera a decirme nada. Que él durmiera y a mí dejarme tranquila, porque llegaba a pensar que yo lo hacía adrede, ¡y no! Después, lo que sí esperaba, no por la noche, por la mañana, es que me dijera —además que era mi casa, comprada con mi dinero, no soy yo la invitada, es él— «te dejo mi cama». Ahí sí que esperaba algo yo.*
T.: *Vamos a detenernos ahí. Tú estás toda la noche y dices que duerma y esté tranquilo. Y por la mañana el pensamiento es otro. ¿Qué haces ahí en el suelo?*

G.: *El reconocimiento de decir «te has sacrificado, al menos». Bueno el reconocimiento a mí no me sirve de nada. Yo iba a dormir igualmente en el suelo, acompañada o sola, pero el reconocimiento de decir «bueno, al menos tan mala intención no tienes», porque me hacía creer que yo tenía la intención de «como yo no puedo dormir, pues tú tampoco». Él estaba convencido.*
T.: *Pero vamos otra vez a la escena. Tú estás en tu casa. Es tu cama y tú estás embarazada y te encuentras mal, y te pones en el suelo para que él pueda dormir, no miras cuál es tu necesidad, sino que miras la de él. Renuncias a ti, pero esperas que te reconozca dos daños: uno, la renuncia a ti, el más gordo; el otro, esperar que te reconozca la renuncia. Esa actitud es la que genera que alguien que se siente en una posición dominante lo sea todavía más. Encima, ni le pides ni le exiges nada. Y además te sacrificas por él. Y lo encuentras bien, no protestas, no dices nada. O sea, tú estabas consintiendo.*
G.: *¡Sí, sí! ¡Eso yo lo entiendo! Y ahora esto no lo hago, vamos, por mi madre a lo mejor sí, pero por nadie más. Es que… ¿puedo decir un taco?*
T.: *Sí, ¡claro!*
G.: *Le doy una patada en los huevos y lo echo de la cama. ¡Hoy! Pero, en aquel momento, ¡yo estaba atrapada en el mundo que él me había hecho creer!*
T.: *¡Ahí, ahí, ahí!*
G.: *«Tú no sirves para estar embarazada, tú estás enferma, tú estás loca, tú no me dejas dormir, porque es tu capricho, no por otra cosa». Y yo, ¿qué tengo qué hacer? Lo que tengo que hacer es ponerme a dormir en un rinconcito y ya está…*
T.: *En tu casa y en tu cama.*
G.: *Pero hoy, ¡ni estando embarazada! ¡Salirme de la cama para que duerma un tío a pierna suelta, para que no se moleste y yo irme a dormir al suelo, no! ¡No! Por encima de mi cadáver. ¡Esto hoy no lo hago! Yo no era yo, no era persona. Yo era un trozo de carne con bebé…*
T.: *¿Y ahora quieres ser persona?*
G.: *Ahora quiero ser persona. Pero dentro de la persona que soy, todavía me queda. Es más, a mí me lo cuenta una mujer que ha hecho eso y yo*

pienso «esta es tonta de remate». O sea, yo pensaría cómo se va a salir de su cama para... Yo lo veo, pero en ese momento... Estoy influenciada, ¡lo tengo dentro!
T.: *Estás influenciada, estás influenciada, el daño también se cura, las heridas cicatrizan. Pero eso de que estás influenciada es porque, de alguna manera, a lo mejor te estás cuestionando si tú eres y vales, y eres y no vales. «Es que ese tío ha abusado de mí, es que yo me he dejado tomar el pelo, es que eso no lo voy a consentir más». Eso que estás diciendo ahora con fuerza, eso, es totalmente contrario a la depresión. Analizando cuando él miraba el cuadro y decía que no eras ni tan... ¿cómo decía?*
G.: *Ni guapa ni fina. Ni guapa porque no era guapa. No soy guapa ni fina, pues claro, cómo puede ser guapa una persona que está todo el día vomitando. Esto es la antítesis de la finura; yo lo entiendo, a ver, a mí me molestaría.*
T.: *Vamos a ver, ¿eso qué significa? Porque tú eso no lo confrontaste con él. Tú no le dijiste «a ver, si no soy guapa, ¿por qué te fijaste en mí?». Y luego «si cuando estoy embarazada tengo alteraciones hormonales, vomito, entonces no soy fina. Quiere decir que tú no aceptas que estoy embarazada».*
G.: *Eso, con una persona como usted o con muchos otros hombres, afortunadamente, sí se puede hablar. Pero con una persona que tiene en la mente que las mujeres han nacido para parir, porque lo ha visto en su país, que viven para embarazarse y parir como nada. A él no le entra en la cabeza que una mujer pueda tener problemas.*
T.: *Bueno, ¡pues ahí está! Si a él no le entra, te tendría que entrar a ti.*
G.: *Él me decía textualmente: «tú no vales para embarazar».*
T.: *Pues le tenías qué haber cogido la palabra y decir «es que desde luego no he nacido para embarazar, pero puedo tener hijos».*
G.: *Pero lo que él quería, lo quería decir por «estar embarazada».*
T.: *No, no, no. Pero es que precisamente para utilizar lo que decía de esta manera, tú le podías dar la vuelta. Es decirle: «justamente lo dices muy bien, yo no valgo para embarazar, porque yo valgo para mucho más».*
G.: *Es que yo lo que temía, y él me lo estaba metiendo en la cabeza, es que la niña pudiese nacer con una deformación del tipo que sea. Y yo lo vivía con terror. Veinticuatro horas al día, un terror. ¡Lo que me pasa!*

¿Cómo va a nacer la niña? Porque yo estaba tomando medicamentos para los vómitos, para los nervios. Vomitaba, no comía. O sea, tú no puedes tener un hijo normal si te está pasando esto y la culpa es tuya, y ya está… O sea, ¡y nueve meses!

M.C.: *Sí, y encima ¡te lo crees!*

G.: *Y nueve meses con este tema. No es un día, ni dos ni tres. Entonces yo no pensaba, yo era…*

T.: *Tú estabas aturdida y estabas confundida, te estaba haciendo luz de gas.*

G.: *O sea, te llegas a convencer de que realmente tú eres lo que esa persona está diciendo que eres.*

T.: *Yo lo que entiendo es que tú todavía tienes que desprenderte del mazazo que has recibido en tu vida.*

La invalidación sistemática

A veces se juntan en una misma persona la invalidación originaria con las sucesivas invalidaciones relacionales que se van sumando a través de la vida, de forma que puede dar lugar a una invalidación sistemática. Necesitadas de un amor validante, estas personas caerán fácilmente en relaciones de dependencia, en las que probablemente, por su actitud sumisa, se verán de nuevo invalidadas.

Heidi, la niña que llegó a mujer

Heidi, de 54 años, acude a un grupo de terapia con un cuadro de sintomatología compleja, caracterizada por reacción depresiva, fobia social, agorafobia y diversas formas de somatización, que en el periodo inicial de la terapia van agravándose con nuevos síntomas (fibromialgia, síndrome de hipersensibilidad química múltiple, etc.), y con la sensación subjetiva «de tener un cuerpo que la lastra, a pesar de tener la mente clara a veces, y confusa, otras». Llega a terapia con una mascarilla respiratoria de carbón activo y muletas para apoyarse para caminar. La demanda literal de la paciente en la entrevista de acogida era «dolor e insomnio», alegando síntomas físicos como el dolor y la fatiga; síntomas afectivos como ansiedad e irritabilidad, y «colapso» por «querer hacer más de lo que puede hacer» refiriéndose a las limitaciones físicas, corporales, ante las «demandas mentales» de actividad.

Originaria del norte de la península, es la mayor de dos hermanos, ella y Paco, 14 meses menor. Nos hemos referido a ella ya en el primer capítulo de este libro, como caso paradigmático de *depresión originaria*, bajo el epígrafe «No debería haber nacido». El padre «abandonó a la novia rica de siempre en el pueblo» para casarse con la que sería la madre de Heidi, aspecto que siempre fue criticado por la familia paterna; fue un «estigma» familiar. La madre quedó pronto embarazada de ella. Al poco tiempo, cuando Heidi tenía tres años, el padre emigró a Suiza por motivos políticos y posteriormente se le unió la madre, dejando a sus dos hijos con los abuelos maternos. Como Heidi en las montañas, creció en un medio natural durante los primeros años de su infancia:

> *Mi niñez es mi refugio siempre. Los silencios, la no comunicación, la sensibilidad, el dolor. En este refugio también hay dolor. Mis «nostalgias» están siempre en el pueblo, en mi niñez, pero me marcaron para siempre. Allí tenía tantos refugios. Mis abuelos: «la abuela», «el abuelo»; mi castaño, los montes, el bosque, las estrellas, los árboles.*

Más tarde, la historia se torció; tuvo que dejar su refugio en la montaña para ir a vivir a una ciudad en el extranjero con sus padres, quienes tenían que continuar o, mejor dicho, reemprender tras haberla abandonado, la tarea de fundamentar su existencia. En lugar de eso pervirtieron su misión, abusando sexualmente de ella. Con relación a esta experiencia, comentará más tarde en terapia:

> *Pero, sobre todo, pues te arrancan de un sitio donde todo era idílico. Porque, cuando era pequeña, cuando estaba en el pueblo, era todo muy bucólico. Pero luego, aparte de eso, como estaban los abuelos, sobre todo*

mi abuela, que me daba tanto mimo. Es que a veces aún siento sus abrazos. Eso queda para siempre; y lo suplía todo. Todo lo que necesitaba lo tenía y no me hacía falta nada más. Estaban los abuelos. Pues bueno, ya está. Ya era suficiente.

Y bueno, que me llevaran con ellos a Suiza fue terrible, fue extraño. Creo que dentro de su ignorancia ellos intentaron formar una familia, los cuatro, pero no supieron hacerlo, porque era desde la autoridad. Sí, era todo autoritario. Había que hacer lo que decían y como lo decían.

Durante la convivencia familiar en Suiza se produjeron los abusos sexuales por parte del padre. Esta situación se prolongó durante años hasta que, al llegar a la pubertad, la situación se hizo insostenible.

Estos ataques fueron continuos durante dos años. Yo no gritaba hacia fuera, aceptaba la sumisión como un acto donde él también me hacía sentir importante, cómplice, muda. Era su preferida... No había otra alternativa para mí, formaba parte del momento. Esto hizo que mi comunicación con los demás fuera errónea, debido al trauma vivido. Mi madre, cansada de encontrar la cama revuelta, cada vez que regresaba a casa, cargada con la compra del mercado, negoció con mi padre lo que sería mejor para mí.

Así fue cómo esos padres abandonistas y dimisionarios decidieron devolverla con 12 años a su tierra natal e internarla en un colegio, delegando, de nuevo, la educación de la niña en manos ajenas.

Permaneció en el internado hasta la mayoría de edad, momento en que deliberadamente quedó embarazada para «huir» de aquella angustiosa situación con Antonio, su novio, y más tarde marido, y, una vez más, otro elemento maltratador en su vida, con quien tuvo dos hijos, Rosa, de 29 años actualmente, casada y con un hijo ya de 2 años (su nieto) y Ramón, de 19 (discapacitado psíquico). Del marido finalmente se separó hace ya casi veinte años. Profesionalmente, llegó a responsable de cocina, hasta que la fibromialgia ya no le permitió seguir trabajando, obteniendo más de un 75% de invalidez. Su actividad principal, en la actualidad, es cuidar de su hijo

Ramón, quien se desenvuelve razonablemente bien en el mercado laboral adaptado.

Pero dejemos que sea Heidi quien recomponga con sus propias palabras su historia de vida:

> H.: *Hasta los 8 años estuve con mis abuelos. Luego a los 8 me llevaron a Suiza mis padres. Y luego pues, por decisión de ellos me devolvieron a España otra vez, a los 12. Tuve una infancia bastante movida.*
> T.: *Una infancia internacional.*
> H.: (sonríe) *Más o menos.*
> T.: *¿Y cómo te sentiste allí?*
> H.: *Extraña. De repente, pasar de un ambiente muy protector por parte de mis abuelos a un ambiente que para mí era hostil, extraño y hostil. Porque bueno, en todos los aspectos, en el nivel familiar y luego en el escolar, que no me gustó…*
> T.: *Y eso influyó para que te mandaran otra vez a España.*
> H.: *Sí. Creo que fue un poco como un castigo. Porque no me enviaron con mis abuelos, me enviaron a un colegio, de interna, donde estuve hasta los 18 años.*

A propósito de su estancia en Suiza, Heidi aprovecha para hablar de la calidad de la relación con su familia, padres y hermano, en ese periodo de los ocho a los doce años, después de haber pasado una infancia idílica con los abuelos maternos. En referencia a los padres comenta:

> H.: *Yo no los conocía. No había convivido con ellos tanto, y tampoco ellos se habían esforzado mucho. Entonces…*
> T.: *¿Con los dos, tanto con tu madre como con tu padre, notabas esa falta de cariño?*
> H.: *Sí, sí, con los dos. No eran cariñosos. Tampoco con mi hermano.*

Continuando el diálogo y, a instancias de los terapeutas, Heidi retoma el tema de su matrimonio y primera pareja:

T.: *¿Y luego, cuando saliste del internado?*
H.: *Empecé a estudiar informática, en aquella época perforista. Pero bueno, le daba más importancia en aquel entonces a sentirme ya fuera del colegio. Me sentía, pues, algo especial... Porque al salir del colegio te encuentras sola. Estaba en un piso compartido. Tener mi vida. No la sabía administrar tampoco, porque nadie me había enseñado. Tampoco tenía referencias. Y era, bueno, diversión total. Y con el primer chico que salí, me quedé embarazada de mi hija, con 19 años. Mis padres hicieron todo lo posible para llevarme a Suiza para que abortara.*
T.: *¿Tus padres no querían que tuvieras a la niña?*
H.: *No, no. Más que nada por ellos, o sea, por lo que dirán y por muchas cosas más. En aquel momento yo tampoco era consciente de lo que llevaba dentro. Pero sí, decidí tenerla.*
T.: *¿Os casasteis?*
H.: *Sí. Mis padres nos pagaban el apartamento, yo ya no seguí estudiando, yo atendía a la niña.*
T.: *¿Tú eras feliz en aquella época?*
H.: *Sentía que tenía algo mío que nunca había tenido. Mi hija. Y eso me hacía muy feliz.*

La historia de su matrimonio empezó, sin embargo, a torcerse desde casi el primer momento, terminando en separación en unos años:

T.: *Estabas hablando entonces de que, con 19 años, habías tenido a tu niña y estabas viviendo con el padre de tu hija. ¿Cómo iba la relación con tu marido?*
H.: *Mal. Ya al empezar, desde que empezamos a vivir juntos. Ya la primera noche fue diferente. Era una máscara lo que tenía. Y se quitó la máscara.*
T.: *¿Cómo lo notaste? ¿Qué veías en él?*
H.: (Suspira) *Hechos y acciones. Violencia psíquica. Aquí mando yo y aquí soy yo y aquí ordeno yo.*
T.: *¿Y no habías notado nada de estos rasgos antes?*
H.: *No. Yo estaba ensimismada. ¿Qué puedes ver de malo? No sé, nada...*

T.: *Estabas… me voy a inventar una palabra, estabas «enelmismada».*
H.: *Sí, «enelmismada». Estaba claro, enamorada. Él me quería para él y lo consiguió. Y cuando me tuvo, como cuando quieres conseguir algo y luego ya lo dejas allí, ya está, ya lo has conseguido.*
T.: *¿Y tu marido quería tener la hija, o era más bien su madre?*
H.: *No, él no, porque luego en muchas ocasiones me dijo que le había estropeado la vida. Él es un poco mayor que yo. Por parte de su padre, la mayoría de la familia vive en Colombia y nos fuimos a Colombia con la niña. Allí estuvimos diez años. Lo pasé fatal. Lo pasé muy mal, porque luego, al cabo de los años y todo esto, me di cuenta de que se fue allí porque él estaba realmente enamorado de una prima suya. Y esa historia continuó en paralelo.*

Esta dinámica relacional llevó, después de 17 años de matrimonio y de la aparición de una tercera persona, a la separación de la pareja. Sin embargo, la separación no modificó las cosas, sino que acentuó el maltrato tanto físico a través del hijo, como sobre todo psicológico. Heidi explica la aparición del maltrato en la relación de pareja en función de la fuerte dependencia que desarrolló hacia Antonio, el primer marido, a causa de su falta de referentes internos.

T.: *¿Y cómo has mantenido este tipo de relación durante tanto tiempo?*
H.: *Era la dependencia. Tenía una dependencia muy fuerte de él, a nivel afectivo, no económico. Porque yo ganaba mi dinero. No tenía esa necesidad.*
T.: *¿Y de qué tenías necesidad de él?*
H.: *Pues es algo inexplicable. Cuando dependes de alguien emocionalmente… Crecí con él, me hice con él, era como su perrito…*
T.: *Ya, la voz de su amo. Vivías a través de él. ¿Tú sabías qué querías y qué no querías?*
H.: *No, no lo sabía. Yo era muy inestable. Bueno, yo iba en función de él. Él decidía. Quizás también era cómodo. En ese sentido nunca lo había pensado, a lo mejor también por comodidad.*
T.: *Puede ser una comodidad que viene del hecho de que, al no desarrollar un criterio propio, se toma uno prestado. Es como el* prêt à porter

> *o el vestido a medida. Si voy y encuentro un vestido hecho, pues me lo pongo y ya está.*

A través de esta relación, Heidi esperaba compensar sus déficits de autoestima, pero lo que consiguió con ella fue aumentar la dependencia y someterse al maltrato. Hasta que con un largo trabajo terapéutico no logró desvincularse de esa regulación socionómica compensatoria, todo su deambular por los servicios médicos o psiquiátricos fue una confirmación de la visión de sí misma como enferma, cada vez más enferma.

El relato de la historia de Heidi muestra la dificultad para llegar a ser una persona autónoma, a la vez que la imposibilidad de configurar un mundo propio en el contexto relacional en que se ha desarrollado su vida. En sus propias palabras, primero fue niña, después madre y después mujer. Existe un déficit evolutivo, que arranca ya de la primera infancia, que afecta a la validación ontológica: «no debería haber nacido». Hija de un pecado de origen, en la familia paterna estaban empeñados en que fuera abortada; pero, aunque estigmatizada, nació hija de la vida.

Sus padres pronto la dejaron al cuidado de los abuelos, que la trataron con amor y la educaron en la espontaneidad, entre los 4 y 8 años, pero no pudieron suplir la ausencia de los padres en la primera infancia, sobre todo porque su acción tutorial se vio interrumpida cuando estos se la llevaron a Suiza a los 8 años.

Este descuido marcó un déficit nutricional, falta de estima ontológica, que probablemente ha arrastrado en toda su vida afectiva.

> *Por eso en cuanto veía una migajita así de cariño, ¡uuuh!, me enganchaba como una lapa y siempre acababa escaldada. Pero no lo sabía ver. Yo no tenía la intuición esa de… Soy muy inocente, soy como una niña y me da rabia también ser una niña.*

El reencuentro con los padres se enmarcó en una relación autoritaria y de abuso sexual, hasta el punto de llegar a sentirse mala y culpable por ello…

H.: *El recuerdo está ahí toda la vida, esto no lo puedo olvidar. Me gustaría que mi padre me pidiese perdón, sí. Sería una manera de reconocer que me ha hecho daño. Me estaba haciendo daño porque era la manera de someterme, porque contestaba, porque no callaba, porque no consentía, porque no estaba de acuerdo, porque era contestataria. Era un castigo. Era la forma de someterme. Yo no sabía por qué era mala. Me decían que era porque no obedecía, porque no era buena hija, porque no los quería. Me estaban obligando a quererlos, cuando yo no los veía como padres.*

Invalidada en sus orígenes y sometida a la sujeción paterna, a los 18 años entra en el mundo de las relaciones sociales a través de la relación amorosa con Antonio, que deriva en una relación de dependencia invalidante.

T.: *¿Cómo te veías tú sin él en aquella época?*
H.: *Como si no fuera capaz de funcionar en el mundo sin él. Cuando nos dejó, estuve sin funcionar mucho tiempo. Me quedé que no sabía por dónde tirar. No sabía qué hacer, no sabía adónde ir. No sabía nada... No entendía nada.*
T.: *No entendías nada. Simplemente te sentías perdida.*
H.: *No, no. Me sentía mala. Muy mala. Yo era muy mala. Para mi familia, para todos. Porque me dejó esa persona, tan buena, tan trabajadora, tan luchadora...*
T.: *¿Qué hacías para ser mala?*
H.: *Pues, según ellos, yo lo trataba mal, no le hacía caso, no era una buena mujer, no era lo suficientemente sumisa, no era lo suficientemente trabajadora en casa. No era suficientemente mujer.*
T.: *Ahí hay algo más que hacer las cosas mal. En ese juicio hay una invalidación. Una negación de valor. No solamente no hacer las cosas bien, sino no valer.*
H.: *Exacto: no valía. No valía para nada.*

A esta invalidación constante del marido hay que añadir la del padre e incluso la de la madre, que confluyen no solo en la infancia, sino también durante toda la edad adulta.

T.: *Eso te lo hacía sentir tu marido o…*

H.: *Esas fueron las palabras de mi padre. Cuando nos separamos. Porque claro, de cara a la familia, tuvo que irse, porque era insostenible la vida en casa.*

T.: *¿Y tu padre te dijo que no valías nada cuando tu ex te dejó?*

H.: *Bueno, para él nunca he valido nada. Y en aquel momento, menos…*

T.: *¿Y tu madre?*

H.: *Igual, igual. Incluso mi madre me dijo, respecto de Ramón: «¿Cómo es que has tenido otro hijo?». O «mira lo que has traído de Colombia».*

T.: *O sea, te echaban en cara que Ramón naciera con alguna deficiencia.*

H.: *Incluso llegaron a justificar que Antonio se fuera de casa, porque cómo se puede aguantar un niño así en casa. ¿Cómo puede estar una persona así, que trabaja tanto? Yo tenía a Ramón y tenía a Rosa y trabajaba. Yo he trabajado siempre y he estado siempre por mis hijos.*

En el momento de iniciar la terapia de grupo, vive con su segunda pareja, Marcos, viudo y con un hijo de un primer matrimonio, a quien califica del «amor de su vida». La primera mujer de Marcos falleció por una enfermedad neurodegenerativa (esclerosis múltiple), siendo él su cuidador principal hasta el final. La relación con Marcos se inició cuando la enfermedad de Heidi aún no había dado ningún síntoma, pero se hizo más estrecha a medida que la salud de Heidi fue empeorando, dando lugar a una relación de cuidador y enferma, como la que Marcos había establecido con su primera mujer, contribuyendo, así, a confundir el amor con la dependencia y el cuidado «enfermero». «Cuando enfermé, él dejó su casa y se vino a vivir conmigo». Esto lo interpreta como la mayor demostración de amor.

Todo se conjura para impedir su emancipación como persona adulta: el sometimiento y abuso de los padres, el internamiento en un colegio durante su adolescencia, la relación de dependencia, maltrato y sujeción con el primer marido, la necesidad de dedicar su vida al cuidado de su hijo y al sustento de la familia, las enfermedades somáticas y psíquicas que la colocan en posición dependiente, esta vez como enferma. Solo quedan preservadas de esta invalidación el paréntesis de su infancia con los abuelos, los éxitos deportivos en el internado, la autonomía económica laboral y la realización profesional como cocinera, fruto del esfuerzo personal. En este contexto de invalidación nuclear constante o sistemática, de culpabilización, dependencia y sometimiento, aparecen las ideas y los intentos de suicidio, ya desde la infancia y adolescencia.

> T.: *Y el hecho de que te castigaran, ¿cómo lo vivías?*
> H.: *Muy mal, muy sola. Muy injusto. Me sentía sola en esos momentos. Me sentía abandonada por mis papás y por mis abuelos, porque dejaron que me fuera con ellos. Hubo un momento en que me bajé a la piscina y no quería salir, me quería dejar hundir, con la boca abierta. Y el socorrista me sacó. Me tuvo que hacer el boca a boca.*

A esta invalidación ontológica le ha seguido la física, debido a la fibromialgia y demás síntomas somáticos.

> H.: *Estaba en un momento desesperado de mi vida. Y al verme ya sin poder trabajar, que ha sido el desahogo que he tenido siempre a todos estos problemas, que ha sido darles amor a mis hijos y trabajar... Al verme incapacitada para trabajar, dejar mis cosas, dejar mi trabajo, mi negocio, estaba en un momento límite. Por mucho que Marcos estuviese a mi lado, que mi hija estuviese a mi lado, que me quisieran, en esos momentos no es suficiente, eso no lo tienes como en cuenta, eres egoísta en ese sentido.*

Y también la invalidación psicológica después, hundirse anímicamente, la depresión.

> H.: *Bueno el problema al principio, cuando me enfermé, con la depresión, pues... El doctor me dijo que lo más conveniente era que fuera al psiquiatra o al psicólogo, claro, porque no bastaba con la medicación solamente. Porque los ataques de ansiedad ya eran tan crónicos de ir al hospital, a urgencias cada dos por tres. Llamar, sentir ya ese vacío, no poder dormir. Y cuando me quedaba dormida era como si me cayera al*

vacío. Era un no querer vivir ya… A mí me ataba Ramón, nada más. Aunque intenté muchas veces dejar de vivir. Y eso aún me pasa por la cabeza a veces, y luego me siento fatal, cuando viene ese sentimiento, me siento muy mal.
T.: *¿Y lo has tenido siempre, o está…?*
H.: *Desde la adolescencia. Pero era muy continuo, y siguió hasta el punto de asustarme a mí misma. Además, trabajando en cocina, con cuchillos, porque son como impulsos. Y en ese momento se te lleva… Lo haces y ya está. No es como pensado, algo meditado y pensado, como ha ocurrido alguna vez.*

En estas últimas palabras, Heidi alude a algunos episodios en los que llegó a pensar en incluir a su hijo en el intento de suicidio, como cuando fue caminando con él hasta el puerto y no llegó a tirarse al agua, porque la detuvo un paseante que la vio muy mal.

En una ocasión fui con Ramón para acabar con la vida de los dos. Y no lo llevé a cabo. Pero lo medité y lo pensé. Caminé hasta el puerto con él. Fue una caminata larga. Sí, una caminata larga hasta allí. Sabía a lo que iba. Y todo el camino con la mente vacía, no pensaba nada, muy extraño…

En otra ocasión posterior, esta vez sola, subió al techo de su casa, con la intención de tirarse a la calle…

H.: *Llegó un punto en que tenía muchas lagunas por la depresión. No sé si será por la cantidad de medicación que tenía, pero era un bienestar, me sentía bien. Ahora, recordando, analizándolo, no era felicidad, era bienestar…*
T.: *O sea, era la dulzura de la muerte.*
H.: *La dulzura de la muerte. Qué frase. Sí, exacto, sí, la dulzura de la muerte. Porque yo me estaba dejando morir. Es más, voy a decir algo que no había dicho hasta ahora* (hace un silencio). *Un día, como en mi edificio no hay ascensor, empecé a subir para llegar a la terraza. Era invierno y llegué al piso de arriba. Pero no fui capaz de abrir la*

terraza, porque no tenía fuerzas y empecé a bajar sentada los escalones. Pero me di cuenta de que no tenía las llaves de casa, porque si me voy a tirar, dejo las llaves. Lo dejé todo. Iba en pijama, descalza. Y estuve esperando hasta que llegó él... Y me dijo: «pero qué mal estás, ¿eh? Pasa, pasa, pasa». Me reñía como una niña, igual. Como si fuera una niña. Yo para él era una niña, era una «nina», además me decía «nineta».

T.: *O sea, tú te posicionaste como en un rol de niña con él, es decir, «dame todo el cariño que no me dieron mis papás».*

H.: *Sí, exactamente. Es que al final yo le decía «papa» y él me decía «nina».*

T.: *O sea, como un bebé que no puede hacer nada por sí mismo y...*

H.: *Sí. Era como un refugio. Fue como encontrar un refugio.*

T.: *Lo que pasa es que ese padre nutritivo era más bien devorador.*

El último intento se produjo de nuevo, como el primero, en una piscina. La sacaron dos compañeras y la ingresaron en un hospital.

H.: *El punto de inflexión fue en el mes de marzo, el último día que fui a la piscina. Ese día, precisamente, tenía que venir a sesión. Pero, claro, falté. Hasta ahora no había explicado por qué. Me rescataron entre dos compañeras y me llevaron al hospital. Yo sentía que me daba un ataque de ansiedad muy fuerte, sentía que me ahogaba en la piscina. Y me dejaba. Quería ahogarme. Yo tenía la voluntad de decir «me dejo ahogar».*

T.: *Y al tocar fondo en la piscina ¿tocaste fondo en ti misma?*

H.: *Sí* (emocionada), *tenía que tocar fondo en mí misma.*

T.: *A esa dulzura de la muerte le viste la amargura.*

H.: *Cuando estaba en la piscina me vi yo... Y vi a Ramón. No vi a nadie más. Me estaba viendo e intentaba agarrarme a mí. Supongo que estaba intentando agarrarme a la vida.*

T.: *Y la vida solamente era la tuya. O sea que tenías que agarrarte a ti misma: «si quiero vivir tengo que ser yo quien emerja del agua». Ahora es como si por primera vez fueses tu madre y tu padre, hija de la vida. Ahora eres tú la que asume el rol de cuidarte.*

A lo largo de este capítulo hemos seguido la trayectoria de tres casos de invalidación ontológica del ser, en circunstancias muy diferentes para cada uno, a veces ya desde el inicio o incluso antes del nacimiento, otras en momentos clave de la trayectoria vital. Pero el factor común que une a nuestras pacientes es la decisión de salirse de la dependencia y del victimismo que les ha abierto las puertas hacia la autonomía y el reencuentro consigo mismas, validándolas en su ser.

4. El vacío existencial

El ser y la nada

Una de las sensaciones que más refieren los pacientes es la de «vacío existencial», planteado a veces de forma claramente verbal a propósito de temas como, por ejemplo, el sentido de la vida, la soledad, el amor, la muerte, el destino, la libertad, la consecución de la autonomía y otros; otras veces expresado a través de sensaciones físicas de vacío o angustia, en el pecho o el estómago, o de modo sintomático como vértigos o mareos que pueden conducir a interpretaciones de tipo hipocondríaco.

Estos temas constituyen, frecuentemente de modo explícito, el objeto de las demandas terapéuticas o bien ocupan un espacio central en el discurso de los pacientes. No se trata de ningún síndrome categorizado como una patología específica en los manuales al uso de psicopatología, pero sin duda subyace a muchos de los problemas que traen los pacientes a psicoterapia, desde la bulimia y la dependencia afectiva (Mallor, 2004, 2006) a la depresión o la hipocondría (Villegas, 2024).

La enferma imaginaria

En el fragmento de la entrevista que transcribimos a continuación con una paciente, a la que hemos llamado Ceci y hemos dedicado amplio espacio en otras ocasiones (Villegas, 2011, 2013, 2015, 2024), se puede detectar una grave hipocondría, donde se pone de manifiesto la íntima relación existente de esta con la sensación de vacío existencial. La razón de la aparición repentina de la ansiedad hipocondríaca en su vida se relaciona con un desmayo de su hija a los 9 años, por efecto de una insolación que ella interpretó en su momento, hace ya diez años, como síntoma de una posible leucemia. En el diálogo entre Ceci y el terapeuta intervienen otras pacientes como Raquel y Ana, que aportan también su punto de vista.

> Ceci: *Estoy mal, paso los días mal, muy tensa, muy nerviosa, mareada, como si estuviera borracha, con síntomas raros, sensaciones raras y todo el día pendiente de qué me pasa, qué tengo, por qué siento esto, por qué siento lo otro.*
> Raquel: *Lo que ocurre a veces es que nos encontramos mal porque nuestra mente está mal y el cuerpo enferma, sin tener una enfermedad. Si tú ocuparas tu tiempo, no tendrías tiempo para decir «¿ahora, por qué estoy mareada?». Pero como no tienes cosas que hacer…*
> C.: *A mí me da igual todo. A veces, no me apetece hacer nada. No quiero apuntarme a ningún cursillo. Porque no me apetece. No sé lo que quiero. No quiero hacer nada, no me apetece nada; ni ir a trabajar ni quedarme en casa.*
> R.: *El problema es que no sabes quién eres, ni lo que quieres.*
> Terapeuta: *Te sientes vacía. El vacío da vértigo.*
> C.: *Puede ser. Puede ser que me encuentre vacía. Estoy como sola.*
> Ana: *Es una desconexión. Es no estar, no ser.*
> T.: *No ser tú misma. Estás insatisfecha de ti misma y ese vacío interior te da vértigo. Por eso tienes tanto miedo a ponerte mala. Porque piensas «¿si ahora me muero, que he hecho de mi vida?».*
> C.: *Cuando voy por la calle, veo a las personas. A la gente la veo completa, y yo no estoy completa.*
> A.: *Y esto no te deja madurar. A mí también la vida siempre se me ha dado hecha. Pero eso, notarte la vida hecha es muy cómodo. Al mismo tiempo estás careciendo de ti como persona, y sientes esa carencia. Lo que tú dices: soy media persona, no me veo completa. En la vida hay*

que afrontar los problemas, hay que saber resolverlos, hay que saber afrontar tu vida y los retos en la vida. No puedes dejar que los demás lo hagan por ti. Porque entonces te deja ese vacío, te encuentras desconectada, no eres una persona entera.
C.: *Eso, eso, eso es lo que siento.*
T.: *Sí, claro, que este mareo te sirva para conectar con el vacío, para darte cuenta de esto, de lo que dices tú, que falla una parte de ti, que falta una conexión contigo. Todo está bien, pero ¿tú quién eres? ¿Qué haces aquí?*
C.: *Todo esto muchas veces también lo pienso yo. ¿Por qué, teniéndolo todo, estoy cansada de la vida? No quiero decir cansada de vivir. No me voy a quitar la vida. Con el miedo que me da morir. Estoy cansada de mi tipo de vida, de cómo yo me tomo mi tipo de vida.*
T.: *Estás cansada de una vida que no has vivido.*
C.: *Sí, exactamente, sí.*
T.: *Estás insatisfecha de ti misma y ese vacío interior te da vértigo y por eso tienes tanto miedo a ponerte mala. Porque dices «si ahora me muero, ¿qué he hecho de mi vida?».*
A.: *¡Uy! Sí. Esta sensación la he tenido yo mucho.*
T.: *¿Qué es de mi vida si me muero ahora? Los hipocondríacos tienen esa base. La persona hipocondríaca, en realidad, tiene miedo a morirse porque no está satisfecha con su vida. No puede decir «tranquila, ya me puedo morir porque mi vida ha tenido sentido dentro de lo que he vivido». No, la tuya ha ido a la deriva. Lo que pasa es que tú no tienes que preocuparte por nada. Tú, hicieras lo que hicieras, siempre te ha salido bien; o sea, todo el monte era orégano. Pero en cuanto aparece la amenaza de que no todo es orégano, entonces dices «¡ostras! ¿Y si me muero ahora? ¿Y si les pasa algo a mis hijos?». Porque, en definitiva, lo que tienes en tu vida son tus hijos. «¿Pero yo? ¿Quién soy yo? ¿Qué hago yo aquí?».*

La lectura de este diálogo entre Ceci, sus compañeras y el terapeuta parece poner de manifiesto que la ausencia de sentido de la vida suele subyacer a la experiencia de «vacío existencial», que preside la vida de muchas personas, sobre todo a partir de experiencias vitales de fracasos o decepciones. Parece lógico, por tanto, deducir que el remedio a esta sensación tan devastadora pasa por la búsqueda de un sentido existencial.

La búsqueda de sentido

Tal vez no existe ningún otro tema tan central en la perspectiva existencial como el que hace referencia al «sentido de la vida». La obra más representativa y explícita a este respecto es la de Viktor Frankl, el fundador de la logoterapia, que lleva por título, precisamente, *El hombre en busca de sentido.* La pregunta por el sentido es la que caracteriza la especie *sapiens* en contraposición a las demás especies animales, y se halla en el origen de los mitos y las religiones que han ido configurando el pensamiento humano a lo largo de los siglos, hasta culminar en los planteamientos fundamentales de la filosofía existencial.

Surge, entre otras experiencias, de la conciencia de muerte como horizonte de la vida. Esta perspectiva plantea la vivencia del tiempo percibido entre el nacimiento y la muerte como un tiempo biográfico o histórico. El tiempo se convierte de este modo en un factor estructurante de la existencia humana, lo que le otorga una dimensión ética o moral, dependiendo de cómo se vaya a vivir. Se va a tratar de un tiempo lleno o vacío, de un pasar el tiempo cronológico o comprometido, de un vivir errante o proyectado.

La metáfora de la muerte como horizonte de la vida da lugar a la aparición del concepto de *sentido,* entendido como meta a la cual llegar. Por eso, de la manera en que se integre la conciencia de muerte va a surgir el sentido o el sinsentido de la vida. Estos cuestionamientos son los que se le plantean a Raquel a partir de la experiencia de la muerte de su padre.

Preguntas sin respuestas

Raquel, paciente de 38 años, casada y madre de dos hijos, ha sido diagnosticada desde hace algunos años de una hepatitis C, provocada por una transfusión sanguínea contaminada. Se ha sometido voluntariamente a un tratamiento experimental que presenta notables efectos secundarios, sin haber conseguido mejora alguna ni esperanza de conseguirla, de modo que, al cabo de un año, de acuerdo con su médico, deciden abandonarlo. En el momento de entrar en el grupo de psicoterapia, Raquel se halla recuperada de los efectos del tratamiento, del que guarda una profunda decepción. Pero no es este, sin embargo, el motivo que la lleva a buscar ayuda psicológica. Este se expresa ya en la primera sesión entre sollozos de desconsuelo y gestos de desesperación. Su padre, al que se halla muy apegada emocionalmente, ha sido diagnosticado hace poco de cáncer de pulmón, lo que le lleva a anticipar un ineludible y próximo final.

La razón de su apego al padre se presenta, a primera vista, como paradójica. El padre, bebedor alcoholizado, ha sido un maltratador despiadado de su esposa durante todos los años de vida conyugal, hasta el punto de haber tenido dieciocho hijos de ella de los que han sobrevivido solo doce, que la paciente considera, incluida ella misma, fruto de otras tantas violaciones: «Dieciocho hijos, dieciocho violaciones». Todavía recuerda con horror haber asistido a las palizas que el padre daba a la madre desde una habitación contigua, donde se encerraban todos los hermanos para no ver —«ojos que no ven»— lo que estaba sucediendo, pero sin poder evitar oír los gritos de dolor de la madre, mezclados con los de furia del padre, mientras ella miraba consternada al resto de sus hermanos, esperando que alguien se decidiera a intervenir para evitar o poner fin a aquella degradante situación.

Toda la vida de Raquel se ha estructurado en función de esta situación familiar, habiendo dirigido todos sus esfuerzos a conseguir repararla. El dolor y la desesperación actuales de Raquel tienen que ver con la percepción del acortamiento de vida que amenaza al padre. Siente que su necesidad de redimirlo no va a ser posible, a causa del poco tiempo de vida que le queda. Esperaba que lo que ella no consiguiera en esta vida lo obtuviera al menos en la otra: que Dios se apiadara de él y lo acogiera en su regazo en el momento de su muerte. Pero ahora se ha desatado una crisis de fe a causa de todos estos acontecimientos. Ha dejado, según sus palabras, de creer en Dios y en los hombres.

T.: (dirigiéndose a Raquel) *¿Quieres comentar algo?*
R.: *No estoy bien* (hace un breve silencio), *el martes se murió mi padre.*
T.: *El martes se murió tu padre.* (Raquel llora amargamente durante unos minutos, mientras todos quedan en silencio).
R.: *Pues nada. Como estaba todos los días con él allí* (en el hospital), *pues rezaba, porque pensaba que si realmente... Yo no sé si hay Dios o no lo hay; pero si lo había, que estuviera con él. Porque a mí me parece imposible que ese cuerpo que se movía, que pensaba, que sentía, que ya estuviese vacío. Quisiera volver a encontrarme con él, pero tampoco quiero darme prisa, porque lo que yo estoy sufriendo no quiero que lo sufran los míos. Pero realmente quisiera saber si hay otro mundo, quisiera pensar que está con mis hermanos, los pequeños* (los seis fallecidos de los dieciocho hijos que tuvo) *y que está bien.*

Continúa relatando la experiencia del entierro y la necesidad de poner por escrito sus sentimientos y pensamientos. Después se dirige en tono incisivo al terapeuta:

R.: *¿Puedo hacerle una pregunta? Para usted, como psicólogo, que lo ha leído y lo ha estudiado todo, ¿qué sentido tienen la vida y la muerte? Sabemos que la vida nos la dan los padres, pero ¿quién nos da la muerte? ¿Qué sentido tiene? ¿Hay un sentido que se sepa de verdad? Yo busco la verdad. ¿Pero la verdad quién la tiene? La verdad es la materia, porque yo veo que tú naces, y también veo que tú te has... Y mi padre se ha ido de verdad. Lo voy a tener siempre en mi corazón. Pero mi padre se fue a un sitio oscuro, donde ya no existe. Yo quiero saber dónde está. ¿Qué pasa? ¿Dónde está la verdad? ¿Quién la ha estado escondiendo?*
T.: *Si existe, ¿por qué tiene que estar escondida?*
R.: *Entonces todos estamos buscando una respuesta vana.*
T.: *Si buscamos una respuesta es porque nos hacemos una pregunta, ¿no? Tú ahora estás haciendo una pregunta. A lo mejor el sentido está en hacer la pregunta. Porque las flores o los animales no se hacen la pregunta; nosotros, en cambio, sí. Pero la cuestión es si el que hace la pregunta puede darse la respuesta. Porque, si se diera la respuesta, ya no se haría la pregunta, ¿no?*

R.: *A ver, yo no la puedo dar, por eso la pregunto.*
T.: *Yo creo que el sentido está precisamente en poder hacerse la pregunta.*
R.: *Yo pienso que mi padre se fue porque se tenía que acabar. Es desquiciante esto. ¿Para eso venimos? Es absurdo. Yo no entiendo nada. No tiene sentido que nazca una cosa y se muera; no tiene sentido nada. Porque ser religiosa me sirvió un tiempo, ¿no? Porque va a venir el reino de los cielos y vamos a estar todos bien. Qué bien, qué caña. No existe, vale, lo acepto. ¡Pero, jolín! Que se ha ido de verdad para siempre* (solloza). *No lo entiendo, no tiene sentido. Yo no tendría que haber nacido, porque no tiene sentido nada. ¿Para qué he nacido? ¿Para amar y para sufrir? A ver, eso yo no lo quería. No entiendo por qué luchar en la vida para ser mejores. Vamos a hacer esto o aquello porque, cuando te mueres, nadie te va a decir qué bien o qué mal lo has hecho. Yo mañana me iré y se acabará Raquel; mi padre se ha ido y se ha acabado. Mi padre está en mi corazón, pero de qué me servirá. Me servirá a mí, pero ya no está. ¡Él ya no está! No quiero, no puedo acabarlo. No entiendo nada, ¡uf! ¡Quiero una respuesta!* (llora).
T.: *¿De qué tipo?*
R.: *Esto, que me explique qué es la vida* (llora).
T.: *A ver, tú cuando hablas así, hablas de ir y de marchar. Venimos a este mundo y nos vamos de este mundo. Luego, si venimos y marchamos te preguntas «¿para qué?». Pero a lo mejor la pregunta nace por el hecho de que hacemos un planteamiento equivocado, en el sentido de que ni venimos ni nos vamos. Para venir teníamos que ser otros antes, venir de alguna otra parte. Pero si tú naces, no vienes de otra parte, apareces en el mundo y te desarrollas en el mundo y sigues un ciclo vital, como cualquier ser vivo. Cualquier ser vivo tiene su ciclo vital y después muere: no vienes y te vas, sino que naces y te mueres. Ahora bien, nosotros tenemos una capacidad de hacernos la pregunta «¿qué sentido tiene?». Y justamente esta pregunta significa que, si nosotros nos preguntamos por el sentido, somos nosotros quienes le podemos dar sentido. Porque si lo buscamos fuera, esta cosa oculta que tú buscas, si está oculta, nadie la va a encontrar. El sentido se lo ponemos nosotros. Yo puedo decir que esta vida es maravillosa o es horrorosa, puedo decir que esta vida vale la pena, que*

> *no vale la pena. Pero lo importante no es lo que yo digo, sino lo que yo siento, lo que yo hago. No importa si otro lo va a juzgar o no, si otro lo va a anotar en la libreta para luego darme un premio o un castigo. Si yo, en el momento en que vivo en este mundo, siento auténticamente, pienso auténticamente, me reconozco auténticamente y hago lo que creo en consecuencia, pues ese es el sentido que le doy a mi vida. No tengo otro; porque si es otro, no sería mío.*

El terapeuta intenta reconstruir con Raquel el sentido que ella le ha dado a su vida hasta este momento, el de luchar por sus padres para que fueran felices, y utiliza la metáfora de la vida como un libro abierto que cada uno va escribiendo en coherencia con el sentido que le da.

> T.: *¿Verdad que cogiste una libreta y escribiste? Pues así le estabas dando el sentido. El sentido se da, no se tiene. Lo damos nosotros, pues ese es el sentido de la vida, el que le damos. Y escogemos qué sentido darle. A lo mejor ahora lo ves de otra manera y por eso es auténtico que sientas rabia por lo de la hepatitis.*
> R.: *Sí, siento rabia.*
> T.: *Claro, tú actuabas, como auténticamente creías que tenías que actuar, como una buena niña que, si le hacen una trastada, tiene que callar porque dice «a lo mejor tengo que aprender algo». Y tal vez era auténtico, pero no era autónomo, porque lo decidías en función de lo que te decían los médicos. No lo habías decidido tú. Porque si lo hubieses decidido tú, ahora no sentirías rabia. Lo importante es que tus actos sean auténticos, y que tú los decidas. Ese es el único sentido que yo sé. No sé si he estudiado mucho o poco, pero lo único que he podido aprender del libro de la vida es que lo único que tiene sentido es lo que tú sientes auténticamente y decides autónomamente. Porque de esto nunca te arrepientes. Si decidimos en virtud de lo que auténticamente sentimos, entonces hay paz. Y cuando hay paz, no hay preguntas. No sé, esto es lo que yo puedo decirte. No como psicólogo, sino como miembro del grupo, como persona.*
> R.: *O sea, que no hay respuesta.*

T.: *No hay respuesta porque no hay pregunta. Si tú estás de acuerdo con lo que haces, con lo que piensas y con lo que sientes... Porque, seguramente, si hoy te ha salido esta rabia relativa a la hepatitis, también es auténtica.*
R.: *Si no tengo que justificarme, hago lo que me da la gana. Total, como igual me voy a ir, no tengo que rendir cuentas. Me voy a ir tan imbécil como estaba y no tendrá nada solución. Simplemente es eso, nadie me va a curar.*
T.: *¿De qué? ¿De qué te tienen que curar?*
R.: *Pues de como soy.*
T.: *Entonces eres de una manera enferma...*
R.: *Soy una enferma de la vida. La vida me ha hecho lo que soy.*

La «enfermedad» de Raquel tiene que ver con la falta de estima ontológica, subyacente a todo el proyecto existencial de su vida, orientado a proteger los vínculos relacionales de la familia, particularmente de los padres, a través de su entrega oblativa, para compensar el déficit ontológico de base que afecta a todos. La muerte del padre ha venido a poner de manifiesto no la falta de sentido, sino su fracaso, construido sobre la fantasía de prepotencia que le daba su fe religiosa. En ese contexto, la crisis reactiva de Raquel revela la base depresiva originaria sobre la que había construido todo un edificio compensatorio, que ahora se ha venido abajo:

R.: *Yo no tendría que haber nacido. A mí me tenían que haber preguntado si quería venir a este mundo.*
T.: *Claro, pero para esto tenías que existir antes, para preguntártelo y...*
R.: *Me tenían que haber tirado por el váter.*
T.: *Y no te lo podían preguntar.*
R.: *Soy una enferma de la vida y de los cuentos de la vida y de eso no me puede curar nadie.*
T.: *A lo mejor tú te puedes curar. El hecho de que puedas definirlo ya es un principio de curación.*
R.: *Sí, ¿cómo definirlo?* (con voz muy queda).
T.: *Sí, tú estás diciendo «soy una enferma de la vida, soy una enferma de los cuentos que explican la vida». Entonces, en lugar de darle sen-*

tido, tal vez le has dado fantasía a la vida, que es distinto. Y a lo mejor te tienes que curar de la fantasía.

R.: *Pero yo sigo. Como tengo tantas preguntas que no tienen respuesta.*

T.: *Es que la pregunta fundamental es «¿de dónde nacen estas preguntas?».*

R.: *De mi corazón* (muy afectada).

T.: *Claro, pero tu corazón, ¿de qué se alimenta?*

R.: *De mí. No sé. De mi mente. No lo sé* (casi llorosa). *De mis pensamientos.*

A.: *Y de tu fantasía.*

R.: *O sea que la verdad es lo que hay, se ha ido para siempre, no hay un Jesús, acabó de existir, ya no funciona, quedará mi recuerdo.*

T.: *Eso es seguro.*

R.: *No puedo. No puedo seguir jugando a cuentos, tengo que pensar con los pies en el suelo* (sollozando). *Se acabaron los cuentos, se acabó Jesús* (en referencia a su fe religiosa). *Siento no poder verlo nunca más. Pero la vida… No va a venir nadie a cambiarla* (llora).

T.: *¿Qué es lo que no puedes cambiar?*

R.: *Yo creo que Jesús puede cambiarlo* (con voz casi de niña, llorosa). *¡Mi Jesús!* (llora). *Quiero dejar de soñar. Sigo pensando las cosas que pienso… Y se acabó el sueño de Jesús, se acabó mi padre. Y esto es la vida, me guste o no me guste. Ahora sí puedo decir que quiero mi recompensa. Porque yo pensaba que no me importaba que no me quisieran; porque pensaba que habría otro mundo donde me seguirían queriendo.*

T.: *¿Y cuál sería tu recompensa?*

R.: *En el otro mundo, poder abrazarlo.*

T.: *A lo mejor tu recompensa es tu sanación.*

R.: *Supongo que sí.*

T.: *Todo este dolor y sacrificio pueden tener una recompensa, pueden desarrollarse en un proceso hacia una mayor proximidad a ti misma, hacia un reconocimiento de ti. Por eso, esta pregunta yo no te la puedo contestar como psicólogo. Te la contesto como persona, porque es una pregunta que ninguna ciencia puede responder. Es una pregunta que cada uno la experimenta como un proceso personal, y es una respuesta que cada uno se da. Al final, la mejor respuesta es no hacerse la pregunta: «no preguntes».*

R.: *Pues yo me siento así, resignada. Pero no arrepentida... Nada cambiará en mi vida. Volvería a pasar por lo que he pasado.*

T.: *Bueno, pues muy bien. Pues eso te puede liberar de la rabia. Esto no quiere decir que no haya que pasar por el dolor. Porque el dolor y el sufrimiento son crisoles en los que realmente se moldea el espíritu, hasta que llega a poder aceptar, aceptar y estar en paz* (largo silencio).

R.: *Yo ya puedo cerrar el libro.*

T.: *¿Qué libro?*

R.: *El de mi vida.*

T.: *¿Qué significa cerrar el libro?*

R.: *Que la vida es lo que es, que yo soy como soy, y que tendré que hacer mi vida.*

T.: *Si todo esto lo puedes sentir gradualmente, a medida que el dolor va transformando los sentimientos, si lo puedes sentir sin rencor, sin resentimiento, seguramente te curarás.*

La trascendencia

Con frecuencia la búsqueda de sentido parte de la constatación del absurdo de la existencia. A este planteamiento se le presentan básicamente tres alternativas: 1) la respuesta nihilista, como aceptación del absurdo, 2) la respuesta inmanente, a través del proyecto existencial en este mundo, 3) la respuesta trascendente en la aceptación de un sentido religioso, espiritual, kármico o cósmico (cristianismo, budismo, hinduismo, estoicismo, etc.).

En el fragmento que transcribimos a continuación se plantea un diálogo entre estas posturas, particularmente la nihilista y la trascendente entre dos pacientes, Raquel y Muriel, como continuación de los temas tratados en la sesión que hemos transcrito en el apartado anterior. Para Raquel la constatación de la muerte del padre ha supuesto el desvanecimiento de su fe religiosa y la adhesión a una construcción nihilista de la vida y de la muerte. Para Muriel, en cambio, estas vivencias la refuerzan en su visión trascendental de la existencia humana.

> Raquel: *Sí, a veces lo pienso, y no quiero ofender a nadie. Yo, cuando descubrí que Jesucristo no existía, ni existe, ni existirá, pensé «y ahora, ¿qué hago?». Era muy duro para mí* (llora), *porque era parte de mí. O yo me hacía parte de esa cosa que creí, pues me ayudaba a mí misma y podría ayudar y pensaba que las cosas cambiarían algún día. Y reconocer que Dios no está es como plantearse «¿yo dónde estoy?». Y ahora, por eso, me siento perdida, es como si hubiese caminado toda la vida de la mano de un padre y de repente te suelta, ¿no? Cuando miro así, a todos los lados, no encuentro nada. Ni siquiera me encuentro a mí misma. Yo sigo igual, ¿y yo quién soy? Yo solo soy. Y siento mis defectos. Esta semana intentaba hacer una lista y solo veo defectos: una persona siempre deprimida, una persona siempre con problemas, una persona que solo ve los defectos de los demás e intenta cambiar a los demás. Soy mis defectos: me encuentro fea, me encuentro gorda, me encuentro con barriga, me encuentro con defectos, no veo nada bueno. A lo mejor es eso: tendré que buscar consuelo y eso es lo que hay. Nada más.*
> T.: *Estás poniendo un cómo a la pregunta «¿quién soy?». Y estás respondiendo «soy mis defectos»; que si soy gorda o si me veo gorda. Hablas de una imagen.*
> R.: *A lo mejor es que siempre he creído en las imágenes.*
> T.: *Los budistas dicen una cosa que nos cuesta mucho entender a los occidentales: «si encuentras a Buda por la calle, mátalo». Es decir, si tú crees que has visto a Buda, no es Buda. A Buda no lo puedes ver. No es una imagen, es un estado. Y es un estado de cada uno.*
> Muriel: *Sí, es un estado. Yo soy budista. Es un estado de plenitud, de estar bien consigo misma, de serenidad. Mi meta no está en llegar a alcanzar el nirvana, pero sí en encontrarme bien conmigo misma, en paz. Otra cosa son los problemas añadidos, pero el estado en sí de bienestar es de paz interior. El budismo me rompió todos los esquemas. Porque yo desde pequeña quería morir; pero el budismo me rompió todos los esquemas. Porque, en sí, tú no puedes quitarte la vida. Yo me he autolesionado una vez y he tenido un intento de suicidio un poquito*

importante. Entonces con la fe en el budismo no puedes quitarte la vida. No eres nadie tú. Estamos aquí por algo, por algún motivo. Es un círculo, nacemos, morimos, nacemos, morimos.

R.: *Pero, a ver, es algo que si te da tanta paz, ¿por qué has intentado suicidarte y por qué crees que te has equivocado? Has dicho que no podías hacerlo.*

M.: *He dicho que no podía hacerlo; que no sería ético, no sería correcto. Porque si yo soy budista y creo en la reencarnación, entonces yo no soy nadie para quitarme la vida. He llegado a ser budista con madurez y he dicho que, desde pequeña, antes de ser budista, me quería morir. Y he estado buscando una razón para seguir viviendo. Y sigo viviendo por la razón de ayudar, complacer, aprender de los demás y porque sigo con la filosofía de vida de decir «yo formo parte de un huerto y soy un árbol y tengo que dar frutos». Pero me dices «¿por qué intentaste suicidarte?». Porque estoy cansada de vivir.*

Silvia: *Escucha, yo también tomé pastillas porque quería dormir y querer dormir es querer morir. Y no he dicho nunca que quería morir. Porque lo tengo claro: nací, y cuando toque, me moriré. Y ya está.*

Soledad y angustia existencial

Fruto de la conciencia de muerte y de la necesidad de autonomía para asumir el reto de la existencia, aparece con frecuencia la conciencia de unicidad y soledad que amenaza nuestra presencia en el mundo. Hemos nacido solos y morimos solos. Estos son los sentimientos que suscitan en Ana, otra paciente del mismo grupo que Raquel, las palabras y reacciones de esta ante la muerte de su padre.

Ana, de 54 años de edad, se encuentra en un momento crítico, muy típico en la vida de muchas mujeres, atrapada entre dos generaciones, la de su madre, que se hace mayor, y la de su hija, que se va a independizar. Separada de su primer marido, vive ahora con un hombre al que simplemente reconoce como «buena persona». Todas estas circunstancias la ponen en contacto con sus sentimientos de soledad.

> Ana: *El ser humano nace él solo y tiene que pasar por ahí solo. Y muere solo porque, por mucha compañía que tenga, morir, muere uno solo. O sea, el trance de morir y nacer es solo, es único, pero esto no quiere decir que tengas que ser egoísta. O sea, también hay una parte de convivir. Al encontrarme a mí misma, me he encontrado también con los demás. Algo hay ahí que no tiene explicación. Sí, necesitaría comprender la enfermedad y la muerte, quizás porque hay algo más allá de nosotros, no sé. Porque es cruel que a unos seres se les pueda dar esa capacidad tan grande y, de repente, se les pueda quitar de un soplido. Porque somos humanos. Vaya, eso ya son cosas muy profundas. Tampoco me aferro a un Dios que no veo, ni siento, ni nada. Me aferro a mis sentimientos, a mi forma de actuar con los demás, a cómo quiero llevar mi vida, a cómo superarme y a cómo ser mejor. No por nada, sino por mí misma. Pienso que es así cómo tiene que funcionar este mundo. Claro que quisiera saber más, pero no puedo llegar y no me puedo machacar. A veces he intentado llegar tan lejos que el bien y el mal se llegaban a juntar y ahí ya no me quiero calentar la cabeza. Lo único es que ¡ojalá yo llegase a encontrarme bien, siendo yo misma!*

El descubrimiento de la propia unicidad suele ser progresivo y doloroso, pero constituye un camino de liberación que permite replantear el significado de las relaciones con los demás, entendidas como una vinculación libre y gratificante. Las experiencias que siguieron a un accidente doméstico, provocado por una caída de espaldas contra la grifería de la bañera, constituirán la ocasión para una atenta reflexión sobre sus actitudes y una redefinición de su posicionamiento en el mundo de las relaciones con los demás, convirtiéndose en una oportunidad para el aumento y la profundización de su autonomía.

> Ana: *Pienso que en la vida sufro mucho; por mi forma de ser, quizás. Tengo una naturaleza muy sensible. Durante estos días se me han presentado un montón de preguntas y respuestas y todo me ha sido dado. He tenido unos debates muy grandes sin quizás proponérmelos. En el debate mismo he hallado las preguntas y las respuestas. Unas preguntas que no sé de dónde me vienen y unas respuestas que tampoco sé de*

dónde me salen, pero que me quedan claras, que las comprendo. Veo que me favorecen, así que bien. Estoy muy bien conmigo misma, en casa, en el trabajo. Cuando me caí no lloré; pero era otro trasfondo. No lo podía comprender, pero después lo comprendí. Me vino la respuesta al día siguiente cuando fui a urgencias y el médico que me visitó me dijo que tenía mis huesos como una mujer de 70 años. Entonces me acudieron a los ojos las lágrimas, una pena. Y pensé que es la decadencia. Es eso. Ves que vas perdiendo facultades, vas perdiendo cosas que tenías muy asumidas, con mucha fortaleza. El ser humano en el fondo del fondo está solo. Eres tú quien pierdes, eres tú con tu vida que se va desgastando. Yo lo veía con «qué pena, tengo que aceptarlo, pero verdaderamente para mí es muy doloroso».

La aceptación de la decadencia y el desprendimiento proporcionan la experiencia de la libertad radical: liberación de las pasiones, liberación de resentimientos, liberación de pretensiones, liberación de ansiedades y absoluta disponibilidad como resultado de la aceptación incondicional de sí misma:

> Ana: *Tuve preguntas y respuestas; tuve de todo. Y después, por la noche, tuve otro momento. Eso no fue un sueño. Fue aquel momento antes de dormir. Me veía un poco irreal. Y pensé «pues me gustaría ir desprendiéndome de cosas». Y me iba serenando. Y después pensaba que lo que siempre tendría presente, lo que siempre quisiera tener, es libertad. Y con esa libertad, ¿qué haría? Pues acudiría a ayudar a mi hija cuando le hiciera falta. Le dedicaría todo el tiempo que fuera necesario y me pidiera. Y después, el día que ella me dijera «hoy no te necesito», ese día lo dedicaría plenamente a mí. Y no necesitaría ni más ni menos. Con eso sería feliz. […] Y con ese pensamiento me vino una paz que me quedé dormida. Y al día siguiente pensé «¿por qué me vino tanta paz?». Me vino la paz de que yo iba aceptando desprenderme de mi vida. Me iba preparando a una vida con menos cosas. Y esa paz de aceptarme fue la que me tranquilizó. Y eso ha sido todo lo que he tenido esos días y, a partir de ahí, he estado muy bien y me he encontrado muy bien.*

Parece que Ana está descubriendo a través de estas últimas experiencias la plenitud en la simplicidad de ser. No es fácil asumir una actitud de aceptación de la soledad y de desprendimiento de los apegos a las cosas materiales como hace Ana en este texto que acabamos de transcribir. Por el contrario, la conciencia de soledad se asocia fácilmente con el sentimiento de angustia existencial o constituye, al menos, uno de los ámbitos en los que suele manifestarse.

Depresión y fracaso existencial

La reacción depresiva responde muchas veces al fracaso existencial, como consecuencia de un itinerario vital equivocado, que podríamos calificar de «proyecto existencial frustrado», como percepción de pérdida de sentido o como ausencia de proyección en el futuro. En el momento en que, por la causa que sea, tenemos la sensación de no encontrarle sentido a nuestro existir, eso lleva como consecuencia la reacción depresiva acompañada muchas veces de ideas de muerte o suicidio, puesto que lo que está en juego es la continuidad del propio mundo. ¡No hay futuro!

La sensación de vacío existencial adquiere distintos matices según el momento vital de la persona. Desde la perspectiva de la edad puede vivirse como nostalgia, desengaño o depresión frente a la percepción de inutilidad de cualquier esfuerzo por alcanzar la felicidad, como un fracaso ante una vida perdida o como una falta de proyecto que desarrollar en este mundo. Esta sensación de vacío o de falta de sentido de la vida es típica de las crisis del ciclo vital.

Vidas rotas

Laura, de 52 años (Balcells, 2017), desde una perspectiva del ciclo medio de la vida, no solamente carece de perspectiva de futuro, sino que considera un fracaso todo su pasado y su presente un incordio para los demás:

Terapeuta: *¿Qué pensamientos te llevan a fantasear con el suicidio?*
Laura: *Sí, son cosas que me hago o pienso yo: que no les importo a mis padres, que sin mí estarían todos más tranquilos o no sufrirían pensando «a ver qué nos depara esta ahora». Estoy cansada de tantas cosas que no puedo solucionar. Como mi malestar... No hago nada bien, cada vez que abro la boca, si digo lo que pienso, si hago lo que quiero hacer. No he sido una madre que se haya hecho respetar, he dado poco afecto a mi marido... Solo pienso en mí, soy egoísta... He dicho cosas que han herido a los demás o les han hecho daño, soy un desastre. No sirvo para nada... No me gusta cuando miro atrás en mi vida y menos cuando miro hacia delante. Soy una preocupación constante para los míos, suegra y amigas incluidas. Si yo no estuviera, lo pasarían mal unos días, pero luego estarían mejor. Estarían en paz.*
T.: *Dices que has pensado muchas veces en las maneras de morir.*
L.: Sí, cuando estoy en casa: tirarme por el balcón, como si fuese un accidente. Lo haría de noche, cuando todos duermen, porque siempre me salva mi marido. Así lo conseguiría de una vez. También lo pienso en la calle: que me atropelle un coche. O mejor un camión. No miro al cruzar la carretera, pero paran y me pitan. Así, también parecería un accidente.

En el caso de Beatriz, esta situación no se produce en el tramo medio o en el final del ciclo evolutivo de la pareja, sino casi al inicio, marcando su trayectoria durante más de veinticinco años, que es el momento en que acude a terapia. Afectado desde los 28 años por la enfermedad de Crohn, el marido de Beatriz ha sufrido una invalidez crónica, con una fuerte dependencia respecto a la esposa y necesidad de frecuentes ingresos hospitalarios. Esta situación ha sido vivida por Beatriz como algo vergonzante, razón por la cual ha procurado mantenerla en secreto, oculta incluso para la propia familia, que vive a centenares de kilómetros de su domicilio:

Beatriz: *No quería dar lástima. Por eso en mi pueblo no saben de la enfermedad de mi marido. Saben que ha tenido problemas de salud, pero no han llegado a saber cuáles. No lo ha sabido mi madre ni mi familia. Porque no he querido dar lástima, yo no puedo.*

Terapeuta: *¿Qué sería dar lástima?*
B.: *Pues eso, que piensen, sobre todo los médicos, «pobrecita, lo que lleva encima con su marido». Realmente esto es lo que yo siento: pena. Pero como lo he vivido de muy joven... Y lloro solamente de oír eso: «qué pena, tan joven». Ahora no, ahora ya soy mayor y ya, a lo mejor, tengo más resistencia. Pero vamos, a mí eso me ha sensibilizado de tal forma que era ponerme a llorar todo el día, solamente por ver que el médico me miraba y me decía que lo sentía.*

La pareja tuvo un hijo, poco antes de que se le declarara la enfermedad al marido, que en la actualidad está casado; el hijo y la nuera se llevan muy bien con el padre. La madre, sin embargo, los ha mantenido al margen, puesto que no ha querido que la enfermedad del esposo y padre interfiriera en su desarrollo y felicidad. Un ejemplo de este cuidado se presenta durante el proceso de terapia, a propósito de las fiestas de Navidad.

B.: *Siempre he tenido la alegría de las Navidades y este año estoy triste y pasiva porque falta mi madre, porque no puedo ir a mi tierra con mis hermanos y estamos como un poco descompensados. Mi esposo, además, está ingresado. Parecía que podía ser un amago de infarto. Ahora está en observación. Yo le he dicho a mi hijo que se vaya con su mujer a Andalucía, con la familia de ella, a pasar las Navidades. Pero el otro día, al salir del hospital y verme sola en el autobús... Es lo peor que he pasado en mi vida. En unas Navidades que te quedas sola. Y eso que yo quería que se fuera mi hijo, pero verte sola con un problema y en estas fechas, esto es denigrante.*
T.: *Pero también era una elección que hiciste tú.*
B.: *Sí, fue mía y quería que se fueran. Decido que tengo que hacer yo mi vida.*
T.: *Fuiste muy valiente y muy generosa en tu papel de esposa y de madre.*
B.: *Antes lloraba de pena y tal, pero ahora de todo en general. No sé qué sentimiento es, si es de rabia o de impotencia. Es una bola que tienes aquí y que no quieres más. Quieres descansar de este tema. Quiero descansar de males.*

La furgoneta

A veces basta un fracaso material o económico para que la depresión asome en la vida de una persona, sobre todo si este fracaso repercute en todos los otros ámbitos de su mundo. Despidos improcedentes, cierre de empresas, reducción de plantillas, negocios fallidos, fracasos laborales pueden ir mucho más allá de un problema funcional y llevar la persona a la desesperación, como parece sucedió con Andreas Lubitz, el copiloto del vuelo 9525 de Germanwings, que estrelló un avión con 150 personas a bordo, en un contexto vital de problemas de salud, laborales, relacionales y económicos.

Lo mismo cabe imaginar respecto a Jean-Claude Romand, quien, en enero de 1993, asesinó a su mujer Florence, a sus dos hijos y a sus suegros e intentó suicidarse. Todo antes de que se descubriese que, desde los 18 años, su vida se había sustentado sobre una gran mentira, que se habían creído todos sus familiares, padres, esposa e hijos: nunca se había licenciado en medicina, no trabajaba para la OMS en Ginebra y mantenía su estilo de vida burgués a base de estafar a sus allegados con falsas inversiones. Una mentira de la que él era el único conocedor y artífice (Villegas, 2023).

Nuestros pacientes no tienen vidas tan trágicas, como estos dos personajes públicos, pero el sufrimiento psicológico originado por estas crisis sociales no necesita contextos extraordinarios para vivirse de forma tan perturbadora, como para plantearse el suicidio en condiciones semejantes. En una terapia grupal, Chema, de 47 años, separado y padre de dos hijos, se sincera respecto de su historial depresivo.

> CHEMA: *Yo he estado viviendo no en un túnel, sino ante una pared negra en la que estrellarme. Y he estado veinte años conduciendo y yo pensaba en el suicidio montones de veces. Tenía dos hijos y una empresa pequeñita, y veía que, por los problemas de mi empresa, mis hijos no iban a tener ninguna seguridad económica. Yo llegué a pensar en estrellarme con la furgoneta para que ellos, por lo menos, pudieran cobrar el seguro y no quedarse las deudas que yo tenía. De eso hace unos siete años, más*

o menos. Mi mujer se separó de mí, mi empresa ha ido cada vez peor. Yo acabé viviendo en el local en donde tenía la oficina y guardaba la furgoneta: un pequeño apartamento de 20 m² y eso ya fue un gran cambio, porque antes estuve un año compartiendo piso con dos personas más, lo que era un incordio. Luego pasé a vivir dentro de mi local. Cuando entraba, lo que veía era un montón de desorden y una puertecita donde estaba mi apartamento. Y ese era mi pequeño mundo. Y ya fue un gran logro, porque fue cuando mis hijos pudieron venir a pasar el fin de semana conmigo. Pero bueno, era un sitio donde tenía una cama individual y un sofá-cama para ellos. Y ahí he pasado seis años de mi vida. La empresa ha ido cada vez peor, tengo deudas con Hacienda, Seguridad Social y demás. Y, encima, mi madre va a perder su piso porque yo cogí dinero de la hipoteca para poder hacer una serie de cosas con el trabajo que no han salido bien y no puede seguir pagando, con lo cual el banco se lo va a quedar. Y a ese piso en el que vive mi madre, ahora yo me he tenido que trasladar. O sea, ahora yo he perdido mi independencia y me he tenido que ir a vivir al piso de mi madre… Sigo estando económicamente a la altura del betún y cada vez peor, porque hasta ahora algo de la empresa iba sacando, pero ya prácticamente nada, cero patatero. He pasado de ser un pequeño empresario a los servicios sociales. No me dan subvenciones en ningún sitio, no consigo nada de ningún lado. Los fines de semana que venían mis hijos a casa yo somatizaba la frustración que tenía de no poder darles a ellos algo mejor. Y ya el viernes al mediodía empezaba a tener dolores de espalda, pinchazos por todo mi cuerpo y un decaimiento general que, el sábado al mediodía, ya era brutal y el domingo por la mañana era insoportable. Cuando los dejaba en casa de su madre los domingos por la noche a mí me entraba una llorera increíble y estaba tres días hecho polvo. Iba remontando hasta que llegaba el otro fin de semana de cada 15 días y el viernes al mediodía volvía a estar igual. Somatizaba la frustración. O sea, sentía que vivía en un pozo y que no había salida por ningún sitio.

Escuchando estas y otras muchas historias en psicoterapia, acude a la memoria aquella acertada expresión de Milán Kundera (1993) sobre la «insoportable levedad del ser». Ellas nos hacen más sensibles a la comprensión de las múltiples circunstancias en las que la nave de la existencia humana puede llegar a hundirse en el mar de la depresión.

La especie humana ha sobrepasado los límites de la adaptación a la naturaleza, creando un mundo técnico, social y simbólico que lo sitúa en condición de trascenderla, a la vez que manifiesta la fragilidad de sus fundamentos. A mayor grado de trascendencia y libertad para la especie, mayor riesgo de fracaso para el individuo. La depresión se entiende en este contexto como una condición específicamente humana. No se trata de una enfermedad del cerebro, sino de una hendidura en el corazón de la existencia.

5. El vacío simbólico

Para algunas personas, la forma de llenar el vacío existencial pasa por construir un mundo alternativo, basado en una trascendencia ideológica o axiológica que oculte o rellene el vacío de significado al que se verían abocadas sus vidas si sus creencias, valores o ideales fallaran. Toda su existencia se estructura alrededor de un objetivo capaz de atraer a su órbita todas las energías, la dedicación y los esfuerzos de que es capaz esta persona.

Estos objetivos están rodeados generalmente de una aureola de excelencia y tienen que ver con profundas creencias religiosas, ideologías políticas o movimientos sociales, valores éticos o morales, producciones artísticas, técnicas, científicas o culturales, perfeccionismo personal o ejecutivo, o, incluso, la consecución de metas deportivas; sin obviar que la excelencia también puede centrarse en objetivos perversos o en valores asociados a la fama, el dinero o el poder. Es fácil detectarlos detrás de modalidades narcisísticas, como el narcisismo meritocrático de tipo místico o ascético, laico o religioso (Villegas, 2022), de la estética, del culturismo, de la vigorexia, la ortorexia y de los trastornos alimentarios o de los controles obsesivos para evitar el error, la culpa o la vergüenza (Villegas, 2024), así como de la plutocracia ambiciosa (Villegas, 2018) o el exhibicionismo social.

En consecuencia, cuando, por las razones que sea, hay cambios en las tendencias sociales, transformaciones corporales, fracasos profesionales, crisis paradigmáticas en cualquier ámbito del saber o de las creencias, que vienen a cuestionar el mundo simbólico del sujeto, la posibilidad del derrumbe del sistema sobre el que se apoyaba el sentido de la vida abre la escotilla por donde puede iniciarse el hundimiento de la nave.

La pérdida de las creencias

Nos parece especialmente ilustrativo a este respecto retomar el caso de Raquel, que, de manera particularmente dramática, permite asistir al momento del estallido de la crisis depresiva desencadenada en el momento en que se derrumba el gran apoyo que para ella constituía la fe religiosa. Inicia la sesión refiriéndose a un estado de irritación constante que no comprende y que la hace sentir muy mal consigo misma y con los demás:

> Raquel: *Últimamente me descontrolo por nada. Estoy muy mal. Lo que ha cambiado es que estoy siempre enfadada. Me enfado con mi marido. Contesto mal a mi hija. No entiendo qué me está pasando. Estoy enfadada con todo, con las cosas que creía y ya no las creo* (llora). *Antes creía mucho en Dios y ahora no creo. Cuando estuve tan mal, me aferré a la fe y me iba muy bien. Me paso todo el día pensando que no existe Dios, que es injusto, porque si realmente existe, ¿cómo quiere que yo crea en él? ¿Qué hace por mí? No hace nada, ni por mí ni por mi padre. Y lo veo todo negativo y no puedo cambiarlo. Mi rabia es más fuerte. ¿Por qué estoy enfadada? No lo sé. Es una mezcla de pena, de tristeza y rabia... Últimamente no me quiero levantar; me quedaría durmiendo. Si no me levanto, no me entero. Y si me levanto, hago lo que puedo. Me cuesta mucho hacer las cosas. Estoy en el sofá. Porque cuando vienen y me preguntan qué quiero, salto. No quiero hablar. Y no sé si las cosas que estoy pensando son reales o no lo son. No sé si veo las cosas como son o algo en mí se está volviendo loco. Y que esté tan mal. Hace más de un mes que estoy así. Cuando dejé el tratamiento de la hepatitis C, cuando empecé a estar bien, estaba que tocaba el cielo. Y de repente mi padre coge cáncer. Y es cuando me dije «no puedo más». Pienso que será eso* (llora). *Yo estaba yendo todos los días a verlo a la*

quimio. Pero de repente ya no voy a verlo, tampoco. Pero no sé por qué no voy. Tal vez porque si no lo veo, no sufro.

TERAPEUTA: *¿Tú qué querías para tu padre?*

R.: *Yo he intentado siempre justificarlo. He intentado que mi madre lo entendiera. No estaba en mi poder eso, pero lo he intentado. Yo pensaba «ya son mayores, nunca han sido felices, siempre han sido unos desgraciados, pues por lo menos… que puedan disfrutar en su vejez». Y no, ¡un cáncer! Parece un castigo, ¿no? Y eso me hace sentir mal.*

T.: *Tú interpretas estas situaciones en términos de premio y castigo. ¿Y quién da el premio y quién da el castigo?*

R.: *Dios, si existiera; pero como no existe… A veces he intentado que mis hermanos estuvieran bien con mis padres. A veces lo he conseguido, porque la mitad no los quiere, no los pueden ver. Yo siempre he pensado que se puede perdonar, pero no que los demás son libres de hacerlo.*

T.: *¿Y ahora qué piensas?*

R.: *Que no es tan difícil perdonar, que todo el mundo se equivoca. Que no se puede mantener el rencor toda la vida. Yo los he perdonado. Mis hermanos mayores también. Los demás, no. Yo ya sé que la vida no es un cuento, pero yo estoy metida dentro de un cuento y lo peor es que son mis hijos, mi marido. No sé por qué me enfado con ellos…*

T.: *Estás enfadada con Dios.*

R.: *Pero muy enfadada. Es que a veces en mi interior me enfado con él como provocando, como poniendo condiciones: «Bueno haz una señal, tanto para bien como para mal». No quiero tener que esperar a morirme para que me diga: «¡Eh que estoy aquí!».*

T.: *A él no puedes perdonarle.*

R.: *No. No es justo. Yo a mis padres me los llevé a mi casa para demostrarles que ser feliz es una cosa de la mente. Es curioso que diga eso. Si os quisierais un poquito. Les demostré que podían ser felices, que no era tan difícil.*

T.: *En el plano psicológico, el peso que tú te has puesto encima, esa especie de compromiso contigo misma de liberarlos, de sacarlos adelante, por una parte, indica una gran sensibilidad y un gran amor; pero, por la otra, se ha demostrado que hay cosas que no puedes conseguir. Y que no puedes vivir tu vida viviendo la vida de tu madre, como dijiste el día*

> *anterior, sino la tuya. Y ahora, esta fe tan grande, de alguna manera, es una fe que has puesto en Dios, pero que también has puesto en tu poder. Tú has pensado que tenías un poder…*
> R.: *¿Yo? El poder que pensaba que tiene Dios. Simplemente creer en él.*
> T.: *Eso es. Y por eso ahora te has enfadado tanto. Porque de alguna manera ha fallado lo que desde pequeñita habías creído.*
> R.: *Claro, supongo que sí. Ha sido cuando ha fallado.*
> T.: *Eso te ha conectado con tu impotencia. Es doloroso darse cuenta. Después hay un proceso de aceptación, de reconciliación con la realidad y de humildad, de poner los pies en la tierra.*
> R.: *Pero eso, ¿cómo se hace?*
> T.: *Nadie lo sabe. Va sucediendo. Tú ahora estás en un momento fuerte de crisis en el que se te ha caído todo. Y necesariamente vas a pasar por un tiempo de dolor, de llanto, de pena y de tristeza. Pero si eso lo usas no para desesperarte, sino para integrarte, para aprender de tus límites, tu capacidad de amar, esa nadie te la quitará.*
> R.: (rompe a llorar amargamente, doblando todo el cuerpo, durante largos minutos). *No lo soporto, no lo soporto* (gime). *Es que yo, cuando estoy triste, solo pienso en Dios. Y ahora que pasa todo eso no está, no está en ningún sitio* (se desespera). *Cuando mi padre se muera, ¿qué pasará? Eso no es justo, no es justo* (se ladea, se apoya en el brazo de la silla para llorar). *No puedo, Dios mío, ¿por qué pienso en él?*
> T.: *Porque has creído.*
> R.: *Dios mío, no es justo. No lo soporto* (gime y llora). *Tanta gente se muere. Estamos solos, no hay nadie. Yo había creído en un ser que algún día nos iba a dar una recompensa después de una vida de sufrimiento. Pero ahora, para cualquiera que se muera, se acabó. No somos nada, no somos nadie. Qué más da lo que sufras hoy, si no tienes recompensa mañana. Nada para mí tiene sentido ahora. ¿Para qué he tenido dos hijos? ¿Para que sufran? ¿Para que se mueran? No puedo* (rompe a llorar largamente). *Para mí ya no tiene sentido.*

Ya casi al final de la sesión Raquel comenta que cuando llegue a casa va a tirarlo todo, imágenes de santos, estampas, biblias, cruces, y las va a quemar. A este propósito comentará en la siguiente sesión que, cuando las quemó, de la pira salió solo humo, cuando todavía esperaba que saliera alguna señal, alguna voz que dijera: «¡Eh, no me quemes, no me destruyas, estoy aquí!».

Las intensas demostraciones de rabia y llanto presentes durante toda la sesión son una clara señal del pasaje del sistema epistemológico de Raquel, vacío de cualquier contenido y significado después de la pérdida de la fe, de la ansiedad hacia la depresión. En esta posición abandona cualquier compromiso moral, desarrollando una actitud pasiva: no se hace cargo de la casa, de los hijos ni del marido. No se levanta de la cama y si lo hace es para estirarse en el sofá. Ha dejado de luchar y se rinde a la desesperación. No se cuida ni a sí misma ni a los otros y no se deja cuidar tampoco. Está iniciando un proceso de duelo absolutamente imprescindible para salir de la depresión, para el que el grupo de terapia constituirá un contexto y un apoyo inestimables.

El ocaso del mundo ideológico

El caso de Ellen West (Villegas, 1989) muestra a la perfección el conflicto existencial de una persona que se debate inútilmente entre su ser natural y su ser ideal, hasta el punto de haber dejado escrito en su diario «Créame, Dios mío, otra vez, pero créame mejorada». La convicción de la imposibilidad de llevar a cabo su ideal la lleva finalmente al suicidio a los 33 años de edad.

Antes muerta que vieja, gorda y fea

¿Pero quién era Ellen West? Ellen West es el seudónimo de una paciente que fue admitida el 14 de enero de 1921 en la clínica Bellevue de Kreuzlingen, de la que Ludwig Binswanger era superintendente, y que murió después de tomar una dosis letal de veneno en la noche del 2 al 3 de abril del mismo año.

Ellen West nació a finales de julio de 1888, de familia judía, burguesa bienestante, probablemente en Norteamérica, aunque la mayor parte de su vida se desarrolló en Suiza. Era la segunda de tres hermanos. Una mirada global sobre su historia nos permite descubrir puntos de inflexión en esta existencia que marcan el paso hacia un punto sin retorno. La representación sintética de la vida de Ellen West describe una línea de proyección que apunta fuerte en la adolescencia y juventud, pero que, con el tiempo, va replegándose estérilmente sobre sí misma hasta su autodestrucción.

En escritos anteriores (Villegas, 1981, 1989) nos hemos ocupado ampliamente de este caso que, sin embargo, nos parece tan relevante para el tema que estamos tratando que no podemos evitar volver a traerlo aquí de nuevo, desde la perspectiva de la relación entre depresión y fracaso existencial. Sin embargo, para no repetirnos en la exposición del caso, nos hemos tomado la libertad de contarlo de manera diferente, enfocándolo no como una historia clínica, sino como un diálogo imaginario, construido a partir de sus escritos y diarios, producido en la actualidad entre Ellen West y un terapeuta, que se entrevista con ella a través de una plataforma virtual desde el más allá (Villegas, 2022b).

> ELLEN: *Para empezar, he repasado mi vida. Me he dado cuenta de que recuerdo muy poco de mi infancia. Sé que nací a finales del siglo XIX, en una familia judía, en América. Era la segunda de tres hermanos. Mis recuerdos empiezan a tomar forma cuando nos trasladamos a vivir a Suiza. Aquí continué mis estudios en un colegio femenino. De mí decían en casa que «era muy buena estudiante, que me gustaba ir al colegio, lloraba si no conseguía el primer puesto en la clase y no dejaba de asistir a la escuela, ni que estuviera enferma».*
> TERAPEUTA: *Vaya, una buena estudiante.*
> E.: *Sí. Pero, por lo que cuentan, muy infantil. Hasta los 16 años todavía me chupaba el pulgar. No estaba por tonterías de «novietes» ni cosas así. Más bien mis juegos eran de muchacho. Prefería llevar pantalones.*
> T.: *O sea que en aquella época no te preocupabas por estar más gorda o más flaca.*
> E.: *No. Más bien quería sentirme fuerte. En un poema escrito a los 17 años expresaba mi ardiente deseo de ser chico, «porque así podría ser*

soldado, no temer a ningún enemigo y morir gozosamente blandiendo la espada».

T.: *Una visión más bien épica…*

E.: *Heroica y romántica. En aquel tiempo me consideraba una especie de Juana de Arco, llamada a realizar alguna misión especial. Leía mucho, me ocupaba intensamente de problemas sociales, sentía profundamente el contraste entre mi propia situación social burguesa y la miserable de las «masas». Y soñaba con mejorar la condición de los pobres.*

T.: *¿Y cuáles eran tus lecturas escogidas?*

E.: *Entre mis autores preferidos figuraban Bakunin, Pisarev y J.P. Jacobsen, de quien a los 17 años leí la obra* Niels Lyhne, *que me condujo al ateísmo.*

T.: *Te inspirabas en el nihilismo ruso que exige el desprendimiento de las riquezas y compartir la vida con los más pobres.*

E.: *En escritos de aquella época hago proclamas encendidas como «Quisiera abandonar mi casa y mis padres como un nihilista ruso, para ir a vivir entre los más pobres de los pobres y hacer propaganda en favor de la gran causa».*

T.: *Te estabas convirtiendo en una revolucionaria familiar y social.*

E.: *Sentía una tensión entre mis ideales y mi condición social contra la que me rebelaba. Tenía 21 años y se esperaba de mí que me condujese como una muñeca muda y estúpida, que ha aprendido a sonreír. «No soy una muñeca —protestaba—, soy un ser humano con sangre roja y una mujer con corazón trepidante. No puedo respirar en esta atmósfera de cobardía e hipocresía; quiero hacer algo más y acercarme más a mi ideal, a mi magnífico ideal. ¡Libertad! ¡Revolución!». «No hablo de la liberación del alma, hablo de la liberación real, tangible, del pueblo de las cadenas de sus opresores. ¿Tendré que decirlo todavía más claro? Quiero una gran revolución, un alzamiento en masa que se extienda por todo el mundo y derribe todo el orden social».*

T.: *No te andabas con chiquitas… ¿Y qué se hizo de tus anhelos revolucionarios?*

E.: *Se fueron deshinchando como un globo. Lo máximo que llegué a conseguir fue montar una biblioteca infantil y trabajar en alguna guardería o agencia social. Nada que pudiera compararse a la Revolución de Octubre. El trabajo no ocupaba un lugar de transformación de la realidad, sino de adormidera de mis inquietudes.*

T.: *¿Y cómo te explicas este bajón en tu proyección existencial?*

E.: *Cuestión de amores. Aparte de algunos flirteos, a los 23 años inicié una relación con un estudiante universitario que correspondía a mi fantasía de poder vivir una vida diferente, alternativa a la hipocresía de la vida burguesa. Esta relación sufrió muchas vicisitudes, debido a la interferencia de mi familia. Pasamos del compromiso a la ruptura en más de una ocasión, entre los 24 y los 28 años. Finalmente, tuve que romper con él para casarme con mi primo, Karl.*

T.: *¿Y cómo se llegó a este punto?*

E.: *A mi padre no le gustaba este estudiante. Decía que no correspondía a mi clase social. Y no cejó hasta que acepté casarme con mi primo. Fue un matrimonio forzado y esto era lo que me impedía quererle. Poco antes de morir le escribí a Karl: «En aquel tiempo tú eras la vida que yo estaba dispuesta a aceptar a cambio de mi ideal* (representado por el estudiante universitario). *Pero era una resolución forzada, tomada artificialmente, sin haber madurado por dentro. Por eso no resultó y empecé a mostrarme en oposición a ti».*

T.: *Parece que estabas atrapada entre un conflicto de fidelidades; por un lado, a ti misma, a tus sentimientos y a tus ideales y, por otro, a tu familia, a tu estirpe, a tu clase social.*

E.: *En efecto. Y aquí quien tuvo que pagar los platos rotos fue mi marido. «Solo me convertiré en tu mujer —le decía en una carta— cuando renuncie finalmente al ideal de mi vida. ¡Pobre, tener que estar decepcionándote continuamente!».*

T.: *Y tú, tras este ideal, te debatías entre una imagen de revolucionaria y otra de pertinencia a una clase social burguesa, que reforzaba la de una mujer elegante y frágil. Este conflicto entre estas dos imágenes contradictorias adquirió una dimensión transcendental, que se puede entender como una lucha entre el destino y la libertad. Pero, por lo que explicas, en esta lucha terminaste por ceder a las presiones externas, renunciando a tu libertad.*

E.: *Ya me quejaba yo, entonces. Día tras día me daba cuenta de que estaba malgastando mi juventud y mi salud mental. Aunque fuera de manera retórica, me preguntaba «¿Para qué me dio la naturaleza salud y ambición?». Seguramente no para ahogarla y encadenarla, ni para dejarla languidecer entre las cadenas de la vida rutinaria, sino para servir a la miserable humanidad. Las cadenas de hierro de la vida vulgar: las cadenas del convencionalismo, de la propiedad y del confort, de la gratitud y la consideración, y las cadenas del amor, las más fuertes de todas. Sí, estas son las que me tienen presa, las que me impiden mi completa entrega al mundo del sacrificio y la lucha por la que suspira toda mi alma.*

T.: *Entonces, fue en este contexto donde se gestó tu trastorno alimentario.*

E.: *Exactamente. Un trastorno alimentario complejo que siguió un recorrido variado. Empezó a los 20 años con el primer amor romántico y continuó en los años siguientes, oscilando entre anorexia y bulimia, en paralelo a las vicisitudes de la relación con el estudiante. A los 25, se produjo una primera ruptura con el estudiante y empecé el noviazgo con mi primo, Karl, con quien me casé a los 28. Pronto me quedé embarazada, pero perdí la criatura en un aborto espontáneo.*

T.: *¿Afectó todo esto tu relación marital?*

E.: *Después del aborto corté las relaciones sexuales con mi marido. Estaba desconcertado. Mi sintomatología empeoraba más y más. Aumenté las dietas, añadiendo laxantes, jugos de naranja descomunales. Mi peso estaba bajando en picado. Todo el mundo estaba preocupado por mí. Y entonces inicié un largo recorrido por una serie de psicoanalistas. Internamientos en sanatorios. Me visitaron cuatro psiquiatras, uno tras otro. Nadie sabía qué hacer conmigo.*

T.: *En todo este trajín ¿te sentiste apoyada, acompañada o comprendida por alguien, durante este período?*

E.: *Sí, por mi marido, pobre. Encima, por indicación del analista, nos tuvimos que separar un tiempo. Sin embargo, a raíz de mis primeros intentos de suicidio, volvió a mi lado, llegando a internarse conmigo en el sanatorio.*

T.: *Parece que te quería. Primeros intentos de suicidio… ¿Hubo otros?*

E.: *Sí, cuatro como mínimo. Y de las formas más variadas: llegué a ofrecerle dinero a un cazador que encontré por el bosque para que me matase de un tiro. Consideraba la muerte como la mayor felicidad de la vida, si no la única. Pensaba que, sin la esperanza del final, la vida*

sería intolerable. Lo único que me consolaba era la certeza de que, un día u otro, llegaría la muerte. A veces desafiaba a mi marido, retándole: «Karl, si de verdad me quieres, ¡mátame!».
T.: *¿Qué consideras que te condujo a estos extremos?*
E.: *Sentía que todo mi desarrollo interior se paraba, que se cegaba totalmente el manantial de vida y expansión, porque se había apoderado de mi alma una sola idea, algo indeciblemente ridículo. Como mi único criterio de acción era averiguar si una cosa me engordaba o adelgazaba, pronto perdieron las cosas su significado intrínseco. Ya nada me interesaba. Mi interior estaba tan íntimamente fusionado con mi cuerpo que ambos formaban una sola unidad, constituyendo juntos mi yo individual, nervioso e ilógico.*
T.: *¿Fue esta sensación la que te llevó a probar el psicoanálisis?*
E.: *Sí. Yo quería desmenuzar los impulsos desconocidos que eran más fuertes que mi razón y me forzaban a organizar mi vida de acuerdo con una pauta orientada a adelgazar cada vez más. Sin embargo, cuanto más intentaba analizarme, menos me aclaraba. Pero, ¿dónde estaba realmente el error?*
T.: *Tal vez se trataba de un conflicto que se expresaba a través del cuerpo. Antes has dicho «Mi interior estaba tan íntimamente fusionado con mi cuerpo que ambos formaban una sola unidad». En él tomaban cuerpo las contradicciones entre el ideal y la realidad, representada también por tus dos amantes, el estudiante y el marido. El cuerpo, por su dimensión pública y observable, se convierte en elemento de controversia entre el mundo propio y el ajeno, en su símbolo o encarnación. Por esto es tan importante su imagen.*
E.: *Tuve una intuición parecida cuando escribí en mi diario: «En todos los puntos soy sensata y tengo claridad de ideas; solo en este estoy loca; estoy arruinándome en mi lucha contra mi naturaleza. La fatalidad me quiso obesa y fuerte, pero yo quiero ser estilizada y delicada».*
T.: *Estas dos visiones contrapuestas, imagen y contraimagen, se corresponden con la oposición entre el ideal revolucionario (el tuyo y el del estudiante) y el burgués (el de tu familia y tu marido). Tu cuerpo no podía resolver el dilema y entró en la contradicción de comer y vomitar, de tener hambre y hacer dieta, se perdió en la aporía de la anorexia purgativa.*

E.: *Esta contradicción fue tan fuerte que al final opté por el suicidio. Matando el cuerpo me libraba de la tortura obsesiva de comer.*
T.: *Necesitabas comer como mujer de carne y hueso que eras, pero no podías continuar haciéndolo indefinidamente, porque esto te llevaba a aumentar cada vez más tus contradicciones.*
E.: *Lo que me habría llevado inevitablemente, con el paso del tiempo, a convertirme en una mujer «vieja, gorda y fea», imagen que no podía soportar de mí misma.*
T.: *Decidiste irte. Era la manera de «retomar las riendas de tu vida».*
E.: *Sí, yo siempre lo había sostenido: «los escogidos de los dioses mueren jóvenes». Yo no quería morir vieja y frustrada, porque me consideraba llamada a una gran misión. Mi lema era* «Aut Caesar, aut nihil» *(o César o nada). Y fue nada; porque mi gran sueño de juventud, no se cumplió en la edad madura. Mis ansias de libertad derivaron en dependencia de los otros y de mi imagen.*
T.: *La tuya fue una existencia frustrada. Te quedaste en promesa. Atrapada en el ideal de estar delgada y carecer de cuerpo. Con un yo dividido entre tu fantasía revolucionaria y tu realidad burguesa. Luchaste con nobleza de espíritu hasta que la facticidad física y social te superó y preferiste una muerte digna antes que una vida incoherente contigo misma.*

El proyecto existencial de Ellen West

Hasta aquí el diálogo con Ellen West que nos ha permitido recomponer su historia personal y penetrar en su mundo vivencial a través de sus propias palabras, tomadas de sus diarios, cartas y anotaciones. Este final de la historia (el suicidio) y el evidente fracaso de su recorrido vital, más allá de la clara sintomatología anoréxica purgativa, nos llevan a rastrear en sus orígenes la formación de un proyecto existencial fracasado (Villegas, 2021).

El proyecto existencial de Ellen West se puede analizar detalladamente siguiendo la evolución de su ideal: un ideal que pronto experimentará la escisión entre dos mundos, el propio *(Eigenwelt)* y el ajeno o social *(Mitwelt)*, por incompatibilidades mutuas. Esta lucha entre los dos mundos ideales enfrentados y su propia realidad la llevarán a la autodestrucción final, a través de la eliminación del cuerpo natural *(Umwelt)*.

Empecemos por describir la representación que Ellen West hace idealmente de sí misma *(Eidos)*. Ella es, ante todo, una revolucionaria: sus amores auténticos tienen que ver con esa imagen. El primer amor romántico y el de un estudiante universitario responden a una fantasía (tal vez posibilidad) de vivir una vida distinta, alternativa a la hipocresía de la vida burguesa. Este ideal era el que le impedía convertirse en la mujer de su primo Karl con el que finalmente se desposó.

La visión que ella tiene del mundo circundante *(Mitwelt)* configura, sin embargo, su *Antieidos*. Ellen West pertenece a una clase social burguesa en la que se refuerza una imagen de mujer elegante y frágil, como su cuñada, interesada únicamente por los asuntos familiares y mundanos, ajena a cualquier preocupación social. El padre le impone un marido de acuerdo con su clase social, exigiéndole la separación del estudiante y se espera de ella que sea una esposa y madre de pies a cabeza. Del conflicto entre estas dos imágenes contradictorias y su facticidad corporal y social surge una lucha entre el destino y la libertad que adquiere tintes de tragedia. En esta lucha, Ellen West cede a las presiones del medio, renunciando a su libertad: «¡Qué lástima esta, mi joven vida, y qué pecado desperdiciar mi salud mental!».

Así continúa en su diario, escribe Binswanger (1945), aireando el odio que siente contra el lujo y la buena vida que le rodea y lamentando su cobardía y su debilidad, al no poder superar los obstáculos y sobreponerse a las circunstancias, y al dejarse ablandar, tan joven «por la fealdad y el aire viciado de la rutina diaria». Hay en este abandono progresivo de sus ideales un fracaso en la realización histórica de sus proyectos y una renuncia a asumir su propia responsabilidad.

Deja sus decisiones más importantes en manos de los demás, sin atreverse a asumir su propia existencia. «Aunque de pequeña prescindía en absoluto de la opinión de los demás, ahora está totalmente pendiente de lo que piensan los otros sobre su aspecto y su obesidad». Ellen West transforma su ideal de cambiar el mundo por el de cambiar su propia *naturaleza,* sacrificando su cuerpo en honor de aquel.

Ella había temido que al engordar disgustaría a su novio anterior (el estudiante) y, en todo caso, identificaba la delgadez con un tipo más distinguido de intelectual y la gordura con un tipo de judío burgués. Cuando se enteró, por el dictamen del ginecólogo, de que no lograría sus aspiraciones como madre de llegar a tener hijos, a pesar de renunciar al más alto tipo de intelectualidad, «entonces decidió vivir para su *idea* sin inhibiciones y empezó a tomar grandes dosis diarias de laxantes».

Su existencia solo era posible idealmente y no encontraba puntos de anclaje en la realidad. Desde su enrocamiento narcisista, Ellen West no acepta la facticidad y por eso quiere huir de este mundo. La muerte no es para ella el límite de la vida que posibilita el despliegue de la existencia, sino el fin que la niega. Ellen West pasa del deseo romántico de morir joven por alguna causa digna y gloriosa —«los favoritos de los dioses mueren jóvenes»— a considerar indecorosa su vida e indigna de ser vivida: «La vida se ha convertido para mí en un campo de concentración, y yo ansío la muerte... ¡Karl, si me quieres, mátame!».

Ellen West tenía clara conciencia de haber cometido un error, el de haber confundido su «ideal con una ficción». Esta ficción era la delgadez. La delgadez era el punto de encuentro que le permitía ser idealmente espiritual (revolucionaria) y ser aceptada socialmente (burguesa); no podía verse a sí misma en ninguno de los mundos si no era bajo el prisma de la delgadez. Pero ese ideal le imposibilitaba ser realmente ella misma: una mujer de carne y hueso, revolucionaria, activa, esposa y madre.

Como no puede ser en realidad inmaterial, intenta al menos ser la más delgada. Ellen West quiere ser delgada porque le repugna la materia. En verdad desearía «carecer de cuerpo». De modo que, rechazando la *corporalidad* (atributos corporales, sexo, gordura) rechaza propiamente la *corporeidad* (ser cuerpo). ¿Qué conseguiría si imaginariamente pudiera llegar a existir careciendo de cuerpo? La superación de los límites e, incluso, de las necesidades y a la vez la posibilidad de tumbar el mundo burgués que odia. La realización perfecta del nihilismo. Podría reconciliar de este modo el mundo propio *(Eigenwelt)* y el mundo social *(Mitwelt)*, a costa de su naturaleza corporal *(Umwelt)*.

El mundo propio *(Eigenwelt)* está constituido por un discurso ideológico que busca el cambio social a través de la revolución. El mundo social *(Mitwelt)* está formado por un contexto familiar y económico burgués, cargado de expectativas relativas a su condición femenina y de clase. Ambos mundos están saturados de implicaciones contradictorias entre sí. El mundo propio exige sacrificio, pobreza, lucha interna y externa y, en última instancia, un ascetismo que, llevado a su extremo, implica carecer de cuerpo: inmaterialidad o espiritualidad. El mundo social conlleva comodidad, riqueza, improductividad económica para dedicarse en cuerpo y alma a ser esposa de un marido burgués y madre de unos hijos que aseguren la descendencia familiar.

Pero ¿cómo se puede ser burguesa y revolucionaria a la vez? Solo de una manera: desplazando el conflicto hacia el cuerpo en lugar de la acción, siguiendo una estrategia parecida a la somatización en las enfermedades psicosomáticas en las que, en vez de expresar o solucionar los conflictos o las contradicciones, estas se mantienen irresolubles, mientras el organismo enferma. De este modo el cuerpo se convierte en el lugar de expresión de todas las contradicciones. Eliminándolo, mediante el suicidio, las contradicciones se acabarán para siempre.

Su conflicto acaba teniendo un significado mucho más trascendental. Se trata de una lucha a muerte entre el destino y la libertad. El destino representado por su condición fáctica: social y familiar. Y la libertad, expresada en su posición rebelde y revolucionaria. Ambas acaban desplazándose al ámbito de lo corporal, donde ella cree poder ejercer un control a través de la comida: «La fatalidad me quiso obesa y fuerte, pero yo quiero ser estilizada y delicada». Su motivación es la de espiritualizar el cuerpo, negando su dimensión carnal.

La anorexia es el síntoma que traduce por excelencia la negación de la corporalidad, que postula el ascetismo. El asceta renuncia a escuchar sus propias necesidades y deseos para guiarse exclusivamente por normas o ideales externos, como el buen soldado que tiene un elevado motivo por el que morir, pero ninguno por el que vivir. Renegando de su corporalidad dimite de su humanidad; pero esto no lo perturba, al contrario, lo conforta y confirma: siendo un ser casi espiritual, ha alcanzado un plano superior. El ascetismo se convierte así en una forma de narcisismo meritocrático que combina dos elementos: el desprecio del mundo y la certeza de la elección divina.

La respuesta a la importancia que podía tener para ella la espiritualidad o incorporeidad debería ser descubierta en interacción con la dialéctica de su existencia personal. Podría tener que ver algo, probablemente, con su deseo de absoluto: «*aut Caesar aut nihil*», que era su lema de juventud: «ser como César, o nada». O con su fantasía de muerte prematura, como señal de elección divina: «los favoritos de los dioses mueren jóvenes».

A Ellen West no la mataron la anorexia, ni los ayunos, ni los laxantes, ni las caminatas extenuantes, ni la mortífera combinación de morfina y luminal (fenobarbital), sino la depresión. Una depresión originada por un fracaso en la proyección del propio yo, reducido a su dimensión o apariencia corporal:

> *Como mi único criterio de acción era averiguar si una cosa me engordaba o adelgazaba, pronto perdieron las cosas su significado intrínseco. Ya nada me interesaba. Mi interior estaba tan íntimamente fusionado con mi cuerpo que ambos formaban una sola unidad, constituyendo juntos mi yo individual, nervioso e ilógico.*

Cuando el cuerpo demostró su incapacidad para resolver el dilema existencial planteado por la aporía a la que había llegado el conflicto entre su mundo ideal, configurado en términos revolucionarios, como expresión de su espíritu rebelde y libre, y el mundo social y familiar burgués en el que fue absorbido al contraer matrimonio con su primo Karl, cesó en su estéril lucha y se inmoló. Esta es la alternativa que Ellen West escogió, fiel a su narcisismo, antes de volverse «vieja, gorda y fea».

Función psicológica del mundo simbólico

El mundo simbólico es un mundo ilusorio, en tanto que no existe en la realidad, sino en el mundo platónico de las ideas, las creencias y los valores. Es un mundo que el ser humano proyecta, pero que luego tiene que llevar a la práctica, puesto que no posee naturaleza óntica, sino axiológica o ética. Esta dimensión proyectual simbólica se halla en la base de la diferenciación del *Homo sapiens sapiens* frente a las otras especies animales y se ha plasmado a través de la historia en la creación de mitos, religiones, culturas y creencias, generando cohesión ideológica en el seno de los grupos humanos. Ese es el significado etimológico de la palabra *sím-bolo* en griego, la de conjuntar o cohesionar en un solo referente (por ejemplo Dios, la religión, los mitos fundacionales, la bandera, la ley mosaica, la constitución) todos los elementos constitutivos de un valor. Lo contrario es el diablo *(dia-bolo)*, la *dis-persión.*

En el nivel individual, cada persona se aferra al mundo de valores o creencias en que se ha ido configurando su mundo simbólico, cuya crisis o fracaso la hunde en la depresión. Para Raquel, la crisis de fe ha supuesto una auténtica debacle; para Ellen West, el fracaso en la realización de sus ideales revolucionarios la lleva hasta el suicidio después de una lucha desesperada contra su corporalidad.

Las creencias, los ideales y los valores cumplen la definición de símbolos como representaciones de significados que integran todos los afanes de la existencia de una persona. Pueden ser muy nobles o muy rastreros, pero de su permanencia en el tiempo dependerá la continuidad del sentido de la vida. Su fracaso (que no admite transformación o evolución) puede suponer la muerte no solo ideal, sino física.

No es necesario que estos ideales o creencias tengan una dimensión trascendental para sumir a la persona afectada por su fracaso en la depresión. Para muchas personas, valores más terrenales como la belleza y juventud, o las expectativas sobre el matrimonio, el éxito en los negocios o el triunfo en el mundo del deporte o del espectáculo pueden suponer el éxito o el fracaso de su existencia.

La importancia del sentido y de los valores se pone de manifiesto ante la crisis de las creencias o valores sobre los que se sustenta el mundo simbólico del individuo. Ahora bien, ¿cuáles son esas creencias que los individuos necesitan asumir para su ajuste psicológico-existencial?, se preguntan García *et al.* (2018). Estas creencias se pueden agrupar, de acuerdo a la teoría de Janoff-Bulman (1992) en torno a:

> la benevolencia del mundo y de los demás; al sentido del mundo, el control, el azar y la justicia; y la dignidad o valía de uno mismo. Dado su carácter de supuestos nucleares, se ha planteado que estarían asociadas a necesidades psicológicas universales.

Por otro lado, estas creencias básicas se pueden concebir como ilusiones o sesgos de autocontrol necesarios que promueven una relación adaptativa con la realidad, consigo mismo y con los demás. Lo que Nardone (2016) denomina *autoengaños funcionales*. Además, afirma García (2018):

> Proporcionan un ajuste psicológico y relacional positivo; esto es, cumplen un rol fundamental en el bienestar y felicidad de las personas. Sin estos sesgos, la vida humana se haría insoportable. Se podría decir que constituyen condiciones psicológicas *a priori* de la existencia. Si bien estas creencias se mantienen fuertemente a pesar de la adversidad y las evidencias en contra, pueden resultar invalidados por los hechos traumáticos que las cuestionan.

Aquí se puede retomar la distinción que establecía Ortega y Gasset (1977) entre *ideas* y *creencias*: «Las ideas se tienen; en las creencias se está». Estas constituyen el subsuelo, el terreno en el que nos apoyamos. Más que tener el sujeto creencias, son ellas quienes sostienen al sujeto. Cuando estas creencias se desmoronan caben dos salidas: la desesperación, que encontramos en el trasfondo de la depresión, o la construcción de un mundo nuevo de creencias y valores, liberados de su componente mágico, tarea que corresponde al trabajo terapéutico.

6. El vacío relacional

El mundo social o relacional es el espacio simbólico más visible donde se despliega nuestra existencia. Corresponde al concepto existencial de *Mitwelt* (mundo compartido socialmente). Está compuesto de vínculos afectivos, lazos familiares, amistades, relaciones profesionales o agrupaciones de diversos tipos, desde científicas a deportivas, lúdicas o políticas. También es la gran pantalla donde proyectamos nuestra identidad pública en busca de aprobación, reconocimiento o validación narcisista a través de los medios de comunicación y de las redes sociales. El ejercicio del poder, la capacidad de influencia sobre los demás, la fama o el reconocimiento social se gestan y ejercitan también en el ámbito de lo público.

El mundo familiar

Para una gran parte de la población mundial el primer grupo de pertenencia, el primer mundo compartido, en el que se hace pública nuestra existencia, es la familia en sus diversos momentos evolutivos. La pérdida, disminución o exclusión de este mundo, como señala Valeria Ugazio (2012), puede llegar a constituir una verdadera crisis existencial y llegar a provocar en muchos casos auténticas reacciones depresivas, como con frecuencia se pone de manifiesto en el síndrome del nido vacío.

El nido vacío

Carolina, mujer de 64 años, casada, madre de dos hijas de 30 y 32 años. Acude a terapia de grupo. Ya en la primera sesión traza un cuadro muy completo de su situación vital, que en este momento la tiene sin ilusión y en un estado depresivo, por el que se medica:

> CAROLINA: *Hace cinco años que murió mi madre y no lo acabo de superar* (rompe a llorar). *Mi padre hace mucho más, cuando yo tenía 26. Lo entiendo, pero no lo supero. Y con eso me vienen otras emociones: por ejemplo, que he dejado de trabajar hace tres años y parece que a mi vida le falta aliciente. No tengo ilusión, estoy siempre triste. Estoy casada y tengo dos hijas, de 30 y 32 años. Lo que pasa es que mis hijas ya viven su vida, y parece que me falta alguien por quien hacer cosas. A partir de ahí, cuando me he encontrado que mis hijas también se han ido de casa, tengo mucho tiempo y no tengo ocupación. Me falta ilusión. Y no acabo de asumirlo. Estoy tomando antidepresivos también, a diario. Ya, claro, en teoría, después de entender la falta de mi madre, yo no tendría por qué estar así, porque mis hijas están bien, mi marido está bien, estamos bien como pareja.*
> TERAPEUTA: *Las hijas fuera, la madre muerta.*
> C.: *Hemos pasado temporadas con mi madre y mi suegra en las que estábamos muy atados. Mi suegra era ciega, la compartíamos con mi cuñada, seis meses cada una. A mi madre, los últimos años, también la teníamos en casa, entonces era un agobio. No tenía tiempo de pensar si tenía ganas de levantarme o no, y ahora, como no tengo una exigencia… Pues hay veces que no me levanto. Es como que me falta ilusión.*
> T.: *Has estado cuidando toda tu vida a alguien. A tu marido, a tus hijas, a tu madre, a tu suegra.*
> C.: *Cuidando, llevando la casa y trabajando. Yo trabajaba, toda la vida trabajaba, por eso que no he tenido casi tiempo.*
> T.: *Ya. Y ese duelo, ¿lo sentiste igual al principio? ¿O ha cambiado?*
> C.: *No. Antes en seguida pensaba en mi madre y me ponía a llorar. Pero ahora se me junta que también mi hija pequeña ha estado seis años viviendo en Londres. Ha venido un año, pero ahora se va a volver*

a marchar, porque ella había encontrado trabajo aquí, pero su novio no, y entonces el novio ya se ha ido a Londres otra vez. Entonces, pues, con cada cosa que me pasa, se me mueve todo lo demás.
T.: *Es otra pérdida. Vuelves a perder a tu hija, que se vuelve a Londres. Entonces conectas con las pérdidas.*
C.: *Digo bueno, pero no es lo mismo, porque yo a mi hija la puedo ir a ver. Pero claro, ya después de hacerte la ilusión de que volvía a tenerla aquí y que ahora otra vez se va a ir.*
T.: *Entonces estás pasando un duelo.*
C.: *Yo el duelo lo he pasado ya durante cinco años.*
T.: *Las hijas que se van, la jubilación, la muerte de tu madre.*
C.: *Tener mucho tiempo libre.*
T.: *Una parte del duelo no es solo llorar, sino reconstruir la vida. Y ahora que estoy así, ¿qué hago con mi vida?*
C.: *Un nieto, esto es lo que me haría feliz. Pero tenerlo cerca, porque si se va a Londres… Y yo reconozco que soy muy exigente, que siempre quiero tener los hijos al lado, y siempre he estado muy volcada a los demás y claro, ahora… Yo a mi madre la llamaba cada día, entonces me gustaría que mis hijas me llamaran más a menudo.*

Carolina acusa particularmente esta ausencia porque, a pesar de poder mantener con la hija el contacto telefónico o vía telemática, siente que no la puede ayudar efectivamente en el día a día y, menos todavía, si llegara a tener un bebé.

T.: *Tu hija se ha ido, pero la echas de menos. Y te hemos preguntado qué es lo que más echas de menos. Y dices: «poder ayudarla».*
C.: *Bueno, porque pienso que me puede necesitar y, estando a distancia, pues es más difícil.*
T.: *Y ahí te vuelves a sentir válida. Tu valía depende de estas cosas: dar, cuidar, sacrificarte. Te hace sentir válida. Si no lo haces, tu autoestima se tambalea y te sientes triste. Ayudar a los demás te da un sentido. Necesitas que te necesiten. Porque eso te hace sentir útil y a través de la utilidad te valoras a ti misma. Si te sientes útil, te sientes bien, y en el momento en el que no te sientes útil, te frustras. Te sientes impotente, depresiva.*

> C.: *Sí, me siento peor* (llora).
> T.: *¿De dónde vienen esa tristeza y ese llanto? ¿Qué te los provoca?*
> C.: *Bueno, que no va a volver, que va a seguir siempre la vida así. Ella allá y yo aquí. Y no la puedo ayudar o no la puedo ver cuando quiero. Entonces me doy cuenta de que es egoísmo, como que no he soltado las amarras, como que me cuesta aceptar que ella está allá y yo aquí. Eso me produce tristeza. Me gustaría sentirla aquí al lado, que en un momento dado, en media hora, la puedes ver. Y claro, pienso que si tienen hijos, si estuvieran aquí, la podría ayudar.*
> T.: *Claro, poder ayudar. Siempre sale esa expresión «poder ayudar», porque es lo que a ti te da sentido en la vida, ayudar a la gente.*

Así continúa el diálogo sobre la experiencia del nido vacío:

> T.: *Has desconectado de ti. Porque has estado centrada en trabajar, en hacer méritos, en ser una buena esposa, madre, no has conectado con tu ser, con qué soy. ¿Yo de qué me lleno? ¿Del exterior, de ser madre de, esposa de? ¿Qué dice ese pensamiento? ¿De qué palabras está compuesto?*
> C.: *Apatía, no tener ilusión por hacer nada.*
> T.: *Pero ¿qué pensamiento tienes antes de que venga esa tristeza?*
> C.: *Como que no tengo sentido, que no sé adónde voy.*
> T.: *¿Y qué pensamiento hay antes?*
> C.: *Tristeza.*
> T.: *La tristeza es una emoción. Pero ¿qué piensas antes de sentir tristeza? Estoy sola sin mis hijas, no estoy con nadie…*
> C.: *Que no acepto la vida solamente con mi marido, como que no tiene sentido suficiente.*
> T.: *¿Y qué pasa si no estoy con ellas?*
> C.: *Pues que tengo un vacío.*
> T.: *¿Qué provoca este vacío?*
> C.: *Lo que me falta en mi vida. Es que no lo sé, es como si mi vida estuviese vacía. No solo porque no están ellas… Cuando estuvieron en la boda me puse triste, y luego me puse a llorar delante de las dos.*
> T.: *Y si el llanto hubiera hablado, ¿qué diría? ¿Qué interpretan ellas? Imagina que el llanto fuera un lenguaje para sordomudos. ¿Qué enten-*

dería el sordomudo? Las palabras no las oye, pero el llanto lo ve. ¿Qué entendería?
C.: *Pues que estoy mal. Si voy al psicólogo y todo.*
T.: *No, no. ¿Qué entendería de lo que estás diciendo? Quédate conmigo, no te vayas, eres el sentido de mi vida, no seas libre, no vivas tu vida, depende de mí, déjate cuidar. ¿Dicen esto tus lágrimas? ¿Qué le estás diciendo a tu hija?*
C.: *Que se quede junto a mí.*
T.: *Muy bien. Pues eso, en lugar de llorar, dilo.*
C.: *Pero es que no lo tengo que decir. Es normal. Es lo que estoy sintiendo.*
T.: *Lo que estás sintiendo. Entonces ella te puede responder.*
C.: *Es que mi marido me lo ha hecho ver. ¿Qué quieres? ¿Que estén aquí contigo? ¿Que dependan siempre de ti?*
T.: *Pero eso es lo que yo quiero. Y que yo lo quiera, ¿significa necesariamente que tenga que suceder?*
C.: *No. Tengo que entenderlo, pero no sé cómo asimilarlo.*

El relato de Carolina nos habla claramente de un vacío existencial, fruto del ciclo evolutivo familiar, llamado por eso comúnmente «síndrome del nido vacío». Han muerto los familiares de la generación anterior, las hijas ya se han independizado y han constituido sus propias familias. Ella y su marido se hallan en tierra de nadie, lo que en términos de estructura social significa habitar un mundo solitario. Por eso comenta ella que con su marido no le basta, porque tampoco se basta por sí misma. Toda su vida se ha desplegado en el mundo exterior laboral o familiar. Casi de repente se ha truncado su modo de proyección en el mundo (jubilación, papel de madre y cuidadora) y esta pérdida masiva la ha dejado sin motivación vital. Por eso se deprime. Se regulaba por la *socionomía* oblativa en todos los ámbitos y ahora no tiene por quién sacrificarse, ha dejado de ser útil, ya no tiene ilusión por vivir ni dirección que seguir. Se deprime. No es un destino fatal, inevitable, sino posible, como en el duelo, cuando fracasa la fase de reconstrucción, porque no hay proyección de futuro, sino solo nostalgia del pasado.

El mundo extrafamiliar

Hay personas que, por sus elecciones de vida, han escogido crearse un mundo social ajeno a la propia familia. Pueden incluso haber tenido hijos, pero han vivido la familia como un atrapamiento incompatible con su vida, de modo que han terminado, tarde o temprano, por prescindir de ella. Este mundo puede estar representado por proyectos personales del tipo que sean, científicos, artísticos, humanitarios o hasta aventureros que pueden llegar a realizarse en mayor o menor grado y dotar de sentido la vida de una persona.

Amazona

Clare Weiskopf (2017) nos presenta, en un documental titulado *Amazona,* la historia de su madre, Valerie Meikle, una superviviente de la época *hippie.* Escritora, viajera, maestra de reiki, artesana y música, nació en Inglaterra en 1937 y llegó a Colombia en 1960, siguiendo a su marido, con quien tuvo dos hijas, Liliana y Carolina. Más tarde, después de separarse de su primer marido, Valerie retornó a Inglaterra y conoció en una comuna *hippie* a Jim Weiskopf, su segundo esposo, que sería padre de Clare y Diego. Tras la muerte trágica de su hija Carolina en el desastre natural de Armero, por la erupción del volcán Nevado del Ruiz, emprendió un viaje a la selva colombiana para superar el duelo y encontrarse a sí misma, dejando atrás a sus otros tres hijos.

Clare Weiskopf, que en el momento del rodaje espera su primer hijo, se propone en ese documental reencontrarse con su madre Valerie en la selva, donde todavía vive a sus 80 años, precisamente porque su propio embarazo le plantea a Clare cuestiones sobre aquella decisión de su madre.

> *Sí, entonces me planteé lo que significaba ser madre, esa delgada línea entre la responsabilidad y la libertad. Mi madre escogió su propia vida por encima de la de sus hijos…*

En el documental, Clare ahonda en los efectos de la libertad de su madre en ella y su hermano Diego y comenta sobre sus decisiones:

> *No se puede juzgar a la ligera. La ausencia de la madre puede ser también psicológica y darse en familias aparentemente estables. La infelicidad hace que muchas mujeres se encierren en sí mismas, calladamente atormentadas por lo que podrían haber sido y no fueron.*

Valerie justifica la actitud de su madre como la salida natural al propio camino que todos debemos emprender en la vida, incluso a costa de tus propios hijos, como el único modo para

> *Romper con la espiral de sacrificios a los que se ven sometidas las mujeres. Lo más importante en la vida de uno es la vida de uno. ¿Qué es ser buena madre? ¿La superprotectora que se sacrifica por sus hijos y que a menudo acaba siendo rechazada por estos? El equilibrio entre ser madre y cumplir tus sueños resulta difícil. Ser mamá es más difícil en ese sentido porque muchas veces uno se sacrifica, pero hay cosas que no se pueden sacrificar. ¿De qué sirve una mamá, una mujer sacrificada?*

Otras personas sustituyen el grupo familiar no por una proyección personal que consideren trascendental, sino por la formación de un grupo relacional sustitutorio, constituido por parejas sexuales más o menos estables, amistades, actividades sociales, diversión, mundos alternativos, lo que no impide que en algún momento se haya formado una pareja parental que comparta unos hijos, que luego se han dejado en manos más cuidadosas de abuelos o hermanos, tal como hemos visto en el caso de Heidi, Margarita y otros.

La trotamundos

Carina, mujer de 55 años, llega al grupo de terapia después de una trágica historia personal y familiar. Su padre falleció hace más de veinte años y su madre, cuatro. Es la tercera de trece hermanos, siete chicas y seis chicos, más tres abortos de por medio. «*Mi madre, pues, dieciséis veces embarazada, pariendo toda su vida, desde los 23 hasta los 45*». Los tres primeros varones murieron por abuso de sustancias e infección por el sida, y otro se mantiene todavía enfermo y sobrevive en condiciones muy precarias, tanto materiales como de salud. El resto de hermanos y hermanas se protegieron a tiempo de este tipo de influencias y han llevado una vida socialmente adaptada.

Carina se casó con un hombre que nunca la quiso. Tuvieron dos hijos de los que él no se hizo cargo; falleció joven, a causa del consumo de drogas y del sida contraído. Por esos y otros problemas personales, Carina dejó a sus hijos con su madre y su hermana mayor, Sara, a quien más adelante le otorgó la patria potestad.

Inicia la terapia después de un trasplante de hígado a causa de una cirrosis hepática. Está en periodo convaleciente, todavía no puede independizarse, no tiene pareja, ni trabajo, ni casa. No le queda otra alternativa que refugiarse en la casa paterna, ahora propiedad de su hermana Sara, que ha ahijado a sus hijos, los de Carina, ahora ya mayores de edad.

Tras la operación de trasplante, considera que la vida le da una segunda oportunidad que no va a despreciar. Acude a terapia. En una sesión, Carina habla en el grupo del fracaso de sus múltiples relaciones, a través de su larga historia. Intenta encontrar una explicación que en un primer momento atribuye a su falta de compromiso o apego, pero que en otro momento reflexiona que podría atribuirse a su deseo de mantenerse siempre joven. La constante variación de parejas podría ser, en este contexto, una prueba de su eterna juventud y un conjuro contra el pánico a envejecer.

Terapeuta: *¿Y cómo estás de ánimos?*

Carina: *Va a días, va a días. Hay días que pienso por qué cojones hay que seguir viviendo. No sé si me valía la pena haberme quedado en el trasplante, allí donde estaba, en el quirófano, y ya está.*

T.: *¿Te lo planteas alguna vez?*

C.: *Sí, sí, me pasa por la cabeza.*

T.: *¿En qué momentos?*

C.: *No sé. Supongo que en los que me encuentro sola, que estoy sola en casa. Y claro, ya no tengo amigos, ya no tengo la vida activa que tenía antes y no concibo mi vida sin eso. Me cuesta, me cuesta aceptar eso. Yo siempre he sido muy activa, no he parado nunca en casa, siempre estaba del trabajo por ahí con la gente y tal. Y llegaba a casa con las horas justas para dormir y poco más. Y claro, pues ahora a mí me queda mucho espacio y tiempo con el que no puedo compartir nada con nadie.*
T.: *Y esa soledad, ¿no la llevas bien?*
C.: *No, no la llevo nada bien. Me veo que no, que tengo ya una edad y no tengo a nadie, ni nada: pareja, gente, amigos, amigas. Si quiero ir a la playa, tengo que ir sola. Si quiero ir a tal sitio, tengo que ir sola. Y no estoy acostumbrada a eso… Otra cosa es que yo quiera ir sola y estar sola. Y otra es que yo siempre me vea sola y que no tenga la facilidad de poder estar con alguien. Y no la tengo, porque no tengo a mis amigos.*
T.: *Pero cuando te encuentras contigo misma en esa soledad, ¿qué es lo que ves?*
C.: *Me planteo muchas veces por qué he hecho mal las cosas y si lo hubiera hecho de otra manera. Sobre todo mis hijos, en parte; no sé, no sé. Tampoco lo pienso mucho, porque entonces me deprimo. Trato de evitarlo.*
T.: *Y con la pareja, ¿qué es lo que has hecho mal?*
C.: *Bueno, quizás equivocarme siempre de pareja. Supongo que por mi manera de ser, no lo sé. Supongo que, al querer ser tan abierta, en el sentido de no querer retener y ser tan libre y tan liberal, quizás tampoco eso ha permitido que alguien se quedara a mi lado. No sé, tal vez solo sea que yo no esté preparada para seguir envejeciendo; al menos no así. Quizás nunca he querido ser vieja. He querido vivir joven, es algo que desde muy temprano lo he dicho y lo he pensado. Quizás es eso, yo ya desde muy joven no quería llegar a vieja, sabía que no podría sufrirlo. No quería ser vieja.*
T.: *¿No querías llegar a ser vieja o querías permanecer siempre joven?*
C.: *No quería llegar a ser vieja. No quería envejecer. Entonces, si no quería envejecer, pues preferiría morirme antes.*
T.: *O sea que te hubiera gustado ser siempre joven.*
C.: *Claro, claro, pero eso es imposible. Ya lo pensaba de joven, que no quería llegar a ser vieja. Sí que lo pensaba desde muy jovencita.*

T.: *¿Y qué encontrabas en ser vieja para no querer llegar a serlo?*
C.: *Quizás no poder tener esa vitalidad, no estar guapa, no estar atractiva. Quizás esto ha sido muy importante para mí. Y ahora es así y lo veo así. He llegado a lo que no quería llegar. Pero ahora no tengo nada. Y este es el punto al que no quería llegar. Me falta algo y lo siento. Ahora todo se reduce a nada. Me encuentro como vacía.*

Este miedo se ha agravado ahora con las consecuencias de la operación del trasplante, a pesar de que, desde el punto de vista médico, ha sido un éxito total. Pero ella considera que la cicatriz la afea. En un momento dado de la entrevista comenta a este propósito.

C.: *El otro día salí con una amiga. Fuimos a cenar las dos solas y luego fuimos a tomarnos unas copas por ahí. Y había unos tíos que se nos acercaron. Pero estoy tan, como tan… a ver* (se coge la cabeza con ambas manos). *Después de la operación y todo esto, a mí el cuerpo no me ha quedado igual. Yo siento como… que no me gusta, que no me gusto por fuera.*
T.: *¿Por la cicatriz?*
C.: *¡Claro! Por la cicatriz, porque esto* (se sujeta la barriga) *se me ha quedado flojo, porque he estado mucho tiempo estirada en cama. Porque yo he estado diez meses con la barriga así en el hospital, llena de líquido. ¿Me entiendes? Que me lo tenían que sacar cada cuatro días. Y por eso, quieras que no, la piel se ha quedado más fofa, esto se me ve más fofo, la cicatriz afea… Claro, me siento diferente. Y está ahí* (señala su cabeza). *Está ahí y trato de decir «no, estás bien». Dentro de todo, después de todo lo que has pasado, pues, estoy muy bien ¿no? Pero…*

En la sesión, las pacientes coinciden en señalar su preferencia por relacionarse con personas más jóvenes que ellas. Carina comenta:

Carina: *Yo siempre he tenido amigas mucho más jóvenes que yo.*
Heidi: *Yo creo que no es la edad física, es la…*
C.: *La mentalidad. Me ha pasado siempre eso. Con las parejas, los chicos de los que me enamoro, igual. El problema es que, al no relacio-*

narme ahora con nadie, no tengo opción a volver a tener amigos, gente. A mí, desde que me ha pasado lo que me ha pasado (el trasplante de hígado), *me he visto mal, se ha cortado mi forma de vivir. Ha supuesto un cambio total.*
T.: *Pero al igual que has luchado por muchas cosas, has estado en muchos frentes, y tal vez ahora necesitas reconducir hacia otro lado, al campo del amor. Entonces, claro, tú has vivido siempre en plan de fogueo y a lo mejor el amor puede aparecer de otras maneras y puede ser que, si alguien te quiere, te quiere a ti, podrás…*
C.: *Vale. ¿Y cómo? Si no salgo, si no me muevo, si no voy a ningún sitio. Es muy difícil que yo pueda conocer a alguien. Ni siquiera tengo internet y además no sé cómo funciona eso de los encuentros por internet.*
Gloria: *A ver, es una forma de reinventarse, en el sentido de…*
C.: *Si yo me he reinventado muchas veces. Muchísimas veces, ¿vale? Porque, además, soy una persona que me he ido a trabajar aquí y allí, aquí y allí, y allí, y allí. Yo me he recorrido toda la costa trabajando. Yo he conocido gente en todas las partes donde he trabajado, he tenido amigas, he tenido amigos, mil historias en todos lados y llevo un montón de años haciéndolo. Y, claro, de golpe y porrazo me quedo sin esto, el trabajo, que es como yo me relacionaba con la gente, porque estaba de cara al público. Y me era fácil y cómodo, ¿vale? ¡Ahora no! No puedo acceder a ese tipo de trabajo. A ver, no voy a ningún sitio. Entonces, ¿cómo voy a poder relacionarme con gente?*

Aunque en el polo opuesto a Carolina, Carina también ha sufrido un corte radical en su proyección en el mundo social o relacional. Para Carina la enfermedad ha supuesto un punto de inflexión en la línea de continuidad de su existencia. Desprovista de su mundo de relaciones sexuales y amistades, se halla *atrapada* en la nada existente en el espacio en que se encuentra ahora, entre el mundo que fue y ya no es, y el mundo que necesita habitar, pero que todavía no existe, espacio actual del que intenta huir con la rabia, para no caer en el vacío de la depresión. En ese contexto se entiende que su demanda se oriente a encontrar los medios para alejarse cuanto antes del ambiente familiar donde se ha tenido que refugiar, pero en el que se siente oprimida.

C.: *Vengo aquí porque yo necesito ocupar tiempo, porque no tengo nada que hacer, no encuentro trabajo. No soporto estar en mi casa porque estoy con mi hermana. Porque mi problema, en mi casa, es mi hermana.*

En sus textos, resulta llamativa la reiteración, hasta doce veces, del concepto de «soledad». Para ella, la percepción de vacío proviene de una sensación de soledad. No hay nadie en su entorno, ni resulta factible que alguien vuelva a acercarse a ella o ella vuelva a encontrar a nadie. Y si alguien lo ha hecho, como su hermana Sara, es de forma hostil, rechazante e invalidante. Simplemente, no hay dónde estar, ni un sitio adónde ir. El presente y el futuro no son habitables y el pasado dejó de serlo definitivamente después de la cirrosis y del trasplante de hígado. El mito de la eterna juventud se ha esfumado definitivamente y no se encuentra a gusto ni con su cuerpo ni con su vida. Preferiría haberse quedado en el quirófano, como manifiesta en el siguiente diálogo:

TERAPEUTA: *¿Y tú a qué le tienes miedo, Carina?*
CARINA: *¡Buah! A muchas cosas. A envejecer, a la soledad, a no poder depender de mí misma. Antes de que pasara eso, preferiría morirme.*
T.: *¿A envejecer? Cuando dices envejecer, ¿a qué te refieres?*
C.: *Pues a envejecer, a estar sola como estoy ahora. Yo necesito a alguien y no lo tengo. Y echo de menos mis salidas, mis amigos. Echo de menos una vida que he tenido antes y ahora no tengo. Echo de menos el sexo, muchas cosas…*
T.: *¿Y esos amigos eran buenos amigos o eran para salir?*
C.: *No, eran amigos para salir, para pasarlo bien. Pero ahora no tengo ni esos, ni los otros… ni dinero para salir.*
T.: *O sea que cuando dices «envejecer» quieres decir «sola»: ver tus últimos días sola.*
C.: *Pues sí, porque yo siempre he tenido mucha gente a mí alrededor y no me da miedo la soledad. Está bien un ratito, pero no para siempre.*
HEIDI: *A mí me pasó también. Es muy difícil. Lo que se entiende por soledad, aprender a estar solos, no está mal. Porque estás contigo misma, porque estás bien, haces lo que quieres con total libertad. Lo malo es*

que cuando estás solo y no es por propia voluntad, viene la soledad. Yo entiendo a Carina en ese sentido porque lo he sufrido durante muchos años. Incluso estar acompañada y sentir la soledad igualmente. Yo tenía cincuenta mil amigos, yo salía. El fin de semana que no tenía el niño, yo desaparecía. Agarraba el coche, me iba, nos íbamos. Yo qué sé, hacíamos una vida social increíble. Para escribir cincuenta libros, ¿no? Pero fue caer enferma y ya no tengo amigos. Desapareció todo el mundo. Desaparece el mundo, no existe.

T.: *Es que no perdías amigos, es que no los tenías.*

C.: *Y no tienes amigos, no tienes familia y no tienes nada.*

T.: *No pierdes lo que no tienes. No perdiste nada, porque no tenías nada.*

El planeta relacional

Para otras personas el mundo es fundamentalmente relación tanto intra como extrafamiliar. Se alimentan de palabras, miradas y gestos; de roces, de abrazos, de ayudas; de confidencias, de contactos, de llamadas. Las redes sociales se han convertido en el mar por donde navegan noche y día.

Eco, la ninfa sin voz propia

Eco, de 46 años, llega a terapia de grupo con un diagnóstico de «depresión mayor recurrente», por el que ha obtenido un grado de invalidez total, que le da derecho a la percepción de una pensión. Tiene además un historial de tres ingresos de urgencia en hospital psiquiátrico, por otros tantos intentos de suicidio. Durante años ha estado hipermedicada con varios cócteles de psicofármacos, hasta doce pastillas distintas diarias, sin hallar mejora, sino más bien una acumulación de interminables efectos secundarios consecutivos.

Acude inicialmente al grupo con una clara actitud reticente, a causa de una mala experiencia en otra terapia grupal anterior, que define como «sectaria». La terapeuta del grupo la confrontó, etiquetándola de «misteriosa», por su inhibición en hablar o participar, ante lo cual Eco se levantó y abandonó la sesión. Su psicólogo individual la convenció para probar en otro grupo.

El mundo de Eco es un mundo de relaciones. Ella se constituye y se define por sus relaciones (nieta, hija, hermana, tía, prima, amiga, esposa, nuera, cuñada, secretaria, colega...). Por eso su depresión está relacionada, en términos existenciales, con la disolución progresiva del *Mitwelt* (el mundo de las relaciones con los demás). La muerte social equivale para ella a la muerte ontológica. De ahí los sucesivos intentos de suicidio. No basta con ir superando las distintas pérdidas con sus correspondientes duelos, sino que su existencia ya no tiene sentido ni futuro, una vez se ha extinguido el mundo en el que se proyectaba. Este mundo estaba formado por distintos submundos relacionales representados en la siguiente gráfica, que puede imaginarse como un sistema planetario compuesto por varios satélites que orbitan alrededor del planeta.

- Un primer submundo, que podemos denominar *familiar,* formado por la familia: padres, hermanos, abuelos, tíos, primos y sobrinos, a los que habrá que añadir más tarde suegros y cuñadas que se irán desgajando progresivamente del núcleo central a causa de muertes o alejamientos, hasta desaparecer casi por completo.
- El segundo, por el mundo *social* (vecindario, estamentos profesionales y comerciales) y *cultural* de su ciudad natal, una pequeña ciudad del Pirineo catalán, con un glorioso pasado histórico.
- El tercero, por el mundo *laboral,* particularmente importante en su juventud, hasta los 30 años, donde sufrió durante el primer año una situación de acoso sexual por parte de su jefe inmediato.
- El cuarto, por la *pareja* con quien se irá a vivir lejos de su ciudad natal, cuyo matrimonio terminará en divorcio.
- El quinto, por las *amistades,* algunas provenientes de la infancia o del colegio, otras iniciadas más tarde, ya en la vida laboral.

En el gráfico no solo se reproduce el sistema relacional de Eco, formado por los distintos submundos descritos hasta ahora, satélites que giran a su alrededor, sino también el orden cronológico en que cada uno de estos submundos o sus miembros van desapareciendo por muerte o pérdida, siendo la madre la primera, hasta dejarla sola con la sensación de *vacío* o aislamiento existencial, predominante en la actualidad, cuando se harán repetidamente presentes ideas e intentos fracasados de suicidio.

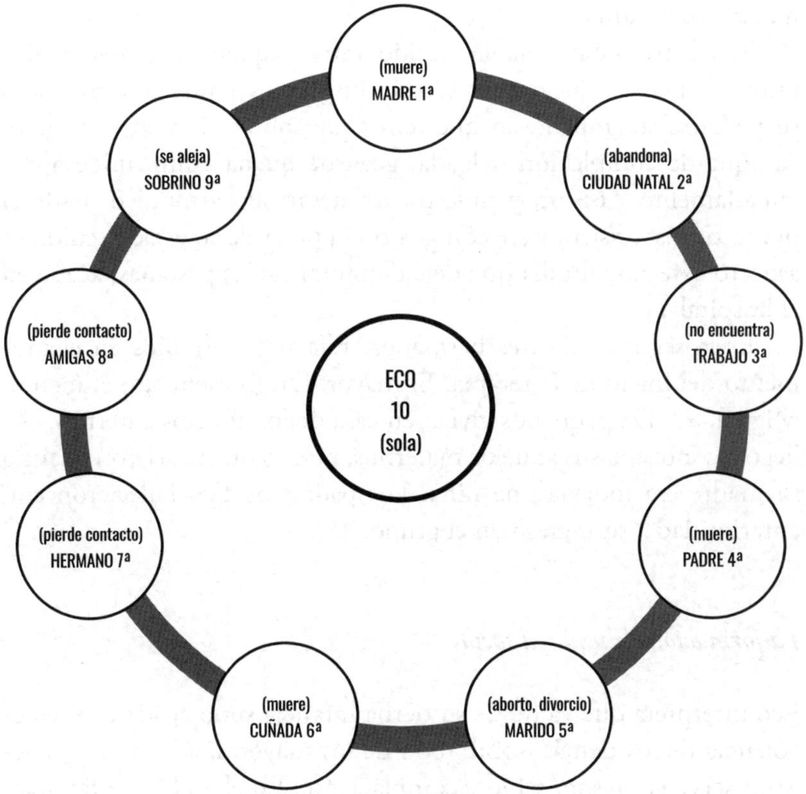

Gráfico: el mundo relacional de Eco

Eco pertenece a aquel grupo de personas que son «hijas de la vida»; personas que, como en el caso de Heidi, por las circunstancias que rodearon a su gestación, «no deberían haber nacido», ni siquiera haber sido concebidas y a las que, además, sus padres o familiares próximos ya se encargaron de comunicárselo oportuna o inoportunamente. Ella es «un aborto», nacida de rebote. Su madre quedó embarazada de ella cuando su hermano, de 6 meses, todavía estaba mamando. Nadie quería que naciera, excepto su madre, aunque al principio la vivió como una carga. Su abuela paterna le dijo claramente a su madre que «la niña tenía que morir, que cualquier día la encontrarían muerta en la cama».

Y, efectivamente, había nacido muy pequeña y estuvo casi a punto de perecer; luego contrajo el tifus y estuvo muy enferma; pero su pediatra se empeñó en que tenía que sobrevivir y lo consiguió. Aunque de complexión delgada, goza de buena salud, mide aproximadamente 1,66 m, y muestra un desarrollo armónico desde el punto de vista físico, viste con gusto y, a pesar de su estado, cuida su aspecto externo: «El día que dejé de pintarme las pestañas, acabé en el hospital».

Es la segunda de tres hermanos. Ella tiene 46 años en el momento del inicio de la terapia. El mayor, Diego, tiene 47; el menor, Miguel, 41. De pequeños vivían en casa de los abuelos paternos. No llegó a conocer a sus abuelos maternos, puesto que murieron cuando su madre era todavía una niña. Los padres de Eco fallecieron con anterioridad a su ingreso en el grupo.

La formación de una red social

Eco interpreta que ya desde su tierna infancia supo atraerse la benevolencia de los demás, sobre todo de los mayores, a causa de su actitud servicial, responsable y complaciente. En el ambiente familiar, sin embargo, su comportamiento era más bien retraído, puesto que notaba una actitud de rechazo en contraposición a sus hermanos, que eran preferidos por la abuela y los tíos, mientras que el padre mostraba preferencia por el mayor y la madre por el menor de los hermanos. Los padres estaban ocupados en su trabajo o en el cuidado de la casa o de los abuelos paternos, con quienes convivían. El abuelo paterno, en cambio, era mucho más cariñoso con ella, pero no tomaba iniciativas al margen de las decisiones de la abuela.

Con esa actitud de niña responsable se hizo cargo de su hermano menor, ya desde pequeño; le hacía compañía hasta que se dormía por las noches y se lo llevaba a jugar con sus amigas para que no se quedara solo en casa. Las relaciones con el hermano mayor, con el que se llevan solo quince meses, por el contrario, eran muy conflictivas: él le tenía unos celos descontrolados, había intentado ahogarla en la cuna, más adelante la acorralaba, la amenazaba, la había mordido, le había clavado un lápiz en la frente; ella se defendía a arañazos. La relación todavía empeoró más al contraer este matrimonio, a causa de la cuñada, que mantenía con ella una actitud claramente hostil, hasta el punto de no dejarle nunca tomar en sus brazos a la niña hija de ellos. Para Eco este hermano está muerto; no lo nombra casi nunca y evita hasta pronunciar su nombre. Si habla de su hermano lo hace en singular, refiriéndose siempre al pequeño, con quien tuvo esta relación maternal durante muchos años, al igual que más tarde con su sobrino, David, el hijo de este.

Los padres se ocuparon poco de ella, puesto que veían que se espabilaba sola. Sin embargo, ella se sentía desamparada y llegó a desarrollar terrores nocturnos como forma de expresar sus miedos, y aun ahora habla en voz alta por las noches y tiene pesadillas con frecuencia. Con el tiempo las relaciones con la madre mejoraron, llegando a convertirse en «amigas» confidentes. A medida que iba creciendo, el padre fue adquiriendo un papel cada vez más protector hacia ella. Siempre la aconsejó y la apoyó discretamente en todo. Algunos años antes de morir, preocupado por cómo iba evolucionando su matrimonio, mostró un interés especial por ella, llamándola casi cada día y reconociéndola como la más inteligente de los hermanos, razón por la cual no entendía que se dejara *comer* por su marido en una relación de dominio/sumisión, aunque murió creyendo que su matrimonio todavía tenía arreglo. A su muerte, Eco se sintió literalmente «desamparada».

Desde su perspectiva actual, el hecho de ser la hermana mediana a quien nadie hacía caso la hizo espabilar, sacar recursos para atraer la atención de los demás y convertirse en la reina de la fiesta en sociedad y en el trabajo. Eco construyó un imperio relacional con las amigas, ya en el colegio, los compañeros del trabajo, los vecinos, los profesores, la gente de la calle, hasta el punto que su madre le había dicho «a ti las amistades te matarán o te salvarán». Desarrolló el arte de hacerse necesaria para los demás, sustituyendo el mundo familiar por el social, dado que no podía confiar en el primero.

Una muestra de ello la constituye su posición en el trabajo. Ya de joven, con 18 años, entró a trabajar en un banco. Enseguida pasó a ocupar un puesto de secretaria de recursos humanos, lo que la situó en la encrucijada de todos los problemas del personal de la empresa, que la utilizaban como «paño de lágrimas», a causa de su gran capacidad de escucha empática. Los empleados del banco acudían a recursos humanos para hablar de sus problemas laborales, pero terminaban compartiendo con ella sus problemas personales, hasta el punto que, a pesar de su juventud, se veía actuando más de psicóloga que de secretaria. El difícil manejo de la empatía la llevaba a implicarse emocionalmente con sus colegas del banco, llegando a padecer problemas de insomnio y momentos de angustia a causa del impacto que las historias de sus compañeros causaban en ella. Después de ocho años de ocupar este cargo, tuvo que pedir el traslado por indicación médica, pues entraba en colapso.

El mundo de las amistades

En ese contexto, donde era casi la única chica que ocupaba un cargo de relevancia social en los servicios centrales del banco, fue tejiendo una red de contactos sociales y de amistad, particularmente con las chicas que se iban incorporando al trabajo. Esta red ha perdurado en el tiempo y ha llegado hasta el momento actual de su vida, 28 años más tarde, formando una piña, el grupo de «las cinco». Algunas de estas amigas, particularmente una de ellas, ha ejercido sobre Eco un papel protector, salvándola en los momentos más críticos de su vida, hasta el punto que muchos creían que eran hermanas, cumpliendo así la profecía de su madre de que las amistades (no la familia) la salvarían.

T.: *En tu caso hay muchas relaciones cruzadas y estás muy pendiente de lo que pasa en estas relaciones…*
E.: *Porque me afectan mucho y no quisiera que me pasase esto. Este es el problema*
T.: *La pregunta es: ¿qué hay en esto que te afecta tanto? O sea, qué es lo que está en juego, por qué significan tanto estas relaciones.*
E.: *Imagino que es porque no tengo familia, ¿no?* (se emociona). *Con mi amiga María hemos crecido juntas como hermanas. Cuando estaba medio muerta, ella y su marido me rescataron y me llevaron al hospital. Y mi amiga Begoña me vio tan fatal que vino para estar tres días conmigo.*
T.: *De alguna manera han venido a suplir la familia. Pero está claro que no tienen el tipo de vínculo que tendría la familia.*
E.: *Que una amiga te vea mal y se desplace expresamente para cuidarte, para mí es mi familia.*

Entre las habilidades para tejer y mantener la red social están las estrategias de llamar a los demás, interesarse por ellos, alegrarse por sus progresos, hacer favores, mediar entre ellos, crear ocasiones de encuentro, colaborar en la organización de eventos festivos, etc. Y, sobre todo, una total disponibilidad para los demás.

E.: *Estar allá siempre, y si has de hacer esto, pues se hace. Y los demás pasando siempre por delante de ti y tú dando la cara por ellos, para solucionar sus problemas, relegando los tuyos. Tapaba los míos con los de los demás. Porque, para mí, todo se está convirtiendo realmente en un problema. Para mis amigas todavía soy eso. Me dicen que soy el Google de su vida.*

La formación de la pareja

En la trayectoria del recorrido vital de Eco, cumple un papel muy importante, entre otros, la constitución y el fracaso de su matrimonio, por los cambios que implicó en su vida. Lo dejó todo: familia, amistades, ciudad natal, ambiente social y trabajo para trasladarse a vivir a Barcelona con quien había de convertirse en su esposo, dado que él tenía en la ciudad grandes oportunidades de progresar profesionalmente, mientras que ella no. Recordando los inicios de esta relación, Eco cuenta cómo se conocieron:

> *Hará veinte años que lo conocí, en marzo, en la boda de una amiga. Era una época en la que yo vivía con mi padre. Estaba feliz, me sentía libre, alegre: tenía chicos que me iban detrás, pero yo pasaba de todo. En la boda fui como la* vedette. *No sé por qué había una atracción tan increíble hacia mí por parte de la gente joven que había en la fiesta. Sin hacer nada, me convertí en la reina del mambo. Ya el día anterior fuimos a cenar todos los invitados a la boda entre los que estaba él. Yo no hice nada especial, me limité a pasármelo bien y hablando con él le dije dónde trabajaba. El día siguiente a la boda se dedicó a buscarme. No sabía mis apellidos, pero recordó el nombre del banco donde trabajaba y me localizó por teléfono. Yo no estaba enamorada, sino más bien deslumbrada: me llevaba en bandeja, ramos de flores, detalles. Se enteró por una compañera de la fecha de mi cumpleaños y se presentó por la tarde en la granja donde lo celebraba con mis amigas, con un ramo enorme de rosas rojas. Me regaló aquel mismo día unos pendientes de oro con una perla. Nunca nadie antes me había tratado con tanta atención. De esta manera me fue conquistando.*

Después de un tiempo de tira y afloja, que duró unos dos años, en los que se encontraban los fines de semana, ella decidió dejar su familia, su trabajo, sus amistades y su ciudad natal para casarse y mudarse con él a Barcelona. Ahora se plantea si realmente estaba enamorada cuando accedió a casarse o si, más bien, se dejó seducir, porque ella antes se sentía libre, «iba a su bola», no era una persona que se planteara la pareja como una opción. Había tenido rollos, pero con chicos de fuera de su ciudad natal; nadie se había enterado. No quería compromisos. De él le gustó, además de su atractivo físico (era alto, de 1,90 m, rubio, ojos verdes y fuerte, «un armario»), aunque no era su tipo, que fuera, o al menos se mostrara con ella, cariñoso y detallista.

Crisis y separación de la pareja

Las muestras de cariño o afecto se fueron diluyendo progresivamente ya desde recién casados. Incluso él se fue descuidando físicamente. Los detalles en forma de regalos o sorpresas duraron más tiempo. Hacia el quinto año de matrimonio, la pareja se planteó tener un hijo. Según el ginecólogo, Eco podía tener dificultades para quedar embarazada a causa de una endometriosis, pero no imposibilitada, puesto que sus trompas no estaban afectadas. En efecto, no tuvo problema en quedar rápidamente embarazada al poco tiempo, aunque el proceso se vio interrumpido a los dos meses y medio a causa de un aborto espontáneo. Esta pérdida fue vivida como la muerte de un recién nacido, llegando a desarrollar una depresión posparto y a ser ingresada en el hospital, del que explica que hasta el celador se dio cuenta de lo derrotada que estaba e intentaba animarla haciéndola correr con el carrito por los pasillos del hospital.

> E.: *Hasta aquel momento estábamos bien y a mí me hacía ilusión tener un hijo. Pero ahí empezó a torcerse la cosa. A partir de esta experiencia comencé a cogerle pánico a las relaciones sexuales, a volver a quedarme embarazada, por miedo a perderlo, a volver a pasar por todo esto, otra vez. Me alejaba y me mostraba cada vez más reacia a todo contacto sexual, cosa que él me recriminaba con frecuencia. Pero el problema que tenía conmigo es que él continuaba viéndome monísima, guapísima, pero yo ponía el freno, yo no quería acostarme con él. Esta era mi forma de castigarlo. Como yo me sentía anulada, esta era la forma que tenía de defenderme o de rechazarlo. Pero es que tampoco me apetecía. Si estás mal con una persona, ¿qué quieres que te diga? Al menos a mí no me apetecía irme a la cama con él.*

Sea por esta u otras razones, él se fue relacionando con otras mujeres. Tenía otra, una compañera de trabajo. Eco lo descubrió, al cabo de diez años de matrimonio, porque él se dejó un mensaje abierto en el teléfono. Descubrir la infidelidad fue el motivo de la ruptura: «lo eché de mi habitación y después de casa (me quedé en la casa, no volví a mi ciudad natal), pero continué dependiendo emocionalmente de él». Ella continuaba queriéndolo, era como si estuviera obsesionada, pues no se merecía que lo quisiera y se quedó descolocada. Durante dos años intentaron volver, pero finalmente el día del cumpleaños de Eco, él le pidió el divorcio.

> E.: *Necesitaba comprender, pero él no me dio ninguna explicación. Tampoco lo ha explicado a nadie. Yo estoy enganchada a querer comprender. Todo esto me hizo sentir muy pequeña y no sabía cómo enfrentarme al mundo. Estaba muy desorientada, no sabía por dónde tirar. En aquel momento todavía vivía mi padre, pero duró bien poco: murió el 14 de marzo. Mi ex me pidió el divorcio dos meses más tarde. Y a primeros de agosto murió mi cuñada* (la esposa del hermano pequeño), *la madre de mi sobrino.*
>
> *Y cuando mi marido, a finales de año, se fue definitivamente de casa, yo ya caí en picado. El médico que me visitó me dijo: «si no encontramos a alguien que te cuide, tendré que ingresarte». Porque yo ya no valía para nada. Necesitaba a alguien que me cuidara, Sí, sí, totalmente. Yo era incapaz, no sabía qué tenía, qué me pasaba. No tiraba. No podía hacerme cargo de nada. Tomé conciencia de que no valía para nada. De que no servía para nada. Que era una mierda. Y además, su madre, mi suegra, la forma en que me trató… Pues acabó de darme el puntillazo. Entonces mi hermano me dijo «ven a mi casa, que yo te cuidaré». Y en quince días me repuse muchísimo, me recuperé también gracias a mi sobrino, que tenía 12 años por aquel entonces. Yo todavía alucino de lo que llegó a hacer por mí.*

A quien Dios no da hijos… David, el sobrino ahijado.

Otra relación de gran significación en la vida de Eco es, precisamente, la de su sobrino, David. Este vínculo se establece ya desde el momento de su concepción. Su madre, Mónica, quedó embarazada muy joven, a los 19 años, de Miguel, el hermano pequeño de Eco, que solo tenía 20. De inmediato, Eco, que en ese entonces tenía 25 años, se vio implicada en este proceso. La primera cuestión que les planteó a su hermano y su futura cuñada es si deseaban al hijo o no. La respuesta está en el nombre que le pusieron al niño: David, «el deseado». A partir de ahí se hizo cargo de todo, desde apoyar a su hermano y cuñada, a quien incluso acompañaba a las pruebas médicas, a hacer las ecografías y a comprar vestidos de embarazada o ropita para la cuna, hasta mediar en la comunicación con los padres, asistirla en el parto, ayudarla en la crianza. «Yo no podría querer más a un hijo mío que lo que he querido a mi sobrino David».

Más adelante le hizo de madre hasta el punto de que mucha gente se pensaba que lo era, en lugar de su tía. Cuando esto sucedía, él no lo desmentía; pero tampoco lo confirmaba. Esta suplencia se hizo mucho más activa después de que Mónica, la madre de David, con una larga historia de drogodependencia, marchara de casa dejando a David con 6 años. Y todavía se hizo más presente desde que murió, después de ingerir la dosis de pastillas que estaba tomando en una comida en la que había bebido alcohol. Con anterioridad, Mónica había intentado el suicidio tirándose por el balcón, si bien la caída fue amortiguada por el capó de un coche y no llegó a matarse, aunque quedó muy destrozada. En aquella ocasión había hecho explícita su intención de suicidarse, dejando escritas cartas a su hijo, a su esposo Miguel y a su familia.

Este sobrino tenía una relación muy afectiva con su tía, hasta el punto que Eco acudía muchas veces a visitarlo de sorpresa, para poder sentir la alegría y el afecto del chico al lanzarse a su cuello y abrazarla. Sin embargo, esta relación tan afectuosa y satisfactoria para Eco se ha ido diluyendo durante los dos últimos años, desde que David, cumplidos los 18, ingresó en la universidad —y últimamente se ha ido a Finlandia para hacer un Erasmus—. Ya no la llama ni se lanza afectuoso en sus brazos, ya no la lleva con su grupo de amigos ni la incluye en su página de Facebook. Se ha esfumado, tal vez porque su tía, al intentar suicidarse repetidamente, le ha fallado igual que su madre; ha dejado de ser un punto fuerte en el que apoyarse. Y, como le dijo David a propósito de la muerte de su madre, «es inútil darle vueltas, ya no se puede hacer nada».

Ocaso y disolución de un mundo

La historia de Eco es la de la construcción de un castillo de naipes que se monta con paciencia, pero que luego se desploma inexorablemente en un instante con un soplo. O la de una telaraña que se teje con cuidado, pero que se destruye de un escobazo. El mundo relacional descrito en la gráfica inicial ya incluye el orden en que, sucesivamente, van apagándose los satélites que reflejaban su luz a causa de muertes, abandonos, pérdidas, separaciones, alejamientos. La familia se desintegra, las amistades se difuminan, el matrimonio se disuelve, el sobrino desaparece; tras largos años de ausencia, los vínculos de pertenencia con su lugar de origen se han roto y ya no hay modo de recomponerlos. Poco a poco se va haciendo un vacío a su alrededor, ha perdido su lugar en el mundo. Es una historia de duelos acumulados con los que llega a terapia, después de tres intentos de suicidio. En el siguiente diálogo Eco da cuenta de este proceso:

> T.: *Tú eres como un eco en quien encuentran resonancia todas las voces de los demás, pero tú careces de voz propia… Eco era la ninfa que se enamoró de Narciso, pero que se quedó sin voz propia. Solo podía repetir lo que decían los otros. Cuando a ti te preguntan «¿Qué tal? ¿Cómo va?» y respondes «Va…», es una invitación a que hablen los demás, relegándote a ti misma al papel de eco de sus discursos.*
> E.: *Llega un momento en que ya no sabes qué decir. A veces me da miedo explicar lo mío. A mí nadie me ha preguntado por qué me ha pasado lo que me ha pasado.*
> T.: *Nosotros querríamos preguntártelo. ¿Cómo llegaste a este punto?*
> E.: *Porque tenía la sensación de que no tenía nada. No tenía nada por lo que luchar, no sabía encontrar un camino, no sabía qué estaba haciendo aquí, si realmente quería hacer algo, llegar a alguna parte. Estaba cansada. Una acumulación de muchos años y de muchas cosas.*
> T.: *Una acumulación y una consecuencia de muchas cosas.*

Los intentos de suicidio

En ese contexto existencial se comprende el surgimiento de la depresión y el planteamiento del suicidio. La depresión responde al hundimiento de un mundo. Cuando el suelo se hunde bajo tus pies, no puedes ya sostenerte y te caes. Las fuerzas te abandonan, porque solo pueden ejercitarse con el apoyo de un centro de gravedad. Sin él, todo se vuelve etéreo y huidizo, nada tiene peso ni sustancia.

El mundo de Eco es un mundo de relaciones. Eco existe en el *pour autrui* (en la relación con el otro). Cuando ese otro desaparece, deja de existir y si deja de existir, ya se puede morir. El suicidio aparece como una consecuencia lógica.

Los intentos de suicidio se perpetraron en tres ocasiones. En el primero, dos años antes del inicio de la terapia, estuvo 35 días ingresada en un hospital psiquiátrico. Esa época la recuerda como muy negativa, pues no la iba a visitar nadie, ni siquiera sus hermanos o su sobrino David, a quien tanto había cuidado. La dejaron tirada y le dijeron que si estaba en el hospital era porque ella lo había querido así. Al salir fue a vivir con una tía suya en un pueblo de la costa, pero cuando volvió a su casa recayó de inmediato y la ingresaron otra vez en el psiquiátrico.

El tercer y último ingreso lo sufrió siete meses antes de iniciar el grupo de terapia. Cuando salió del hospital esta última vez se prometió a sí misma que no la volverían a ingresar nunca más, pues lo había pasado muy mal. Fue una experiencia muy dura.

> E.: *Llegó un punto en el que yo ya no quería vivir. Mi vida ya no tenía sentido. Yo perdí el norte totalmente, el sentido del amor, de todo. O sea, sentía en mi interior que ni yo misma tenía sentimientos ni los demás los tenían hacia mí. Pero tampoco me sentía capaz de tener sentimientos. Estaba como muerta por dentro. Nada me importaba. A veces me doy miedo. Estaba bloqueada, no podía ni llorar. Ahora lloro, reacciono a las cosas llorando, pero en aquel entonces no podía. Era el fruto de muchas cosas, de muchos años atrás. No me quejaba de haber dado mucho, sino de que no viniera nadie a verme. ¿Por qué no vienen?*

> *¿Por qué no están aquí conmigo? Para llegar a la conclusión: «esto es porque no me quieren». No que yo había querido mucho y que había dado mucho. Esto no lo pensaba, sino que no me quería nadie.*
> T.: *Y en los momentos en que tú sentías que necesitabas que alguien estuviera a tu lado o simplemente te apoyara y no lo hicieron, ¿qué sentías?*
> E.: *Pena. Pena hacia mí misma. Rabia. No, pena. Sencillamente, la lectura de que tú estás implorando desesperadamente y no sepan darte un abrazo. Esto no puedo entenderlo. Yo si veo a alguien llorando desesperadamente no puedo dejar de acogerlo y abrazarlo, aunque no sepa o no quiera decir lo que le pasa. Pero esa persona necesita un consuelo, necesita a alguien a su lado, a alguien que le dé la mano, que la abrace, que sepa que no está sola. Entonces yo lo único que pido es que alguien me quiera por lo que soy, no por lo que hago.*
> T.: *Tú lo que necesitas es que la gente te quiera por lo que eres, no por lo que haces. Pero en el momento en que detectas que nadie te quiere por lo que eres, en aquel momento…*
> E.: *Pasan estas cosas* (los intentos de suicidio). *Más claro…*
> T.: *Ya, por tanto, quiere decir que hay un punto en que necesitas a los demás.*
> E.: *Evidentemente, necesito a los demás. Por eso tengo amistades y siempre las he necesitado.*
> T.: *Eso es. Entonces, ¿crees que podríamos empezar a intentar entender todo esto?*
> E.: *Deberíamos, porque si no, me moriré y nada habrá tenido sentido.*

Si ahora Eco viene a terapia es porque después del tercer intento tocó fondo: nadie acudió en su auxilio. Entendió que estaba sola y que tenía que hacerse cargo de su vida.

Eco vivió los intentos de suicidio (siempre con pastillas) como un dormir, sentía paz, y creía haber encontrado la energía de sus muertos. «La muerte es como si te pusieras a dormir, por eso no te preocupa. Cuando uno intenta suicidarse solo piensa en uno mismo, no en los demás».

Eco teje una red de relaciones sociales en las que se expande y refleja, hasta que se van apagando, uno tras otro, cada uno de los satélites a los que iluminaba. Con su reflejo, ellos confirmaban su luz. Por eso es tan importante tener dónde reflejarse. Si no tengo alguien a quien querer, mi vida carece de sentido. El siguiente texto lo confirma claramente, incluso en el nivel de la recuperación. Ya en el último periodo de su terapia, Eco ha establecido una relación amorosa con un hombre casado, propietario de una cadena de supermercados, lo que le hace de nuevo consciente de su capacidad de iluminar, o más bien de «deslumbrar» con su luz, que ve reflejada en el deseo sexual del otro:

> E.: *Bueno, todo esto me da vidilla. Y yo me siento bien, me siento como una reina. Es muy importante para mí en estos momentos sentirme así, ¿no? O sea, como la mejor del mundo. Y aprovechar estos momentos y ya está. Que luego no puede ser, pues otro duelo y volveremos a empezar.*

El proceso terapéutico proporciona a Eco la oportunidad de aprender del gran error de su vida, que en sus propias palabras es el de haberlo dado todo, haber confiado demasiado, haber puesto su vida en manos del otro. Pero no se trata solo de no volver a hacerlo, sino de aprender que esta «gran capacidad de amor o donación», en el fondo, no era otra cosa más que un intento de ver reverberar sus propios rayos de luz en la mirada, en la sonrisa, en la acogida, en el abrazo o en el deseo del otro. «Me ven, me llaman, me tienen en cuenta, me visitan en el hospital, me desean, me necesitan; me añaden en sus contactos de Facebook». El día en que no le llega su propio reflejo se queda sin luz, oscurece y languidece, como Eco, hasta morir.

¿Hay alguien por ahí?

La primera cosa que hacemos al entrar en un espacio habitable, aparentemente vacío, es gritar en voz alta, como Narciso: «¿hay alguien por ahí?». La falta de respuesta o solo el eco de nuestra propia voz indican la ausencia de una presencia esperada o esperable. Si en alguna situación se percibe de manera inmediata el vacío, es en la ausencia de una presencia anticipada. Está vacío porque no hay *nada (res nata)*, es decir ningún *(ni-un)* ser nacido, o nadie que responda a mi presencia. En consecuencia, estoy totalmente solo, des-con-*sol*ado, como el pastor nómada en el desierto al que se le han ido muriendo las cabras y los camellos por el camino, en busca de un pozo de agua en el que beber.

La percepción de soledad precede a la muerte en un desierto carente de vida. Por eso las *personas* (una de las raíces etimológicas probables de la palabra hace referencia a la máscara teatral de los romanos «per-*sonans*», que re*suena*) buscan afanosamente el intercambio o la relación con otras personas, porque en este espacio relacional ex-sisten, proyectan su voz y se proyectan a sí mismos, en busca de una resonancia o un eco de la misma. Ya sea comunicándose entre ellas, ya sea asumiendo el cuidado de los más pequeños o necesitados, ya sea colaborando en empresas comunes, ya sea compartiendo las aficiones, ya sea intimando sexualmente, ya sea compitiendo deportivamente o combatiéndose agresivamente, ya sea colaborando en proyectos públicos o conviviendo en los espacios domésticos, se hacen conscientes de su presencia para sí mismos y para los demás. El vacío relacional supone la muerte social.

7. Psicogénesis de la depresión

La mayoría de los manuales de psiquiatría y psicopatología al uso, empezando por el DSM-5 —considerado la «madre de todas las batallas» que se libran en este campo— recoge, bajo el epígrafe general de depresión, todo un batiburrillo de fenómenos físicos y psíquicos que se ven obligados a cobijarse bajo su manto protector, entre ellos:

> El trastorno de desregulación disruptiva del estado de ánimo, el trastorno de depresión mayor, el trastorno depresivo persistente, el trastorno disfórico premenstrual, el trastorno depresivo inducido por una sustancia/medicamento, el trastorno depresivo debido a otra afección médica, otro trastorno depresivo especificado y otro trastorno depresivo no especificado.

Para empezar, el manual define la depresión con una tautología cuando señala como primer criterio: «un estado de ánimo *deprimido* la mayor parte del día, casi todos los días, según se desprende de la información subjetiva (por ejemplo, se siente triste, vacío, sin esperanza) o de la observación por parte de otras personas (por ejemplo, se le ve lloroso)». Y luego añade una serie de manifestaciones más o menos inconexas, relativas a síntomas neurovegetativos y a comportamientos diversos. Es decir, alguien padece una depresión «cuando está deprimido». Naturalmente, esta definición vaga y esta concepción ómnibus, «paraguas» o, dicho vulgarmente «cajón de sastre», inducen a una confusión respecto a su naturaleza, sus causas y su tratamiento.

Respecto a su naturaleza «bio-psico-social», la mayoría de manuales al uso, como el MSD (2024), insisten en sus componentes bioquímicos o fisiológicos como

> cambios en las concentraciones de los neurotransmisores, que incluyen la regulación anormal de la neurotransmisión colinérgica, catecolaminérgica (noradrenérgica o dopaminérgica), glutamatérgica y serotoninérgica. La desregulación neuroendocrina puede ser un factor, y se destacan tres ejes en particular: hipotálamo-hipófisis-suprarrenal, hipotálamo-hipófisis-tiroides e hipotálamo-hipófisis-hormona de crecimiento.

Con relación a sus causas, atribuyen nada menos que un 50% a la genética, sin especificar mucho más; se dice que pueden influir también factores ambientales y que afecta más a «las mujeres que tienen un riesgo más alto, aunque no hay ninguna teoría que explique por qué». Los síntomas o trastornos depresivos, añade,

> pueden aparecer igualmente en varios trastornos médicos generales, que incluyen los trastornos tiroideos y suprarrenales, los tumores encefálicos benignos y malignos, el accidente cerebrovascular, el sida, la enfermedad de Parkinson y la esclerosis múltiple. Algunos fármacos, además, como los corticosteroides, algunos beta-bloqueantes, el interferón, la reserpina, también pueden producir trastornos depresivos. El abuso de algunas sustancias y drogas como el alcohol o las anfetaminas puede provocar también depresión.

Finalmente, respecto a su tratamiento, es de esperar que continúe, en consecuencia, el mismo eclecticismo fundacional: «En el tratamiento se utilizan fármacos, psicoterapia o ambos y, en ocasiones, terapia electroconvulsiva o estimulación magnética transcraneal rápida (REMT), la luminoterapia y la estimulación del nervio vago».

La razón de esta amalgama incoherente de definiciones, síntomas y tratamientos parece poder atribuirse a la ambigüedad conceptual del paradigma bio-psico-social del que parte, en el que por *bio* se entiende *biológico,* cuando desde un paradigma psicológico debería entenderse como *biográfico.* Como dice Frances (en Ortiz, 2015) el modelo de la psiquiatría solía ser bio-psico-social, intentando mirar al paciente de una manera global y entender los problemas en el contexto más amplio posible. El modelo de la psiquiatría ahora se ha vuelto mucho más bio-bio-bio, con menos tiempo e interés por los factores psicológicos o sociales que están involucrados en la causa del problema.

Esta confusión, aunque implícita, produce el efecto curioso, tal vez único en el mundo profesional, por el que diversos profesionales actúan sobre un mismo síntoma desde paradigmas independientes, sin ningún esfuerzo previo de integración. En consecuencia, se produce una especie de competición entre ellos para ver cuál es más eficaz en su tratamiento, o bien se aplican de modo paralelo sin que se unifique un criterio sobre coordinación, cuando la cuestión debería ser cuál es más apropiado según la naturaleza del problema y en qué medida. El siguiente diálogo entre pacientes de un grupo de terapia, como otros muchos que podríamos aducir, pone de manifiesto el desconcierto que produce en ellos el manejo de esta situación:

> MARI CARMEN: *¿Entonces, tomabas medicación?*
> GEMMA: *Empezaba. No, no, no había empezado. Empecé un poco después. Es que yo antes de la medicación, probé muchas cosas: hice un taller de pintura, probé mil cosas, piano, yo tengo un curso de piano. Cualquier cosa que a mí me libere de esta angustia que tengo, de esta historia de no saber qué.*
> M.C.: *¿Pero ahora, tomas medicaciones?*
> G.: *Sí, ¡tomo más que nunca!*
> M.C.: *¿Y tú quieres salir del pozo?*
> G.: *¡Claro, pues por eso vengo! Si lo que quiero es dejar la medicación.*
> M.C.: *Eso, yo creo, es lo que nos pasa a todos, ¿no? Pues, quizá la medicación no te deja ver las cosas tan claras, te bloquea más la mente. Yo, por ejemplo, te voy a decir lo que llegué a hacer. A mí me recetaron una medicación en cápsulas y, como se pueden abrir, yo quité un poco de polvo a cada una de ellas. Por lo menos a mí me funcionó. No significa que a ti te vaya a funcionar, cada organismo reacciona distinto.*

G.: *Tranquila, yo también he hecho algo.*

M.C.: *Bueno, yo soy sincera, yo soy muy transparente. A un médico no lo puedes engañar. Más cuando se trata de una medicación así.*

T.: *Sí, sí, claro.*

M.C.: *Entonces llegó un momento que me tenía tan bloqueada que no veía más allá. Ahora he dejado la medicación y gracias a la terapia a la que estoy viniendo, también... Si tú quieres salir de todo esto, como me pasa a mí... Yo creo que un principio muy bueno es empezar con no obsesionarte con la medicación. Que te va a ayudar la medicación, sí que te va a ayudar; pero tú misma tienes que...*

G.: *No, esto lo tengo hablado con la doctora. Lo que no puedes hacer es cargarte la medicación y dejarlo de un día para el otro.*

M.C.: *Bueno, es que de un día para el otro no, ¡no!*

G.: *Pero yo lo he hecho, antes de estar embarazada: ya no tomo más medicación, porque yo estoy igual, para estar mal, estoy mal sin medicación, y dejarlo de golpe. ¿Qué me ha pasado? Que a los dos días estaba así, con temblor de manos.*

M.C.: *Claro, es que ha dejado de golpe, es que no se puede.*

G.: *Claro, yo se lo he contado a la doctora y me dice «¡a quién se le ocurre!». Y yo sí que lo necesito, porque cuando algún día me olvido de alguna pastilla, porque a veces sucede, se te pasa tomarla, ando toda rara. Y, al final, es que no me la he tomado, entonces, ¿ves? Pero cuando me quedé embarazada la cosa fue obligada, bajar todo al mínimo.*

En el diálogo aparece la dificultad de integrar los dos tratamientos, el farmacológico y el psicoterapéutico. El mensaje es: «he dejado la medicación y gracias a la terapia que estoy viniendo...»; la medicación no te va a curar, «sí que te va a ayudar, pero tú misma...». Entonces, la cuestión es: ¿cuál es el papel de cada una? ¿Se trata de funciones complementarias? Y si este es el caso, ¿quién complementa a quién, cómo y cuándo? ¿Es el fármaco la sustancia agente que elimina *la enfermedad* o es un paliativo del *malestar*? Pero, al adormecer el malestar, ¿no se corre el riesgo de privar de su fuerza transformadora al dolor? O, por el contrario, ¿es la terapia un simple recurso de apoyo psicosocial o un instrumento de naturaleza psicoeducativa, que puede ser útil mientras la medicación se toma su tiempo para ir restituyendo las afecciones de los neurotransmisores? Una solución de compromiso a estos dilemas puede resumirse en la propuesta de Echeburúa *et al.* (2010): «Los fármacos pueden actuar sobre la reducción de síntomas; los tratamientos psicológicos, sobre el aumento de competencias». Pero la pregunta que queda en el aire sin responder es: la semántica del síntoma, cuando exista, ¿quién la trata?

Para evitar el efecto de enmascaramiento, causado por esta propuesta de complementariedad de ambos tratamientos, predominante en el ámbito de la atención pública —donde se predica, pero mayormente no se practica—, conviene subrayar la especificidad de cada uno de ellos y no perder de vista los efectos adormecedores de la medicación. Estos efectos se ponen de manifiesto, por ejemplo, en la baja presencia de las terapias psicológicas en el ámbito público, así como la cronicidad en que derivan muchos de los casos donde se medica «para toda la vida», así como en el aumento constante de prescripción farmacológica. Por ejemplo, un informe de los Centros de Salud Mental Infanto Juvenil de Cataluña, elaborado sobre datos comprendidos en el periodo 2018-2023, constata que en cinco años se ha duplicado el número de menores que consumen antidepresivos hasta llegar a los 8 241 y la prescripción de ansiolíticos en estos pacientes ha aumentado un 60,5% (Altimira y Bellver, 2024).

El hecho de que desde la atención primaria se atienda en primera instancia estos problemas contribuye sin duda a una situación de hipermedicalización en la que pacientes apenas conocidos son atendidos durante siete minutos, y salen con un diagnóstico y una receta, cuando, como dice Frances (en Ortiz, 2015): «la mayoría mejorarían solos, con placebo, con tiempo, con resiliencia, apoyo, reducción del estrés». A este propósito, Laporte (2024) añade:

> Los psicofármacos ya no se usan para tratar enfermedades, se usan para tratar el malestar. [...] La industria quiere vender y la medicalización de los sufrimientos en la infancia y la adolescencia es un drama.

Naturalmente, esta inclusión de la infancia y la adolescencia en el tratamiento farmacológico de los «trastornos mentales» no es más que una extensión del mismo al que se somete indiscriminadamente a la población adulta. Esto sin tomar en cuenta la cuestión de la eficacia en un campo donde se señala hasta un 68% de efecto placebo (Rief *et al.*, 2009), ni la contraparte de los numerosos efectos secundarios, como reconoce Frances (en Ortiz, 2015) cuando comenta, a este propósito, que la respuesta depresiva es propia de la condición humana:

> Preocuparse y sentirse triste en tiempos tristes es normal, eso no es un trastorno mental. Pero la tendencia es redefinirlo como trastorno mental en el individuo, más que verlo como un problema de la sociedad, medicar al individuo y darle fármacos. Pero, de hecho, la tasa de respuesta al placebo de este tipo de reacción al estrés social es de más del 50%, casi tanta como la tasa de respuesta a la medicación. La medicación no suele ayudar, pero cuando el paciente se siente mejor con el paso del tiempo, después de haber visto al médico en el peor día de su vida, va a atribuir la mejoría a la medicación y a menudo se quedará con ella durante periodos muy largos de tiempo, cuando tal vez no está ayudando y puede tener efectos secundarios y complicaciones.

Con buen criterio, aunque sin salirse del paradigma ortodoxo, otros, como Parker (2000), a fin de realizar un mejor ajuste de los tratamientos, proponen un modelo jerárquico que establecería en el *continuum* de los trastornos depresivos tres subtipos de depresión: la depresión no melancólica, la depresión melancólica y la depresión psicótica. En estos subtipos se podría establecer una especie de proporción inversa entre gravedad y elección preferente de un tipo de intervención farmacológica o psicoterapéutica. De esta forma, se aceptaría un paradigma mixto, dimensional y parcialmente categórico, en que se diferenciarían las depresiones psicóticas y las melancólicas de las depresiones no melancólicas.

En una línea semejante, entre otros muchos autores, se manifiesta Enrique Rojas (2006), quien, asumiendo la distinción tradicional entre depresiones endógenas y las exógenas, otorga un papel claramente diferenciado a las intervenciones farmacológicas y las psicoterapéuticas, respectivamente.

Ante este caos, algunos autores, con Thomas Szasz (1968, 2007a, 2007b) a la cabeza, ya desde la década de 1960, se han mostrado críticos con la concepción de la psiquiatría «ómnibus». Escribe Szasz:

> Es corriente definir la psiquiatría como una especialidad médica dedicada al estudio, diagnóstico y tratamiento de las enfermedades mentales. Esta definición es inútil y engañosa. La enfermedad mental es un mito. Los psiquiatras no se ocupan de las enfermedades mentales y de su terapia. En la práctica enfrentan problemas vitales de orden social, ético y personal.

Cuestionamientos semejantes pueden encontrarse en las obras no solo de la antipsiquiatría de la época como en Laing (1960, 1982), Cooper (1967) y Basaglia (1968), sino en autores más recientes como Bentall (2009), Blech (2005), González y Pérez (2007), Dunker (2021), Marinoff (1999, 2003), Ugazio (2012), Neuburger (2022). Destacamos también la obra de Frances (2014), por provenir de uno de los redactores de las series del DSM, del que fue redactor en jefe en su cuarta versión:

> He estado trabajando con miles de expertos desde 1978, cuando empezamos a preparar el DSM-III... Todos ellos sobrevaloran su área, toman decisiones basadas en lo que funciona en clínicas especializadas o en hospitales universitarios, y no entienden que la mayoría de los fármacos psiquiátricos son recetados por los médicos de atención primaria [...], muy influenciados por las farmacéuticas, para quienes la forma más fácil de sacar al paciente de la consulta es darle una pastilla, incluso cuando esa pastilla, a largo plazo, puede causarle más daño que beneficio.

Siguiendo la estela marcada por Thomas Szasz, quien en síntesis sostiene que la psiquiatría es una pseudociencia que parodia la medicina al usar terminología que suena a medicina y que además se ha convertido en un sistema de control social, Costa y López (2003, 2006; López y Costa, 2012, 2014) proponen una «rebelión» epistemológica y ética, despatologizadora, tratando de ir hasta la raíz más profunda de los problemas psicológicos. Plantean, en consecuencia, la necesidad de un cambio radical de paradigma que implica:

> realizar un análisis crítico de la ortodoxia del modelo psicopatológico, rescatar a los problemas psicológicos del mundo de la patología, despatologizarlos, emanciparlos de la vieja doctrina [...] que dictamina que algunas personas, por el hecho de experimentar un problema vital, tienen una enfermedad que necesita ser curada, y que sus experiencias vitales son un fenómeno patológico o son indicios, síntomas y signos de una enfermedad.

La madeja terminológica

Depresión endógena/depresión exógena, depresión grave/depresión leve, depresión orgánica/depresión psicógena, depresión melancólica/depresión psicótica, depresión endógena/depresión reactiva. Como comenta Frances (cit. en Ortiz, 2015), el origen de este embrollo que se ha querido paliar con la mejor de las intenciones mediante este tipo de distinciones echa sus raíces en el DSM-III:

> cuando se creó *una sola categoría* en la que se incluía desde los cuadros más graves hasta los más leves. La expectativa era que con el uso de subtipos como la melancolía y utilizando los distintos grados de gravedad se podría encontrar cierta especificidad en lo que era un grupo muy heterogéneo. Pero pasó algo malo, [...] las compañías farmacéuticas, especialmente después del Prozac, hicieron un *marketing* muy agresivo de tal manera que dieron el mensaje de que todas las depresiones eran *una sola* y se debían a un *desequilibrio químico*, que la depresión estaba infradiagnosticada, y que era muy fácil de diagnosticar. De tal manera que, aunque tuvieras una depresión leve o una grave,

> la respuesta siempre era una pastilla. Antes solíamos tener la idea de que había una depresión endógena y otras reactivas y que estas se podían contextualizar mucho más socialmente y que respondían peor a la medicación y se podían beneficiar de psicoterapia. La decisión del DSM-III de juntarlas perdió esta distinción.

Pero, tal vez, el problema que afecta a la categoría «depresión» no es solo si su abordaje se puede beneficiar de la medicación o de la psicoterapia y en qué medida, sino de concepto o, incluso, de terminología. Como hemos insinuado más arriba, si el modelo bio-psico-social presupone siempre la presencia de lo biológico, que entre lo hereditario ya representaría un 50%, más las alteraciones en la neurotransmisión, supongamos un 30%, con lo que llegaría al 80% del total, en el mejor de los casos. Poco espacio nos quedaría para lo «psico» y lo «social». Y eso es lo que en la realidad sucede, dado que en el fondo se equiparan todos los fenómenos llamados «depresivos» que pueden ser tratados con «antidepresivos».

Si el tratamiento con antidepresivos no está indicado en todos los casos, ni la psicoterapia para todas las condiciones diagnosticadas como depresivas, tal vez significa que no estamos hablando de lo mismo y deberíamos distinguir entre entidades nosológicamente distintas. Homogeneizarlas por el hecho de que comparten algunos síntomas (por ejemplo, la inapetencia) y echan mano del mismo medicamento, es como decir que todas las personas que tienen fiebre padecen la misma enfermedad y se curan con el mismo fármaco. El síntoma físico se vuelve determinante *bio-bio-bio,* con lo que anula la dimensión semántica de la experiencia en su contexto, cuando exista.

La medicina, escribe Neuburger (2022), «ofrece una identidad substitutiva». En su discurso eres un deprimido que perteneces a la clase *deprimidos,* más aún «cuando intentan persuadirte de que el hecho de formar parte de ese grupo de humanos proviene de tu destino biológico». El enfoque médico-biológico tiene, por tanto, no solo un efecto, sino una función, comenta el sociólogo Jean-Pierre Dupuy (2002):

> Cada vez más gente está convencida de que si les va mal es porque ellos tienen un trastorno y no porque reaccionen sanamente, negándose a adaptarse a condiciones de vida difíciles e incluso inaceptables. Esta medicalización del malestar es a la vez manifestación y causa de una pérdida de autonomía: la gente ya no tiene necesidad ni ganas de solucionar sus problemas con su red social. Su capacidad de rechazar está debilitada, favoreciendo su renuncia a la lucha social. La medicina se convierte en la coartada de una sociedad patógena.

¿Y cuáles son esas luchas sociales, según Dupuy? Él se las imagina formadas por legiones de «huelguistas» que llenan las consultas médicas, que llegan con una queja y salen con una receta…

> No me refiero necesariamente a huelguistas laborales. Hacer huelga del rol de marido o de esposa, de padre o de madre, de maestro o alumno, de responsable, etcétera; he aquí lo que autoriza la enfermedad depresiva como hecho social. Está socialmente admitido que todos los problemas de malestar, sea cual sea su origen o su naturaleza, se traduzcan en una demanda de ayuda dirigida a la institución médica… La enfermedad es un desvío tolerado, pero a condición de que aparente ser un desorden orgánico, cuya etiología no sea imputable, ni al enfermo ni a la sociedad.

Esta paradoja institucional hace exclamar a Neuburger (2022) en un estilo dantesco:

> ¡Entrad todos, los tristes, los humillados, los traumatizados, abusados, engañados, los golpeados por la injusticia, por la desgracia, por las pérdidas, por la deshonra, por los sentimientos de culpabilidad, los heridos de la vida y los marcados por la existencia! ¡Entrad tristes y salid… deprimidos! Este es el rótulo que debería figurar hoy en día en la fachada de numerosas consultas médicas. Parece fácil transformar a las *víctimas* de la vida en *enfermos*.

Y continúa señalando tres errores que, a su juicio, se producen en la atención a la persona «deprimida». El primero es pretender que el paciente muestre un estado emocional contrario al que auténticamente siente, por ejemplo, alegría o serenidad, en lugar de tristeza, o equilibrio y sociabilidad, en lugar de rabia. El segundo es la prescripción sistemática, en la mayoría de los casos, de psicofármacos, cuando mayoritariamente se trata de un problema existencial. El tercero, que a nuestro juicio podría ser más bien el primero de la serie, consiste en etiquetarla de enferma, buscando una categoría psiquiátrica en la que colocarla, con lo que se la excluye del mundo de los «normales», dando razón a aquella sentencia de Karl Kraus (2011): «Diagnóstico, una de las enfermedades más extendidas».

Continúa resultando más cómodo ver al enfermo mental, decía Claude Levi-Strauss (1962), como «una especie rara, producto objetivo de fatalidades internas o externas», que no como un ser humano, añadimos nosotros, malherido en las batallas de la existencia. Justamente este es el criterio que nos ha guiado en la serie *Atrapados* en que se inscribe este volumen: considerar fenómenos como el narcisismo (Villegas, 2022), la dependencia afectiva (2023), las obsesiones (2024) y, ahora, en este caso, la depresión, totalmente universales y transversales, es decir, inherentes a la propia condición humana, y, en consecuencia, para nada «anormales».

Hipoteca de por vida

Los casos clínicos que hemos desarrollado a lo largo de este libro vienen todos a destacar el papel nuclear que desempeñan en la génesis de la «depresión» los avatares biográficos por los que atraviesan las personas a lo largo de su vida y de qué manera estos pueden suponer un fracaso existencial.

En el primer capítulo hemos hecho mención de la atormentada trayectoria vital de Margarita, que en su infancia sufre el abandono de sus padres y continúa con los problemas familiares con el marido, hijos, nietos y suegro, a cuyos cuidados entrega su vida, convirtiéndose en el timón de la familia, un peso que acaba por hundirla tanto anímica como físicamente. La macroestructura que reproduce el significado de su historia y de su discurso (ver figura) parte de una oposición central entre ella y los otros por los que ha hipotecado su vida.

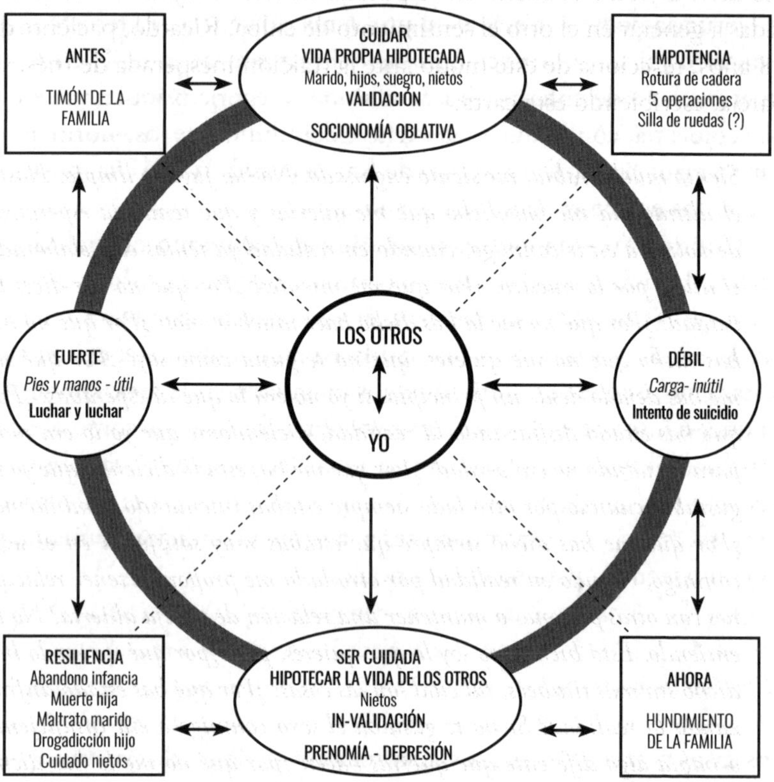

La diagonal izquierda separa temporalmente el curso de su vida, una biografía caracterizada por la lucha (círculo izquierdo) que la define como *fuerte*, con un alto grado de *resiliencia* ante acontecimientos traumáticos como el abandono infantil, la muerte de una hija de 13

años, el maltrato del marido, la drogadicción del hijo, el cuidado sustitutivo de los nietos. Esta capacidad de resiliencia y de asumir el gobierno de la nave, timón de la familia, la validaba como persona en el rol de cuidadora, desde una regulación *socionómica oblativa*.

Sin embargo, en la situación actual, tal como se observa en la sección delimitada por la diagonal derecha, aparece la amenaza de inversión de roles, pasando de fuerte a *débil*. La razón está en la problemática generada por la rotura de cadera, con cinco operaciones consecutivas, que le impide asumir las cargas como hacía antes. Ahora se siente impotente, débil, inútil y una posible carga para los demás, lo que la hunde en la *depresión* y con ella arrastra a toda la familia. En estas condiciones aparecen los intentos de suicidio.

Es muy posible que los mecanismos de recaptación de la serotonina están desregulados, pero no parece que sean los responsables de su estado, a no ser que confundamos el efecto con la causa (Ugazio, 2012). Ella misma insiste en su demanda inicial de distinguir una enfermedad de un sufrimiento generado por sus problemas: «Yo estoy depresiva, pero estoy depresiva por todo lo que estoy explicando, por mis *problemas,* o sea, mi tristeza. Es por mis *problemas*... Tiene un sentido, no es una *enfermedad,* es un sentido de que quiero mucho a mi gente y *sufro* mucho».

Cambio de paradigma: enfermedad vs. conflicto existencial

Esta perspectiva universal y transversal significa, en primer lugar, dejar de pensar los problemas psicológicos como enfermedades para pasar a entenderlos como conflictos que implican una constricción existencial, independientemente de su origen externo o interno, causa del malestar (Villegas, 2003). En todas las personas que han llevado a cabo este proceso, este es el primer cambio epistemológico que se observa. Raquel, la paciente que perdió su fe al conocer el diagnóstico de cáncer de su padre, comentaba ante el grupo el día en que se despedía, por considerar que ya no necesitaba la terapia:

> RAQUEL: *Y sobre todo saber que no quiero ir de víctima, de enferma. Que tengo la fuerza para estar bien, que yo quiero estar bien, porque a veces también nos volvemos un poco cómodos. A veces, cuando estamos depresivos, estamos cómodos: «mira tengo una depresión, no salgo de esto y no salgo de aquello». Pues, no. Reconocer cosas me ha dolido, porque he visto cómo soy. Pero he visto que hay cosas que se pueden cambiar y que quiero cambiar. O sea, no es que quiera cambiar, es que ya me siento diferente. Hasta hace poco yo no me veía tan bien en el espejo y ahora me vuelvo a mirar. Yo lo he pasado muy mal; ha habido momentos de ir adelante y momentos de ir atrás; no es llegar así por arte de magia. Ver la realidad es un día a día. ¡Ostras! El psicólogo me va a decir esto y yo lo voy a hacer, ¡no! A veces es una palabra que se te cruza en la cabeza, como una frase y eso es lo que te cambia.*

Generalmente, este punto de vista choca con el que «pacientes» y los propios profesionales de la terapia sostienen ante los «usuarios» de los servicios sanitarios. En efecto, dice Pérez (2008):

> Profesionales de la salud, sin duda bienintencionados, abogan por enseñar a la gente que los problemas mentales son enfermedades como otra cualquiera. Se supone que la compasión y la benevolencia dispensadas a los enfermos de condiciones fisiológicas serían extensibles y beneficiosas para quienes padecen trastornos mentales. Más en particular, el objetivo es que así los pacientes serían vistos como víctimas de enfermedades más allá de su control y, consecuentemente, no serían culpables de su problema. El culpable sería el cerebro y una suerte de lotería genética negativa.

Vete a la cola del INEM

El siguiente diálogo entre terapeuta y paciente es un claro ejemplo de ese choque inicial en el que la perspectiva de enfermedad entra en conflicto con la perspectiva de cambio:

TERAPEUTA: *Lo que pasa es que, si por entenderlo lo negamos, entonces no hacemos nada. Negamos el acceso al dolor, negamos el acceso al contacto con uno mismo. Yo no sé si estarás muy enferma tomando pastillas y pasarás toda la vida así. Eso precisamente es lo que no quieres, ¿no?*
XENIA: *No, claro. Porque por eso vas al médico, porque tú te das cuenta de que no estás bien. Porque no es normal acostarse y levantarse llorando. Ahora, si tú estuvieras bien, diría «bueno, pues mira, soy así». Cuando una persona se da cuenta de que no está bien y de que así no puede seguir, como no hay otro sitio donde ir, tendrá que ir al médico a explicárselo. Si no, ¿qué salida le das? Pues ir al médico y decírselo. ¿Qué otra salida tiene?*
T.: *Claro. Sí, eso nadie te lo critica.*
X.: *Ya, pues por eso mismo. Lo que me descentra ahora es que digas que no es una enfermedad. Entonces, ¿por qué vamos al médico? Cuando te sientas así, como no estás enfermo, vete a la cola del* INEM *o lo que sea.*
MARGARITA: *Es que esto también te lo tomas como algo personal. Parece como si estuvieras ofendida de que no sea una enfermedad.*
X.: *No, pero yo no lo entiendo y quiero que me lo expliquen.*
LUCÍA: *Porque a lo mejor para ti sí es una enfermedad, tiene una gravedad, ¿no? Estás enferma y necesitas cuidados.*
M.: *Eso le da un sentido a tu comportamiento. Porque si no estás enferma, ¿qué sentido tiene?*
X.: *No, no. Lo que me ha dejado tocada es tu visión de la enfermedad.*
T.: *Hemos puesto el nombre de enfermedad a las experiencias de fracaso, a las experiencias de dolor, a las experiencias de desilusión, a las experiencias de decepción. A eso le hemos puesto el nombre de enfermedad, y ese nombre de enfermedad nos impide vivir, atravesar ese dolor, integrarlo y crecer. Es como atravesar un duelo.*
X.: *Ya veo. Entonces, ¿por qué, si lo sabéis, no se cambia eso? En vez de ir al médico, ¿por qué no se va a otro sitio?*

La mente, no el cerebro

La equiparación de los trastornos psicológicos a las enfermedades fisiológicas tiene el doble efecto perverso de extraerlas de su contexto evolutivo y existencial y de situar a la persona en una posición pasiva e irresponsable frente a ellas. Como dicen González y Pérez (2007):

> La cuestión de fondo es que los trastornos psicológicos o mentales no son enfermedades como otra cualquiera, como la diabetes o la artritis, según se comparan a menudo. Los trastornos psicológicos no son tipos o entidades naturales como pueden serlo las enfermedades propiamente, sino tipos prácticos o entidades interactivas, susceptibles de ser influenciadas por el conocimiento, interpretaciones y explicaciones que se den de ellas o de las experiencias o conductas de las que se derivan [...]. La interpretación y explicación que demos de la diabetes no altera el metabolismo de la glucosa del que la propia persona sería un agente activo en su solución y no necesariamente el paciente pasivo de un presunto desequilibrio neuroquímico, pero la interpretación y explicación cultural y clínica de la depresión y la ansiedad influye en su realidad, convirtiéndola, por ejemplo, en una enfermedad vivida como otra cualquiera o en un problema de la vida y no necesariamente el paciente pasivo de un presunto desequilibrio neuroquímico.

Un buen ejemplo de estas dos concepciones lo constituye el siguiente diálogo entre Ceci, la paciente que se define como hipocondríaca, y Raquel, a la que acabamos de mencionar unos párrafos más arriba, en la sesión en que Ceci se plantea si continuar tomando unas pastillas nuevas que le recetó la doctora.

> Terapeuta: *Lo que debes plantearte en la vida es si quieres la medicación, es decir, si piensas que tus problemas se tienen que solucionar con medicación, si piensas que a tus problemas se los puede ayudar con medicación o si piensas que estos problemas son fundamentalmente problemas psicológicos y, entonces, la medicación puede servir un tiempo,*

pero que no te va a solucionar el problema porque el problema es de la mente. No del cerebro, sino de la mente. A ver, tú te imaginas la enfermedad, y ese fantasma que tú te imaginas es el que te persigue y es el que te hace estar mal.

CECI: *Es que estaba pensando que si tengo que tomarme ahora estas pastillas para encontrarme mejor y resulta que estoy peor, pues es que no sé qué hacer. Y si no me las tomo, me mareo. ¡Ay! Yo qué sé, no lo sé.*

T.: *¿Y tomándolas no te mareas?*

C.: *No sé. Como tengo otras cosas, estoy tan mal, no sé si me mareo. Sí, estoy mareada igual. Lo que pasa es que es peor porque tengo todo esto, que además me asusta. Me provoca otro miedo, estoy todo el día pensando, todo el día mal, pero claro, ahora pienso si has empezado a tomarlas, pues acábalas, hazlo, y…*

T.: *Es una opción que tienes.*

RAQUEL: *Como, por ejemplo, también pienso que tienes la opción de decir «a ver, estoy mal de todas maneras, asumo que yo voy a estar mal igual, acepto cuando vaya a estar mal y dejo las pastillas». No sé, pienso que cada uno decide de una manera. Yo, por lo menos, sí que decidí dejarlas. Porque pensé «bueno, yo ya estoy haciendo con venir, porque a fin de cuentas me encuentro igual de mal». Puede que me pueda venir bien la medicación o no. Seguro que me haría bien, pero yo quiero seguir consciente de lo que me pasa porque, por ejemplo, si tomaba las pastillas, me despistaba mucho. Y entonces pensaba «a ver, no soy consciente y quiero ser consciente, quiero asumir que realmente estoy mal y bueno, y que sea lo que sea». Aceptar las cosas, ¿no? Pero tu mareo, tal vez, es algo constante que está en tu mente, en tu estado, en algo que te produce ese mareo y simplemente una pastilla no te lo va a quitar, ya que no es un mareo físico, sino psíquico. No sé si yo lo expreso bien, pero es como yo lo he vivido. Yo por más que me hacían, me pasaban tubos por arriba y por abajo, me hacían pruebas de lo más malo y no me sacaban nada hasta que yo decidí: «Raquel estás mal, seguirás estando mal, porque el mal está aquí»* (se señala la cabeza)*, y estaba aquí y no sabía qué era. Descubrirlo me costó mucho, mucho. Pues asume que, aunque te zampes cien pastillas, vas a estar mal y ninguna pastilla te lo va a quitar. Entonces, pues, es intentar conocernos, para saber por qué ac-*

> *tuamos así y que puede haber cosas que estés viviendo y que no te gusten y que no eres capaz de verlas o tal vez no quieres verlas y al mismo tiempo que no las ves, las sufres, pues las sufres estando enferma.*

Las terapias psicológicas tienen su base precisamente en esta condición práctico-reconstructiva e interactiva del problema presentado, concluyen González y Pérez (2007):

> De hecho, consisten en ayudar a la gente no solo a entender su problema, sino también a desarrollar poder y habilidades en relación con las experiencias y situaciones que, de otra manera, dada la cultura y la política predominantes les convertiría fácilmente en pacientes de supuestas enfermedades, a expensas de una medicación a menudo crónica.

A Dios lo que es de Dios, y al César, lo que es del César

Ezquiaga y colaboradores (2011) resumen muy bien, en un artículo titulado *Depresión. Imprecisión diagnóstica y terapéutica. Importantes consecuencias en la práctica clínica,* la problemática abordada hasta ahora, cuando concluyen calificando los trastornos depresivos como

> un grupo enormemente heterogéneo de cuadros clínicos, cuya severidad se distribuye en un *continuum* que abarca desde cuadros de dudosa o inconsistente significación clínica y próximos a las reacciones emocionales no patológicas, hasta cuadros severos con gran afectación funcional y riesgo vital.

Paradójicamente, frente a la heterogeneidad clínica de los trastornos depresivos, observan los autores, existe una llamativa uniformidad en el abordaje terapéutico, basado en la administración indiscriminada de fármacos antidepresivos para cualquier cuadro del amplio espectro de tales trastornos.

Esta disonancia cognitiva podría, tal vez, reducirse introduciendo una distinción entre, al menos, dos tipos de depresión: una orgánica, debida indudablemente a procesos morbosos fisiológicos o tóxicos, y otra psicológica de origen existencial, claramente reconocible en su contexto biográfico y con contenido semántico. La primera, manifiestamente sujeta al enfoque galénico, la segunda, al psicoterapéutico, sin que ello impida, en algunos casos, solapamientos ocasionales. Tampoco se está proponiendo una ausencia total de colaboración puntual entre tratamientos, que puede resultar imprescindible en casos de urgencia, sino intentando distinguir claramente en su encuadre entre la función procesual de unos, frente a la paliativa de los otros.

Es evidente que con ello no se soluciona el problema de la polisemia de la palabra «depresión», pero se establecen las bases para la formación de dos categorías diferentes que podrían desembocar en la elección de una terminología diferencial, no solo con base en los adjetivos adjuntos (grave/leve, endógena/exógena, orgánica/psicógena, etc.), sino a una terminología radicalmente distinta.

Así, solo por echar un globo sonda, se podría sugerir, retomando la tradición freudiana —que la diferencia del duelo por su afección a la estima ontológica «empobrecimiento del yo»—, echar mano del término «melancolía», depurado igualmente de sus orígenes hipocráticos y de sus derivas románticas decimonónicas, para designar la depresión psicógena o disforia existencial. Mientras, se podría mantener el término «depresión» para referirse a la reacción orgánica del SNA, originada por alguna alteración fisiológica o tóxica, sin necesidad de más adjetivos. O, tal vez al revés, depresión para la experiencia psicológica, y *distimia* para la orgánica, tomando como referencia el «timo», el órgano relacionado etimológicamente con el impulso vital.

Sea cual sea el nombre que se le quiera dar, si es que se continúa manteniendo de forma indiscriminada el de *depresión* para todo, lo que sí debería quedar claro es que la moneda tiene un anverso y un reverso, la cara y la cruz. La cara correspondería al paradigma conceptual en el que se inscribe, orgánico o psicológico; la cruz, al tratamiento correspondiente, farmacológico o psicoterapéutico. Así, podríamos dar a Dios lo que es de Dios, y al César lo que es del César.

Como el planteamiento que seguimos en este libro está dirigido a la comprensión del fenómeno depresivo de origen existencial (la cara), lo que nos importa ahora es su enfoque y tratamiento psicológicos, es decir, su psicoterapia (la cruz), a la que dedicamos el siguiente y último capítulo.

8. Psicoterapia de la depresión

Desde el punto de vista psicológico, la terapia de la depresión está dirigida a significar y revertir la experiencia de vacío e impotencia que lleva a la persona a «retirarse del mundo» y recluirse sobre sí misma en un movimiento de autoprotección que, si tal vez en su inicio tuvo una función adaptativa, con el paso del tiempo se ha ido cronificando y degenerando, hasta hundirla en la impotencia.

Para ello será primordial promover una serie de procesos que hemos designado a través de un listado de verbos activos que constituyen una serie de tareas a desarrollar, como un programa de reconstrucción. Esto no significa la aplicación de un protocolo estandarizado, sino la comprensión del esqueleto de un proceso de transformación profunda de paciente a agente, de impotente a capaz, de dependiente a autónomo, de sumiso a libre, de víctima del destino a gestor de la propia existencia. Esta lista se detalla en la siguiente secuencia: expresar, comprender, reparar, validar, liberar, perdonar (si es el caso), aceptar y reconstruir.

Expresar

La *de-presión* se distingue por la falta de *ex-presión*. Dado que una de sus características definitorias es la ausencia de presión, resulta coherente la falta de expresión, como consecuencia. Generalmente, el depresivo, cuando habla, suele hacerlo para quejarse de su estado, de la medicación que está tomando, de sus dificultades en la gestión de la vida cotidiana, pero no para abordar el origen de su problemática que no suele reconocer o tal vez desconoce y la interpreta como una enfermedad orgánica.

Jugando con la polisemia, la paciente Lorena relata un sueño que relaciona con el momento actual de su proceso terapéutico, en el que aparece escrita en la pizarra una secuencia de palabras que van evolucionando y ponen de manifiesto la función terapéutica de la expresión:

> *Veo escrita en la pizarra la palabra «expresa». La palabra va evolucionando. Ella expresa, ex-presa, deja de ser presa. Expresa, lo contrario de «de-presa» (deprimida). Expresa lo opuesto a «re-presa» (reprimida).*

Efectivamente, la terapia es un proceso de ex-presión, en todos los sentidos en que se refleja en el sueño, en cuanto a *liberación,* dejar de estar presa (ex), en cuanto a *superación* del estado de-presivo, y en cuanto a recuperación de la *espontaneidad re-primida.*

Ni cinco ni seis psicólogos

La dificultad para poder hablar de su experiencia del pasado preside el proceso de terapia de Heidi en el grupo, durante muchos meses. En una de estas sesiones, el tema de conversación es precisamente la necesidad de hablar y la dificultad para hacerlo.

> HEIDI: *A mí, hay cosas que me han pasado y que me hubiera gustado hablar con alguien con quien tuviera confianza, que yo supiera que esta persona me está escuchando y puede darme su opinión. Claro, lo malo es que cuando no eres capaz de transmitir, no tienes las herramientas para hacerlo. Yo no estoy diciendo que tenga todavía ese problema. Lo he tenido y he estado, desde pequeña, con problemas. Y no se ha solucionado. Es decir, yo siempre decía que me hice a mí misma, porque nadie me daba una solución, nadie me ha dado las herramientas. Hay*

cosas para las que necesitas ayuda. Y llega un momento en que dices «a ver, ¿con quién puedo hablar yo esto?». Yo ya he tenido como cinco o seis psicólogos. Y no he solucionado nada porque no me transmitían confianza. Nunca había compartido estas cosas con nadie, porque te vuelves reservada, te callas. Porque te cuesta transmitir lo que llevas en tu historia, porque son cosas que no suceden normalmente. Y, cuando sucedieron, te han hecho sentir mal y te han hecho sentir culpable. Y entonces tienes miedo a transmitirlo y a la opinión que tengan de ti, a la idea que se formen de ti y al juicio.

El diálogo con Heidi pone de manifiesto que las dificultades de expresarse tanto en terapia como —todavía más— fuera de ella, pueden estar relacionadas con sentimientos de culpa y vergüenza hacia uno mismo y de desconfianza o miedo hacia los demás. Por ello, cuando se abren las compuertas a la expresión durante las sesiones de terapia, es posible que salgan a borbotones la rabia, la tristeza o la desesperación, que generalmente no son muy agradables de escuchar, pero a las que hay que dar cabida como parte del proceso de sanación, así como hay que dar salida al pus de un grano para poder limpiarlo.

Carta a una madre castradora

Un testimonio duro de este proceso lo constituye la carta de Elisa, paciente a la que ya nos hemos referido en el capítulo primero, a su madre, que transcribimos, aunque algo abreviada, a continuación.

A ti, madre, que un día me pariste con dolores, me criaste con esfuerzos. Yo no te pedí venir, tú nunca me buscaste. Nací niña, tú ya tenías dos hijos varones y, después de mí, pariste dos varones más, con el único descanso entre partos que te brindaron las circunstancias y te negaron los pocos recursos de la época para no caer en la extenuación.

Yo te apoyé desde que tuve las fuerzas físicas como para poder coger en brazos al bebé que nació detrás de mí, cuando yo tenía 5 años y medio. Después, al siguiente hijo; yo ya tenía 9. Ese era el papel que se nos asignaban a las hijas, el de ser copartícipes y responsables de la vida de los que no habíamos parido ni buscado. Me quedé exhausta de la vida antes de hora. Nunca más fui la misma. Viví ser madre demasiado pronto y sin la preparación de una mujer, solamente era una niña sensible y amorosa.

El dinero nunca faltó en casa, pero ese no fue el problema. El problema fuiste tú y mi padre. Pero sobre todo tú, que no te diste cuenta de que mi tío abusaba de mí en nuestra propia casa, cuando por la noche inocentemente yo dormía.

Mujer ciega, egoísta y castradora. Años después, cuando me di cuenta de cómo eras, estos fueron mis primeros pensamientos de rencor hacia ti, y encima me sentía yo culpable de lo que había pasado. Solo había sido una niña con 5 años que no sabía nada de la vida.

Estos pensamientos me han rebotado toda mi vida, como cuando vi a mi tía con dolores de parto, mientras tú te quedabas en la cama durmiendo y me enviaste a estar con ella mientras llegaba la comadrona y yo solo tenía 14 años.

Aún vuelven esos pensamientos que me han condicionado mi vida de mujer y de posible madre. Creo que por eso jamás me planteé tener hijos, porque vi el dolor y el gran esfuerzo que suponía traerlos al mundo. Me quitaste mi inocencia, no cuidaste de mí, ni me protegiste y nunca te lo perdonaré.

No te necesito, no te echo de menos. Me sobras. Me has dado todas las coces emocionales que te ha dado la gana y al verte físicamente más pequeña que yo, he pensado erróneamente que necesitabas ser ayudada y es ahí donde tú te has aprovechado de la mayor parte de mi vida. Ahora ya no puedo más, mi cuerpo ya no puede más, se ha roto por dentro y por fuera, por tanto esfuerzo.

Me arrepiento de haber sido demasiado buena, casi tonta, diría yo. Ha tenido que venir una enfermedad más fuerte que yo misma para ponerme los pies en la tierra y distanciarme aún más, sobre todo de ti, que me agobias. Me has destruido como hija y no siento nada por ti —solo hastío y hartazgo—. Me has dejado seca, mi alma está fría como un témpano y encima me siento culpable por no estar contigo para ayudarte.

Toda mi vida te he ayudado. ¿Qué más quieres de mí? Ya no puedo más. Mujer egoísta donde las haya, nunca he podido contar contigo ni como madre ni como amiga. Siempre has sido una carga para mí y un lastre. Mi enfermedad la he tenido que pasar sola, y sigo haciéndolo, en un vacío tan grande que me ha hecho desconfiar de los buenos sentimientos de la gente.

No te perdono que, a mis 18 años, no estuvieras a la altura que se le supone a una madre, cuando me intenté suicidar a causa del pozo negro que tenía en mi alma y que me absorbía hasta lo más profundo. Salí de él sin tu ayuda. Nunca tuviste alma para querer ver lo que pasaba. Igual que ahora en mis momentos más difíciles tengo que resolver mis problemas sola, sin contar contigo.

Siento un vacío tan grande que jamás será llenado por nada ni por nadie. Me has roto por la mitad como hija durante todos estos años y ni mi alma ni la tuya estarán juntas, nunca lo estuvieron. Si algo te he de perdonar y perdonarme a mí misma es que la vida nos puso erróneamente en la misma familia. «Cruel destino el nuestro en este mundo tan complicado».

Cuídate, pero ahora sin mí. Yo nunca conté contigo para que me cuidaras como una madre lo ha de hacer con una hija. Yo sí que he sido una buena hija, hasta ahora, que ya no me queda más por darte.

El género epistolar

La psicoterapia ha sido definida como «la curación por la palabra» (Laín-Entralgo, 1958; Villegas, 1992, 1993). Existen básicamente dos modalidades de expresión verbal, la escrita y la oral. La carta de Elisa es un ejemplo de la primera. La ficción de dirigirse a personajes reales, vivos o muertos, presentes, pasados o futuros, por escrito, presenta la gran ventaja de poder articular de una manera discursiva y organizada, a la vez que completa y catártica, las vivencias, recuerdos, pensamientos, emociones y sentimientos relativos a personas o situaciones, sin censura y con la seguridad de que la carta podrá ser enviada o no, a juicio del emisor. Más bien es el espacio en el que la experiencia puede resignificarse y reconstruirse a través del cambio de narrativa, del victimismo a la autonomía.

Este recurso terapéutico es un modo indirecto de hacer frente a ciertas situaciones que, a veces, no pueden afrontarse directamente por múltiples causas: la ausencia de la persona interesada, su inaccesibilidad, el temor a sus reacciones, la confusión respecto a los propios hechos, sentimientos o pensamientos. A través del género epistolar es posible reconstruir situaciones y contextualizar sentimientos de una manera segura y protegida, con la certeza de que nadie más que el terapeuta y el propio autor la leerá nunca, si el paciente no lo desea.

Carta a mi padre

En ocasiones está claro que la carta no es más que un medio para generar un monólogo consigo mismo en forma de diálogo imaginario con el receptor, puesto que no solamente no se va a enviar la carta, sino que ni siquiera existe el destinatario, o está ausente o se considera inaccesible, por la razón que sea. El escrito de Heidi a su padre es una muestra de esta última condición, puesto que fue redactada con el claro propósito de no enviarla a su destinatario.

> *¿Ves a esa niña que está enfrente de ti? Sí, la que está en ese portal oscuro y tú estás enfrente, mirándome a los ojos llenos de pánico. Yo te miro y con los ojos te digo que con desconocidos no puedo hablar. Aquella niña no puede entrar, dentro está muy oscuro. Siente que sus pies están pegados al suelo. ¿Lo ves? ¿Ves cómo tiemblan mis mejillas? Dentro de casa, ¿quién hay? No está mamá, no está Paco* (el hermano). *Cuando estoy sola, tú me haces daño; y cuando terminamos, te ríes del daño que me has hecho. ¿Lo ves? ¿Ves la vergüenza y el miedo? ¿Los ves? ¿Por qué hoy en día todavía lo sigues haciendo? ¿Por qué? ¿Por qué? ¿De qué soy culpable? ¿De qué? ¿De qué? No encuentro respuesta en tus ojos. Tu rabia, tus frustraciones, todas tus cosas malas me las has hecho sentir siempre a mí.*

A ti te hicieron sentir un mal hijo. Tu madre te repudió por ser todo lo que ella no deseaba para su hijo mayor. Has tenido una hija del pecado, con la mujer que no habían escogido para ti. Yo soy todo eso para ti. ¿Acaso me crees tan tuya que te tomas la libertad de hacer conmigo lo que te da la gana?

Y mamá, ¿dónde está mamá en todo esto? Allí loquita por ti, vive para ti, lo eres todo para ella. Ella se fue detrás de ti y tus ideas. Comunista en la calle y dictador en casa. Mamá se fue y cada vez que venía, te la volvías a llevar. ¿Por qué? Le faltaste al respeto abusando de su querida hija. Todo sigue igual para ti, no importan los años, nada cambia, todo es rutinario.

Me marcaste toda mi vida. Mi vida ha ido pasando, pensando siempre en los demás. ¿Qué dirán? ¿Qué pensarán? Ya no me querrán, sintiéndome siempre inferior a los demás. ¿Sabes? Siempre he deseado un padre de verdad, sí, un padre y una madre, para poder presumir delante de los niños del pueblo. Así ya no podrían decir que no tengo padres, que solo tengo abuelos.

El diálogo terapéutico

A veces los pacientes hablan de las ventajas de una u otra forma, oral o escrita, de expresarse; naturalmente existen opiniones distintas en función de la experiencia personal de cada uno, como se observa en el siguiente diálogo entre Mari Carmen, Gracia, Marina, Heidi y Anabel.

Mari Carmen: *A mí me ayuda mucho escribirlo, como si fuera un diario. Me está ayudando un montón escribirlo todo. Al principio comienzas rabiosa y al final acabas en paz. No sé, para mí, por lo menos, es una técnica que me está sirviendo, conmigo funciona. Porque a mí me cuesta más trabajo exteriorizarlo y hablarlo o decirles a las personas esto o lo otro. Yo ahí lo escribo y es otra manera de liberación.*

Gracia: *En cambio, yo escribo y escribo, pero no me gusta mucho.*

Marina: *A mí no me gusta escribir, me siento ridícula, siento que mi alma se desnuda y que pierdo el control.*

Terapeuta: (se dirige a Heidi) *Tú decías que justamente necesitabas a alguien con quien hablar.*

Heidi: *Tuve bastantes psicólogos a lo largo de mi vida, no era la primera vez que iba al psicólogo. Pero no había encontrado a la persona. Romper esa barrera fue muy importante para mí. Empezar a entenderme desde el principio para que yo fuera viendo las cosas, vas hablando y vas viendo. Sobre todo, escribir. Siempre he escrito, pero lo rompía. Yo nunca he dejado que leyeran mis escritos, sentía vergüenza de que los leyeran. Entonces, cuando terminaba un cuaderno, pues lo rompía, o lo quemaba.*

Anabel: *Bueno, para mí escribir fue lo primero. Era un paso necesario para dejar que todo saliera, para permitir abrir una puerta de desahogo al interior atormentado y permitir la limpieza, el aire fresco, la espontaneidad. Pero también para pararme a pensar qué pasaba realmente por mi mente, qué quería, qué me gustaba.*

T.: *Hay mucha gente con problemas que ha necesitado escribir algo, como hay muchos adolescentes que necesitan escribir un diario en unos momentos de vivencias tan tormentosas, experiencias que no se saben cómo integrar. Y bueno, el hecho de escribir lo convierte en algo objetivo, con una presencia externa, al poder releerlo, ¿no? Y al mismo tiempo ir expresándolo, porque lo que no se expresa, se re-presa, o sea, se reprime, o se de-presa, se deprime. Lo importante es la expresión, sea oral o escrita. Algunas habéis manifestado vuestras preferencias por escribir, otras vuestras reticencias, pero lo importante es ponerle palabras a la experiencia, sea hablando o escribiendo. Y, lógicamente, nada impide que se hagan ambas cosas en paralelo. La expresión es conquistar la libertad, ex-prisión, salir de la cárcel. Cuando yo me expreso, soy un ex-preso. Dejo de ser prisionero. Prisionero de uno mismo, que es lo peor. Porque uno es preso de los propios resentimientos que, por muy justificados que estén, nos hacen daño. Los resentimientos, la rabia contenida, todo ese tipo de sentimientos destructivos, que no son expresados, están ahí dentro; y ahí generan tensión, recelo, nos hacen daño, nos impiden avanzar.*

La modalidad oral para elaborar las emociones se da con propiedad en el contexto terapéutico, y viene potenciada, sin duda, en el marco de la terapia grupal, que permite la interacción con los otros participantes, magnificando el resorte emocional, a la vez que propiciando la identificación y elaboración del conflicto, no solo su catarsis.

No hay derecho

En el fragmento de una sesión de terapia grupal que reproducimos a continuación, muy expurgado por razones de espacio, alude Mari Carmen (paciente a la que hemos presentado en el capítulo segundo) a muchas de las injusticias sufridas en el pasado, pero sobre todo a un episodio reciente por el que tiene que afrontar un juicio de faltas con unos vecinos, quienes en una disputa por asuntos de la comunidad la atacaron y apalearon rompiéndole una mano y produciéndole una luxación en un hombro, lesiones de las que todavía se está recuperando y por las que los vecinos la acusaron («quien da primero da dos veces») a fin de tener ventaja en el juicio.

La sesión grupal está dirigida a reconocer la validez de sus sentimientos y a animarla a asumir una actitud autónoma para hacer frente a su legítima defensa con base en su propia conciencia, sin dejarse atemorizar por jueces y acusadores. En el diálogo aparecen todos los sentimientos y emociones que pueden asociarse a una depresión originaria. A su vez, se pueden observar las manifestaciones presimbólicas de esas mismas emociones a través de gritos, sollozos, golpes en el suelo y desmayo que acompañan todo el diálogo y que movilizan la atención y los cuidados del grupo.

> Mari Carmen: *Yo estoy en una etapa de rencor. Tengo un bloqueo muy grande: estoy llena de rencor, amargura, tristeza. Es todo negativo, son todos sentimientos negativos, y eso no me hace estar bien conmigo misma.*
> Terapeuta: *Antes has dicho que no eras a tu manera. ¿Cómo sería ser a tu manera?*
> M.C.: *En realidad, si digo la verdad, no me conozco. Yo soy la persona callada de siempre. No me veo capaz de nada. A mí me hubiera gustado hacer otras cosas. He tenido que pasar por el tubo, hacer obligada*

cosas que no me gustaban y tenía que hacerlas. Eso, para mí, creo que me ha condicionado tanto que ya no sé qué clase de persona soy. Ahora estoy descubriendo si soy mala, porque no lo sé. Viniendo hacia acá he parado en el traumatólogo, me han venido ganas de ponerme a gritar: «¿por qué, por qué, por qué?». Y quizá me hubiera hecho falta, pero no lo he hecho; siempre pensando en los demás. Es normal que llegue a hacer esto, pero la sociedad no entiende.

T.: *Ahora puedes decir «¡no hay derecho!».*

M.C.: *Sí, sí, pero me sale mucha rabia. ¿Cómo se puede pasar de la tristeza a la rabia y de la rabia a la tristeza en un momento?*

T.: *Porque son dos caras de la misma moneda: la rabia y la tristeza. La rabia es fuerza, pero una fuerza impotente, incapaz de cambiar las cosas, y la tristeza es directamente la expresión de la impotencia.*

M.C.: *Pues ahora no puedo…*

T.: *Por eso ahora no puedes gritar. Como si tuvieras una afonía. Pero te vamos a ayudar. Vamos a decir todos «no hay derecho».*

Todos: *¡¡¡No hay derecho!!!*

M.C.: *¡¡¡No hay derecho!!!* (rompe a llorar).

T.: *Eso es: no hay derecho. Puedes llorar. Ahora se mezcla la rabia con la tristeza y es bueno llorar. Y cuando te preguntes por qué, si no hay respuesta es porque no hay derecho. Es una agresión gratuita: llora, llora… Déjate llorar. Sácalo, sácalo, saca lo que tengas. No te retengas.*

M.C.: *No puedo más, no puedo más. ¡¡¡Noooooo!!!*

T.: *Eso, sácalo. Saca ese aire, sácalo, sácalo.*

M.C.: *¿Por qué a mí? ¿Por qué a mí? ¿Por qué? ¿Por qué? ¿Por qué? ¿Por qué?* (cae al suelo, desmayada. Permanece así varios instantes hasta que, cuidada por los miembros del grupo, vuelve en sí).

T.: *Chilla, grita. Eso es. Así, así. Sácalo, sácalo, sácalo, sácalo. Grita, grita.*

M.C.: *¡No, no, no, no, no, no!* (grita).

T.: *No, claro que no. Todavía tienes ese grito dentro. No hay derecho. No hay…*

M.C.: *No creo en la justicia, no creo en nadie* (llora y da golpes con los pies en el suelo).

T.: *Eso, golpea, golpea.*

M.C.: *¿Por qué?* (grita, sigue llorando y pateando).
T.: *Ahora lo has dicho. Tú no has hecho nada. Has sido la víctima, has sido víctima y no verdugo. A ti te han dado la paliza. No se la has dado tú. La justicia está en tu conciencia. ¿Qué te dice tu conciencia?*
M.C.: *Que es injusto. Me están dando, física y psicológicamente, me han destrozado, me están destrozando.*
T.: *Es un maltrato que te han dado. Pero eso no significa nada malo de ti. Hay mucha gente que maltrata a otra gente inocente. Aquellas ganas que tenías de decir «no hay derecho», ahora lo has podido decir. Relájate, relájate.*
M.C.: *Hay muchos jueces.*
T.: *Aquí no hay ninguno. Aquí solo escuchamos la voz de tu conciencia. No escuchamos la voz de nadie más. Cada una habla desde su sinceridad, desde su dolor. Cada una habla de sí misma. Y aquí no juzgamos a nadie.*
M.C.: *Siento todavía el primer tortazo en la cara. Los arañazos y los golpes en la cabeza. Y un dedo que me está doliendo.*
T.: *Claro, tú has sido víctima, víctima de un terrorismo de los vecinos. Y no culpable, sino víctima. Y la víctima queda atemorizada. Pero eso no la hace culpable, la hace inocente.*
M.C.: *Me estoy volviendo loca.*
T.: *No te estás volviendo loca. Estás espantada, que es distinto.*
M.C.: *He perdido la razón. Soy capaz de agredir. Tengo miedo. Mucho miedo.*
T.: *Todos somos capaces de agredir si nos sentimos acorralados. Pero tú tienes una salida, que es tu inocencia. Esa es tu salida. No tienes por qué sentirte acorralada.*
M.C.: *Y me puse a gritar como una loca. «No es justo, no es justo». Y me puse a gritar como una loca.*
T.: *Queríamos que gritaras, que sacaras el dolor. Todos estábamos aquí esperando que pudieras liberarte de esto, que lo pudieras decir.*
M.C.: *Gracias. Me cuesta pedir ayuda, porque pienso que soy un estorbo.*

Comprender

Naturalmente, existen formas de expresión no verbal (Pubill, 2016), como las que hemos señalado en la sesión con Mari Carmen, que pueden tener un valor catártico como pinchar globos, aporrear almohadas, patalear, gritar desaforadamente sobre un puente al paso de un tren, romper o borrar fotografías; o quemar biblias y crucifijos, como hizo Raquel de vuelta a casa al término de una sesión en la que llegó a la conclusión de que Dios la había abandonado o que, simplemente, no existía (capítulo quinto).

Pero lo que nos interesa, más allá del desfogue emocional del momento, es la comprensión de la problemática existencial que ha llevado al paciente a hundirse en el pozo de la depresión. Visto que esta está relacionada con un déficit originario o una pérdida nuclear, su reparación supondrá un proceso semejante al de la elaboración de un duelo, en la que se plantean tareas específicas que implican la transición por los estados emocionales de rabia y tristeza, la aceptación de la situación resultante, así como la (re)construcción proyectual de la existencia.

La elaboración del duelo

En un escrito de 1915, Freud ya planteaba la relación entre melancolía y duelo por las coincidencias que hallaba entre ambas manifestaciones psíquicas. En él recurría a veces a la melancolía para explicar el duelo, y al duelo para explicar la melancolía. Definía el duelo como «la reacción frente a la pérdida de una persona amada o de una abstracción que haga sus veces» y observaba que en las mismas circunstancias se manifestaba en algunas personas la melancolía, en lugar del duelo:

> La melancolía se singulariza en lo anímico por una desazón profundamente dolida, una cancelación del interés por el mundo exterior, la pérdida de la capacidad de amar, la inhibición de toda

> productividad y una rebaja en el sentimiento de sí… Este cuadro se aproxima a nuestra comprensión si consideramos que el duelo muestra los mismos rasgos, excepto uno; falta en él la perturbación del sentimiento de sí. Pero, en todo lo demás, es lo mismo.

El melancólico, sin embargo, añadía:

> nos muestra todavía algo que falta en el duelo: una extraordinaria rebaja en su sentimiento yoico, un enorme empobrecimiento del yo. En el duelo, el mundo se ha hecho pobre y vacío; en la melancolía, eso le ocurre al yo mismo. El enfermo nos describe su yo como indigno, estéril y moralmente despreciable… El cuadro se completa con el insomnio, la repulsa del alimento y un desfallecimiento, en extremo asombroso psicológicamente, de la pulsión que compele a todos los seres vivos a aferrarse a la vida (ideaciones o intentos suicidas).

Habida cuenta de la evolución de la nomenclatura psiquiátrica desde principios hasta mediados del siglo xx, podemos entender que lo que Freud llamaba, en su día, melancolía recibiría hoy el nombre de «depresión». Según él, duelo y melancolía eran dos fenómenos equivalentes que servían para estudiar una misma experiencia, con una diferencia clave referida al «empobrecimiento del yo» (afectación de la autoestima). Este aspecto diferenciaba el carácter morboso de la melancolía, frente al normal del duelo:

> Cosa muy digna de notarse […] es que a pesar de que el duelo trae consigo graves desviaciones de la conducta normal en la vida, nunca se nos ocurre considerarlo un estado patológico, ni remitirlo al médico para su tratamiento. Confiamos en que, pasado cierto tiempo, se superará, y juzgamos inoportuno y aun dañino, perturbarlo.

Aunque con una mirada más actual, creemos que el planteamiento de Freud continúa siendo ilustrativo para la comprensión de la depresión, a partir del análisis del duelo. En efecto, hemos relacionado el sentimiento de tristeza en la depresión con la experiencia de la pérdida y la elaboración de esta, como la actividad específica del proceso de duelo. Así, la comprensión del duelo nos lleva a la de la depresión.

El proceso de duelo es un trabajo costoso que implica dolor y tiempo. A veces da la impresión de que el sufrimiento no se ha de acabar nunca, pero si se permite su elaboración y no se retrocede ante este sufrimiento, se consigue ver la luz al final del túnel. En este proceso la aflicción es grande; se recuerda a la persona que ya no se tiene al lado y a la relación que se tuvo con ella, pero es mediante esta tarea que se superará la pérdida.

Cada vez que algo se va, deja lugar a lo que sigue, y es la toma de conciencia de la verdadera *ausencia* y el contacto con ella lo que ha de permitir la aceptación de la nueva realidad. En este proceso se sentirá un *vacío* que solo se podrá llenar mediante un desarrollo doloroso y a veces largo. No se puede decir cuánto tiempo se puede tardar en superar una separación, una ruptura, una muerte real, o una pérdida significativa, pues eso depende de cada persona, y solo esta lo sabrá, cuando haya logrado superarlo.

El proceso de duelo se puede explicar en cuatro fases aplicables también para cualquier situación de cambio (sin necesidad de una muerte física), aunque no tiene por qué ser de forma lineal, ya que se puede saltar de una fase a otra, solaparse o bien no pasar por todas las fases. Estas, descritas originariamente por Kühbler-Ross (1989) y otros autores, como Robert Neimeyer (2000, 2002), pueden considerarse como pasajes casi universales, aunque con diferencias personales en el ritmo, la secuencia, la duración y la intensidad de las vivencias.

En su trabajo de adecuación de estas experiencias de duelo al caso de mujeres abandonadas por sus parejas, Pilar Mallor (2006) las describe así:

- *Negación.* Rechazo ante la pérdida. Negación de sentimientos y disociación emocional ante la realidad de la separación: «no puede ser verdad que me ocurra eso a mí». La primera emoción a la que tiene que hacer frente el desamor en esta fase es la *sorpresa:* la temida sorpresa que nos deja descolocados, fuera de juego, sin el control ilusorio que creíamos tener de la situación. La sorpresa de difícil manejo, que nos deja desconcertados, que nos lleva a preguntarnos en qué hemos fallado: si hemos sido demasiado ingenuos al no ver formarse la tempestad, o si tenemos la culpa, o si nos lo hemos merecido porque no valemos nada... Es un momento en el que todavía no sabemos qué dirección seguir ni qué hacer, con la vana ilusión de poder hacer algo para evitarlo. Pero ya es tarde, no hay nada que hacer. Esta constatación nos aproxima a una sensación de impotencia que es la precursora de la tristeza y la rabia.

- *Depresión.* Retirarse del mundo, reflexión sobre el significado de la vida. Fase de desorganización y desesperanza. En este momento se hace evidente la pérdida, dando paso al duelo y la tristeza: se ha perdido un proyecto de vida, se ha desmoronado un hogar, décadas enteras de nuestra vida parecen haberse esfumado en la nada, las expectativas y proyectos de futuro se han diluido como la niebla matinal, todo aquello que parecía dar sentido a la vida se va por los suelos. Parece que ya nada interesa, que nada motiva, que nada tiene sentido.
- *Cólera, rabia, ira.* ¿Por qué a mí? Sobresalen los sentimientos relacionados con la pérdida. Cólera dirigida a quienes se considera responsables de la pérdida. El llanto, la rabia, las acusaciones de ingratitud son rasgos de esta fase y deben de ser entendidos como expresiones de la imperiosa necesidad de encontrar y recuperar a la persona perdida. La rabia es la tercera emoción del desamor, es el fuego que va a reducir a cenizas la impotencia. Esta rabia toma al principio varias direcciones, contra sí mismo, contra el causante de nuestra desesperación, contra la situación y a veces contra el mundo entero. La rabia contra sí mismo toma la forma de culpabilidad y desprecio; uno se siente devaluado: «si me han dejado es que no valgo». La función transformadora de la rabia contra sí mismo es cambiar la impotencia por decisión, separar lo esencial de lo aparente.
- *Aceptación.* Fase de reorganización. La aceptación de la pérdida conlleva una redefinición de sí mismo y de la situación, desem-

> peñar papeles nuevos y adquirir nuevas habilidades. Mirar hacia afuera. Después de haber llorado cada pérdida, después de elaborar el duelo más emocional, después de habernos animado a soltar, viene el encuentro con uno mismo, gracias a la experiencia vivida en el proceso. Al dejar de huir compulsivamente de los aspectos duros de la vida, al asumirlos, se puede alcanzar un estado de paz interior.

Solo se curará el dolor si se experimenta plenamente, pues no existe la píldora mágica que nos libre de él. Llenar el vacío es un proceso lento de paradas y nuevos comienzos, de éxitos y de fracasos, de desesperación y esperanza. No existen los atajos.

La separación de los amantes

Fragmentos del diario de Paula, recogidos en su escrito por Pilar Mallor (2006), contribuyen a hacer más comprensible la dureza —pero también el significado— del proceso y su relación con las fases del duelo. La cronología salpicada del texto permite asistir en directo a la evolución del proceso de separación en el lapso de un año:

> 23 DE OCTUBRE. Mi pareja me ha dejado, aún no me lo creo, pero es así, se ha ido. Me siento perdida y muy angustiada *(shock inicial, sorpresa).* Dice que dependía demasiado de él, que se sentía ahogado, atado, castrado y esa situación le hacía sentirse infeliz. Parece ser que seis años de matrimonio no son suficientes como para reconsiderarlo. No hay marcha atrás, lo tiene muy claro y dice que se va. Que necesita pensar por uno y no por dos, necesita huir de este presente y evadirse de la realidad.
>
> Yo solo lloro. No me puede estar pasando a mí, con lo felices que éramos. Y ahora qué haré yo sin él, me moriré. No podré hacerme cargo de mi vida, él lo era todo para mí. Si mañana no despierto, no importa; igual me da morir que vivir. A lo mejor necesita tiempo, y se dará cuenta de lo que le importo y volverá. No

puede ser definitivo, tiene que volver... *(Fase de negación, intento de renegociación).*

11 DE NOVIEMBRE (TRES SEMANAS DESPUÉS). He llegado a tocar lo más profundo de los infiernos y siento mucho calor. Lo que más impresiona son los sentimientos con los que te encuentras: *sufrimiento, angustia, impotencia, perdición, soledad*, un conjunto de *sinsentidos*, una *falta de ilusión* hacia todas aquellas cosas que algún día hicieron que mereciera la pena vivir. En estos momentos todo me resulta indiferente, como si estuviera *vacía*. Me aterra pensar lo que será de mí sin él. ¿Qué sentido tiene mi vida si él no está a mi lado? *(Fase de tristeza o depresión).*

10 DE ENERO (TRES MESES DESPUÉS). La oscuridad lo cubre todo, como si una enorme niebla te impidiera ver la realidad, el calor hace que te deshidrates, que te ahogues y pierdas el apetito. Al principio nada parece tener solución y crees que tu suerte está echada y que permanecerás en ese lugar eternamente, pero cuando tus fuerzas flaquean e irremediablemente parece que vas a sucumbir a esa terrible angustia, aparece una luz a lo lejos, muy tenue, pero lo suficientemente poderosa como para hacerte creer que todavía hay esperanza.

Y entonces, poco a poco, sales de las profundidades de la tierra y empiezas a vislumbrar lo que te parece que puede ser la luz del sol, pero, aun así, sabes que el camino es largo y que el sufrimiento te va a acompañar durante un buen rato, aunque con menor intensidad. Pero sientes que la meta está más cercana. Durante este proceso piensas en él, en lo terriblemente absurdo que es estar vivo sin el alma de su cuerpo, sin su latido y que a veces sientes tanto odio, que ni tan siquiera te atreves a mostrarle tu desprecio.

20 DE ABRIL (SEIS MESES DESPUÉS). Hoy es mi cumpleaños y no me ha llamado. Hace seis meses que me dejó y todavía no sé nada de él, casi no ha dado señales de vida, yo esperaba que me felicitara, es como si no le importara. Después de 6 años de matrimonio. No puedo soportar esta *rabia*, no entiendo nada, cómo ha podido ha-

cerme esto a mí, no me lo merecía. Tantos años juntos compartiendo tantas cosas, para nada. Si lo tuviera delante le pegaría, le chillaría, le diría de todo, pues no se pueden hacer tan mal las cosas, sin explicaciones, de repente, como si le diera todo igual *(Fase de rabia).*

8 DE MAYO (SIETE MESES DESPUÉS). Estoy *triste y me siento muy sola.* Echo de menos todos aquellos momentos que pasaba a su lado: un paseo por las ramblas, un helado en aquella cafetería que tanto nos gustaba, una cena romántica en casa, un te quiero, ese beso que me daba todas las mañanas antes de irse a trabajar, los viajes por lugares lejanos, el hoyito que se le hace en su cara cuando sonríe.

Son tantas las cosas que compartíamos y tan pocas las que hago ahora sin él. Cada día toco la *soledad.* Al principio intentaba huir de ella, pero ahora casi se ha convertido en mi amiga, es mi compañera de viaje, y gracias a ella he conseguido darme cuenta de mis errores y de los cambios que voy a tener que hacer para superarme y quererme un poco más *(Fase de aceptación).*

Sientes confusión y a veces pierdes la perspectiva de las cosas. Pero ahora sé que tengo que elaborar varios *duelos*, muy distintos pero necesarios, uno tiene que ver con la *pérdida de mi pareja y otro con el de la dependencia* que sentía hacia él. Ahora me planteo si realmente quería tener a mi chico a mi lado solo por amor o también por mi propia inseguridad. Me da la sensación de que tengo que empezar de cero, pues él ya no está y me cuesta funcionar sin él, dado que había delegado en él muchas funciones, de las que ahora yo tengo que ser la única responsable. Ahora tengo que *reconstruirme.*

20 DE JULIO (NUEVE MESES DESPUÉS). Me estoy dando cuenta de muchas cosas y algunas no son fáciles de asimilar. Pero creo que gracias a ellas podré realizar un cambio importante en mi lucha hacia la autonomía. Mi terapeuta dice que la tristeza es la emoción que nos hace conectar más con nosotros mismos, y debe ser verdad, porque ya no me quedan lágrimas que sacar. Pero estoy contenta, ahora creo que cada camino de cada lágrima llevaba a un lugar maravilloso, llamado libertad. Libertad para creer en ti misma, para

actuar como tú quieras, para poder decir lo que te apetezca, para poder ser tú misma, para confiar en ti.

Al final de este proceso tan duro, llegas a *comprender* que mereces que te quieran por lo que eres y, sobre todo, *aprendes* que la lucha que has emprendido por llegar a ser autónoma es el mejor de los regalos que puede hacerte la vida. Aunque para ello hayas tenido que tocar lo más profundo de los infiernos. Hay que atravesar la tristeza para poder llegar a crear tu propio criterio. Solo necesitas ser consciente de que tú eres la vida, de que la vida solo existe porque tú existes. Crecer es ser consciente de que vives. Cuando comprendamos que la vida nos pertenece, comenzaremos a vivirla según nuestros deseos y seremos los dueños de nuestra propia existencia.

26 DE NOVIEMBRE (UN AÑO DESPUÉS Y FIN DEL DIARIO). Ha pasado más de un año desde que estoy sin pareja, y me siento como una gran superviviente. Releo mis diarios y a veces me cuesta creer cómo he podido llegar hasta aquí, sin haber muerto en el intento. La travesía ha sido muy larga, pero a pesar de las adversidades (soledad, vacío, tristeza, angustia, ansiedad, desesperación, impotencia, inseguridad, etc.) aquí estoy, escribiendo en mi diario. Y ahora sé que el sufrimiento es la experiencia del dolor. Hay que tocarlo, entenderlo, saber cuál es su origen, porque el sufrimiento es crecimiento. Creo que el gran secreto de la vida es escucharte y no tener miedo a ser tú misma. Como decía mi terapeuta:

> Sufrir esta separación es legítimamente doloroso; es decir, produce un daño o una pérdida reales y deriva necesariamente en un duelo. Pero al igual que el duelo sigue un proceso de sentimientos contrastados (incredulidad, rabia, tristeza, impotencia, depresión), pueden derivar finalmente en aceptación y transformación. Esta es la mayor utilidad del dolor: su capacidad transformadora. Como decía Nietzsche «el dolor que no destruye, nos hace más fuertes». No es deseable el dolor en nuestras vidas, pero sí inevitable. Este es el beneficio que puede derivar de tu dolor en un proceso transformativo: mayor acercamiento y contacto contigo misma, mayor

> aceptación y amor incondicional, mayor decisión y autonomía, mayor independencia y capacidad, mayor conocimiento experiencial de ti misma y del ser humano, mayor fortaleza y serenidad.

Reparar

La analogía con el proceso de duelo para hacer frente a la experiencia depresiva encaja muy bien con la comprensión de la depresión reactiva a una pérdida nuclear. Sin embargo, como ya observaba Freud, había un elemento que diferenciaba el duelo de la melancolía y que él designaba como «empobrecimiento del yo». Este empobrecimiento lo hemos situado en nuestro análisis como un *déficit ontológico,* sobre el que se va configurando la *depresión originaria,* ya desde la infancia. La reparación de este déficit va ciertamente más allá de un proceso de duelo. Requiere la construcción de la *estima ontológica* (Villegas y Mallor, 2015) que, o bien ha estado ausente desde el principio, como en el caso de Paul Williams (capítulo 2) o de Raquel (capítulo 3) por negligencia y abandono, o bien ha sido sistemáticamente destrozada a lo largo del proceso evolutivo, como por ejemplo en el caso Heidi (capítulo 2), por abuso y maltrato.

Comoquiera que la depresión *reactiva* muchas veces se sobrepone a una depresión de fondo, *originaria*, esta halla la ocasión para manifestarse de forma oportunista, a propósito de ella. En consecuencia, ante cualquier demanda depresiva, resulta pertinente la reconstrucción biográfica, como contexto comprensivo de las manifestaciones «melancólicas». La devaluación sistemática de la persona, las negaciones continuas de valor, la autodenigración, la baja autoestima, los sentimientos de culpabilidad, las ideas suicidas, suelen remitir, aunque no exclusivamente, a invalidaciones de origen, como las referidas más arriba, particularmente en el capítulo primero, a propósito de la *depresión originaria*. Reparar este déficit significa, en consecuencia, trabajar en la consolidación de los fundamentos de la estima ontológica, a veces a partir de cero o casi.

El alcornoque

Esto da lugar, con frecuencia, como hemos visto en los primeros capítulos, a intentos desesperados de validación ajena, a través del narcisismo meritocrático (Villegas, 2022), como en el caso de Araceli, a quien su madre la llamaba «alcornoque», por considerarla dura de entendimiento. Hija de madre soltera, dejada en sus primeros años en un internado, donde fue difamada, despreciada y hasta falsamente acusada, creció con el complejo de falta de valor propio, que intentó compensar de mil maneras en su vida adulta. Intentos que llevan consigo un alto coste en ansiedad. En la sesión de terapia, dirigida a tratar sus sentimientos al respecto, se produce el siguiente diálogo:

> Terapeuta: *¿Qué es para ti sentirte despreciada?*
> Araceli: *Sentir como que no soy digna de que me quieran, de que me traten bien, como a mí me gusta que me traten. Me siento como inferior, ¿no? Como poca cosa. Quizás me falte seguridad también para aceptar mis dificultades, entonces, como yo no las acepto, pienso que los demás tampoco las aceptan. Quizás porque mi madre me machacó mucho, que no servía para nada, bueno, que siempre hacía las cosas mal y que «¡es que vas a ser una desgraciada toda tu vida como yo, trabajando, por no tener estudios!». Entonces ese complejo. Yo creo que eso ahí me crea una inseguridad, porque yo quiero ser, quizás, importante para algunas personas, y a lo mejor pienso que no lo soy, porque me falta cultura, porque me faltan conocimientos, me falta no sé…*
> T.: *¿Qué necesitarías para ello?*
> A.: *Mi deseo, por ejemplo, sería estar más alto, ser más culta, ser más educada, ser más… Y claro, a lo mejor no he llegado hasta donde yo me puse la meta. Entonces es como que me falta algo, y yo creo que quizás es esta ansiedad mía de aprender, de hacer cosas, de madurar, de ser, siempre intentando ser buena esposa, buena madre, buena amiga. Pero también puede ir relacionado con mi exigencia, ¿no? Y con ser perfeccionista. Entonces es esa exigencia mía de querer ser cada vez mejor, aunque nunca voy a conseguir ser perfecta. Que los demás me respeten o quizás también que me admiren. Podría ser también, ¿no?*

T.: *Como una necesidad de ser admirada.*
A.: *Sí, respetada e importante.*
T.: *Y tú lo relacionas con el hecho de que tu madre te inculcó que no valías.*
A.: *Sí, porque para ella nunca estaba a la altura, mi madre también era perfeccionista y muy exigente. Y ella estaba como muy acomplejada toda la vida porque había estado siempre sirviendo. Quería para mí algo diferente. No quería que yo fuera como ella, porque había sufrido mucho, «porque es un trabajo muy duro, porque es el trabajo que todo el mundo desprecia». Y claro, me lo inculcó de una manera que siempre fracasaba: «es que vas a ser como yo, vas a ser una desgraciada», cuando el trabajo es tan digno.*

Pero más importante que la acumulación de resultados es la perfección o ausencia de defecto en ellos, que es lo que le otorga mérito a la obra, lo que suele desembocar en la búsqueda obsesiva de excelencia, dando origen a problemas de ansiedad, que suelen ocultar un trasfondo depresivo.

T.: *Pero has hablado de «no puedo ser perfecta».*
A.: *Bueno, sí, claro, a mí me gusta hacer las cosas lo mejor que pueda, en todos los sentidos.*
T.: *Pero te gustaría ser perfecta para que los demás…*
A.: *Me quisieran.*
T.: *Has dicho «no puedo ser perfecta, pero yo quisiera». El tema es ¿por qué quieres ser perfecta?*
A.: *Pues, porque no me gusto y al no gustarme, entonces a los demás tampoco. Si gusto, me siento mejor, porque los demás me reafirman o me hacen de espejo, ¿no? Me dan el valor. Y entonces pienso que dejo en sus manos mi valor como persona.*
T.: *Entonces necesitas que los otros te acepten para sentir que vales.*
A.: *Pero no debería ser así, claro. El valor que no me dan ellos, pues tendría que trabajármelo yo y quererme* (ríe).

Un sitio seguro

En este proceso de (re)construcción de la estima ontológica, tiene un gran peso y trascendencia la recuperación de las partes sanas de la experiencia pasada. En el caso de Heidi, por ejemplo, la vinculación segura con los abuelos y las experiencias del propio valor: los deportes cuando era joven, en el internado, el trabajo como dependienta en Colombia o en los restaurantes que ella misma montó.

> TERAPEUTA: *Dices que hay cosas en la mochila que aún tienes que echar.*
> HEIDI: *Sí, hay cosas que duelen, cosas que son inevitables, pero esos momentos los supero mejor que antes.*
> T.: *¿Y cómo lo haces?*
> H.: *Pues, me voy a un sitio seguro.*
> T.: *Un sitio seguro.*
> H.: *Sí, me voy a un sitio seguro y desde ahí pienso que eso ya está atrás, que estoy bien, que estoy siendo querida, que nada me puede hacer ya daño si yo no quiero. Sin desconfianza…*
> T.: *¿Este sitio seguro es tu infancia con tus abuelos, libre en la naturaleza?*
> H.: *Sí, esa parte es mi tesoro. Es donde me siento segura, mi sitio seguro siempre es ahí. Y luego, pues, me lo pasé muy bien también en el internado, todo hay que decirlo; tenía amigas. Con el deporte lo pasaba pipa, era la mejor, siempre la mejor y yo, bueno, pues el ser líder en algo… Ahí yo era, bueno, sensacional, y ellos a eso no le daban importancia. O, por ejemplo, leer libros, que tampoco le daban importancia, si no era un libro de texto. Yo en mi adolescencia me tragué un montón de libros, porque ahí yo me metía en las historias y me evadía, ahí es donde yo soñaba… Hubo una época en la que me gustó mucho la poesía, aún guardo un cuaderno en el que yo escribía poesía.*
> T.: *Sí. Me ha recordado mucho eso a Heidi. En el sentido de un ser natural, inocente, puro, sano, que vive en la inmediatez de las sensaciones, de la naturaleza, de… Y ahora puedes recuperar, de alguna manera, esa época inocente, esa época…*
> H.: *Sí, me ha servido mucho para salir adelante, porque toqué fondo totalmente. Me ha ayudado mucho y me está ayudando mucho.*

Validar

(Re)construir la *estima ontológica* (Villegas, 2022, 2023) implica, también, aprender a validarse ante los demás, no esperar la aprobación ni temer la desaprobación de los demás, para sentirse válido ante sí mismo y ante el mundo. La validez ontológica no significa validez funcional; la primera pertenece al ser, la segunda al hacer. La primera se basa en la dignidad de la naturaleza humana, que es universalmente idéntica en todas las personas; la segunda en las habilidades aprendidas, que es variable según las diversas aptitudes desarrolladas a través de la formación y la experiencia de cada uno. No todos valemos («servimos») *para* lo mismo; pero todos valemos *lo mismo*. Por lo tanto, nadie es superior (ni inferior) a nadie. Aunque parezca solo un principio psicológico, en realidad lo es también filosófico, moral, social, político y jurídico: sobre él se apoya la legitimización de la democracia y la abolición de la pena de muerte.

La invalidez funcional, que puede derivarse de déficits congénitos o traumáticos (por ejemplo, la ceguera), requiere una compensación social; sin embargo, la invalidez social, producto de la invalidación basada en el juicio ajeno tiende a anular la validez ontológica, y requiere un reconocimiento de los propios derechos. Las etiquetas psiquiátricas o las sentencias judiciales en el campo de la salud mental pueden vaciar de contenido el principio de la validez ontológica. Hay que ayudar a las personas a leer las sentencias de tribunales médicos por las que se les declaran grados de invalidez en tantos por ciento como sentencias de invalidación, contra las que tienen que apelar ante el tribunal de su autonomía, o al menos ese debe ser el objetivo de la psicoterapia.

Departamento de validaciones

En el diálogo que sigue, se retoma el caso de Mari Carmen iniciado más arriba, que está pendiente de un juicio de faltas por un conflicto en el vecindario, apelando directamente, como estrategia terapéutica, a la validación autónoma.

Mari Carmen: *Pero yo me veo juzgada por todo el mundo, como que me están juzgando ya antes de que llegue el juicio.*
Gemma: *Pero si te has juzgado tú misma, tú eres la primera que te estás juzgando.*
M.C.: *Porque me invalidan.*
Terapeuta: *Eso, te invalidan. El tema es este: has sido invalidada.*
M.C.: *Yo soy un cero a la izquierda. Si no sé todavía quién soy.*
T.: *A ver, un momento, tú has dicho bien que te han invalidado, el problema es que te han invalidado. Pero como no va a venir nadie de fuera a validarte…*
M.C.: *Igual estoy esperando.*
T.: *De alguna manera estás esperando. Tú tienes una cuestión pendiente de cuando eras pequeña entre tu padre y tu madre: tu padre era tu validador y tu madre era tu invalidadora. Pero tu padre murió cuando todavía eras una niña. Y no te has movido de esta posición, porque de alguna manera es como si esperaras que te dieran permiso para decir ahora ya te puedes validar, como si primero los que te invalidaron te tuvieran que validar para que tú te pudieras validar. No sé si es un trabalenguas o no.*
M.C.: *Es un trabalenguas, pero algo he pillado.*
T.: *Pues eso, si esperamos de fuera al validador, si nos mantenemos en una posición de víctima, nos mantendremos en el malestar. Como si necesitáramos un Departamento de validaciones que nos reconociera en nuestros derechos.*
M.C.: *Indudablemente, hasta hoy, es así. No sé qué pasará más adelante. Yo no puedo cambiar a una persona, yo he estado siempre esperando de mi madre.*
T.: *Ahí está: estás siempre esperando. No esperes.*
M.C.: *He estado toda mi vida esperando un tren y ese tren no viene.*
G.: *El departamento este, ¿cómo era? De validación* (se ríe), *de… ¿cómo era?*
T.: *De validaciones. Aquí, aquí está* (señala el espacio terapéutico).

G.: *Para echar una solicitud* (ríe).
M.C.: *¿Departamento de qué?*
T.: *De validaciones… Pero no os la darán, tenéis que ganarla.*
G.: *Pero si lo pone por escrito es más fácil, ¿no?*
M.C.: *Pero te tienes que creer lo que pone ahí.*
T.: *Claro, un documento en el que pone «esta persona vale»* (hace un gesto como si sellara un documento). *Pum. ¿Te lo crees?*
M.C.: *Pero, ¿como un documento? ¿Como el carné de identidad?* (hace un gesto como si sellara un documento).
T.: *Mira, el próximo día me traéis un documento escrito por vosotras.*
G.: *Y nos pones el sello.*
T.: *Y yo os pongo el sello, como que estoy de acuerdo con vosotras.*
M.C.: *¿Que valemos?*
T.: *¡Que valéis! El próximo día traéis el documento y os lo firmo y os pongo el sello, conforme estoy de acuerdo. Firmado en Barcelona, tal día a tal hora.*
G.: *¿Y tendremos derecho a todo lo que tiene derecho todo el mundo?*
T.: *Claro.*
G.: *¿Sí? ¡¡¡Qué chollo!!!*
M.C.: *Me lo voy a poner en la mesita de noche y lo voy a ver todos los días.*
G.: *Y eso te sirve para cuando alguien venga a decirte que no vales; pues tú le dices: «¡Ey! Tengo un documento con el sello del doctor diciendo que yo valgo, ¿eh?* (todos ríen). *Que no lo digo yo, que lo dice él».*
T.: *No, no precisamente «porque lo digo yo». Porque lo dices tú, o sea, cada una, por sí misma.*
G.: *¿Te imaginas ir por la vida con un documento: «¡Ey! Que aquí dice que soy una persona* (gesticula como si enseñara un documento) *y tengo los mismos derechos que los demás».*
T.: *Tú escribe el documento de que vales.*
G.: *Yo lo voy a hacer, y me vas a poner el sello de verdad. No; como a mí alguien me diga algo, yo diré «un momento* (hace gestos como si tuviera un papel entre manos), *aquí tengo un documento firmado»* (ríe).
T.: *Pero va a ir tu firma, también.*

M.C.: *Hombre, claro, el compromiso se adquiere de las dos partes.*
G.: *Y si tienes alguna duda, habla con el departamento de validaciones.*
M.C.: *Esto es muy fuerte. Con esto sí que nos tomarían por locas.*
G.: *Si me tomaran por loca por eso, hoy sería la primera vez que estaría de acuerdo.*
T.: *Bueno, cada una que haga lo que quiera. Lo importante es que ese documento os valide y no estaría de más como acto de reconocimiento oficial.*
M.C.: *Un reconocimiento oficial entre nosotras.*

Liberar

La experiencia de la pérdida nos da a entender cuáles son los déficits que necesitamos rellenar y cuáles las ausencias que debemos suplir con nuestros propios recursos. Asimismo, pone en evidencia los afectos que nos mantienen atrapados en el pasado y las falsas expectativas que nos impiden avanzar de forma autónoma hacia el futuro. Este es un proceso de liberación de (re)sentimientos de culpa y vergüenza, propia o ajena, o de odio y venganza, que requiere muchas veces el perdón.

Con frecuencia los sentimientos de culpa tienen orígenes oscuros, sobre todo en las personas abusadas sexualmente en su infancia, donde se confunde fácilmente la victimización con la culpa. En el siguiente diálogo, Heidi habla del perdón con relación a su padre, de quien ha recibido diversos tipos de abuso, y de la dificultad de hablar de estos temas con los demás, exceptuando en el ámbito terapéutico.

El mundo al revés: de víctima a culpable

En su infancia, Heidi se vio sometida durante el lapso de al menos dos años a violaciones continuas por parte de su padre, que ella interpretaba como un castigo, por lo que se sentía culpable:

H.: *Y cuando llevas una culpa y todo este peso encima, es muy difícil transmitirlo, porque, aparte, las personas que te han hecho daño siguen vivas y sigues teniendo miedo porque esas personas no te han perdonado.*
T.: *¿No te han perdonado? En ese caso, parece más bien que necesitas tú perdonar, no que te perdonen.*
H.: *Cuando son personas tan cercanas, que están ahí todavía... Sí, entonces es difícil, es difícil. Yo les he perdonado, para seguir y continuar con mi vida. Y dejarlo ahí. Pero llega un punto en el que necesitaría que me vieran de otra manera. Que vieran que yo he evolucionado, que yo no tengo por qué hablar de esto, ni comentárselo a nadie, porque quien lo tiene que saber, ya lo sabe. Entonces, que me vieran como una persona, como lo que soy ahora. No que me sigan viendo como antes. O lo que habían hecho de mí... Pero, por ejemplo, la persona que más daño me ha hecho en mi vida no ha cambiado nada. Físicamente no puede, pero mentalmente, sí. Y lo malo es que, cuando estoy delante de él, se me desmorona todo, y entonces digo «a ver, Heidi, ¿qué has estado haciendo hasta ahora?». Entonces digo «relájate, piensa en todo lo que has hecho, piensa quién eres, que tú vales mucho», o sea, claro que sí, que hablo conmigo misma y no pasa nada, es él, pero me afecta.*

La prosecución del diálogo, centrado sobre el maltrato del padre, elude expresamente el tema del abuso sexual, aunque le es aplicable totalmente, orientando la atención de la audiencia sobre el autoritarismo del padre y la rebeldía de la hija.

T.: *¿Y qué hubieras querido perdonar o a qué te refieres ahora?*
H.: *A poder hablar de lo que pasó, de las cosas que pasaron. ¿Por qué pasaron? ¿Por qué lo hicieron? ¿Por qué motivos?*
T.: *En ese caso, ¿con quién tendrías que hablar?*
H.: *Con mi padre, sobre todo. Mi padre fue el más culpable de todos.*
T.: *Tu padre; parece que hablar de tu padre es un tema que te remueve especialmente.*
H.: *Todavía me cuesta. Es que, claro, luego, con la perspectiva del tiempo, dices «¿pero por qué?». Es doloroso. Pues ahí, dentro de ese hogar, se han violado todos mis derechos, como persona y como niña.*

T.: *¿Tenías conciencia de alguno de tus derechos?*
H.: *A ver, no conciencia en sí, porque, al fin y al cabo, era una niña. Pero me imagino que cuando alguno de esos derechos se violaba, sabía diferenciar lo que estaba bien y lo que estaba mal, porque había vivido lo bueno y había pasado lo malo. Y entonces, claro, sabía diferenciar una cosa de la otra.*
T.: *Pero luego, cuando el maltrato lo recibiste tú, ¿cómo lo vivías?*
H.: *Estás en un círculo tan cerrado que te sometes. Y adquieres una dependencia, que te hace que obedezcas, porque no hay nada más.*
T.: *Ahí también es dónde te cuestionas si te acomodaste.*
H.: *Sí. Y como vida en familia es lo que conocí. No conocía otra, porque esa, según ellos, era la que valía. Eran los padres.*

La oportunidad de hablar claramente de los abusos sexuales llegará en una sesión posterior. En el grupo se está hablando del perdón y a este propósito comenta el terapeuta:

T.: *La gente antes, en el lecho de muerte, pedía confesión, se sinceraba, era el momento de hacerlo.*
H.: *Para mí sería que mi padre, en su lecho de muerte, me pidiera perdón.*
T.: *¿Y qué tendría que decir para pedir perdón, realmente?*
H.: *Que se ha equivocado en muchas cosas, en someterme, en reproches, en que nada lo hago bien. Lo que pasa es que yo vivo a mil kilómetros de distancia y no me apetece estar con ellos. Porque he tenido también esta postura de que, si externamente no puedo cambiarlo, prefiero alejarlo de mi vida. Yo respeto su forma de vida y ellos empiezan a respetar la mía. Pero hay muchas cosas en medio que están sin hablar.*
T.: *¿Tu padre se podría arrepentir de algo?*
H.: *De los abusos. Nunca he hablado con él de esto. Para él no han ocurrido. Tenía que someterme de alguna manera. Y fue la única que encontró.*
T.: *De someterte.*
H.: *Sí, que me iban a domar. Y es lo que nunca consiguieron. Nunca hubiera estado a su lado.*

T.: *Cuando hablas de abusos, ¿a qué abusos te refieres?*
H.: *Abusos sexuales. Para mí me han herido más psicológicamente que las marcas que me dejaba en las piernas.*
T.: *¿Y eso cómo se perdona?*
H.: *Se perdona porque tienes que seguir, tienes que llegar a sentirte limpia y sentirte libre.*
T.: *¿Y tu madre no sabía nada?*
H.: *Sí que lo sabía. ¿Cómo no lo iba a saber una madre? Ella los sábados iba al mercado, se llevaba a mi hermano y me dejaba sola con él.*
T.: *Dejaba el camino libre. Era cómplice.*
H.: *Totalmente, totalmente.*
T.: *¿Y tú lo vivías como un castigo?*
H.: *Era un castigo. Era la forma de someterme.*
T.: *¿Y no lo vivías como un impulso de él?*
H.: *No. En ese sentido, a nivel sexual, era muy inocente. Yo tenía entre los 9 o 10 años y así hasta los 12. Sexualmente era muy inmadura; no me vino la menstruación hasta los 14, casi los 15. Y no sé, no me venía eso a la cabeza. Yo lo veía como un castigo, como someterme. Porque yo sentía que era desobediente, que era mala para ellos: no ver el sacrificio que hacían por nosotros, no quererlos, no llamarles padres, «papá y mamá», porque no me salía. Estos ataques fueron continuos durante dos años. Yo no gritaba hacia fuera, aceptaba la sumisión como un acto donde él también me hacía sentir importante, cómplice, muda, era su preferida. No había otra alternativa para mí, formaba parte del momento.*

Perdonar

Liberarse de los vínculos establecidos con el agresor, sean del tipo que sean, de resentimiento, dependencia, culpa, vergüenza, deuda, sumisión, puede requerir en ocasiones acudir al perdón. El perdón no es equivalente al olvido o a la desconsideración de los agravios sufridos, sino de la deuda reparadora, a fin de liberarse de la dependencia de las expectativas a veces imposibles de satisfacer. La confusión respecto a las implicaciones del perdón lleva con frecuencia a un cierto estupor o escepticismo en cuanto a su poder sanador. Pero como decía una expresidiaria de un campo de concentración, cuya hermana gemela estaba implicada en las asociaciones de caza de nazis, ella prefería perdonar, porque esta era «una terapia gratuita, no tiene efectos secundarios, nos ayuda a desprendernos de los (re) sentimientos y a desapegarnos de las relaciones tóxicas, nos libera del pasado y nos abre al futuro».

En la prosecución del diálogo que sigue con Heidi y otros pacientes, se configura claramente la función terapéutica del perdón.

T.: *Dices que no te han perdonado.*
H.: *No te han perdonado en el sentido de que te siguen tratando igual. Te hacen sentir culpable igualmente ahora, como antes; o sea, el trato es el mismo. Yo lo que necesitaba, que no lo sabía, era perdonar. No sabía perdonar.*
T.: *En ese caso, parece más bien que necesitas tú perdonar, no que te perdonen.*
H.: *Exacto, yo necesitaba… perdonar, no que me perdonen. Porque yo no era culpable, pero yo me sentía culpable.*
T.: *Por lo que dices, era más bien la impresión de que tú eras la víctima. Entonces, si acaso, la víctima puede perdonar al agresor. Pero no al revés.*
H.: *Sí, bueno, claro… Entonces, que yo les haya perdonado, y seguir y continuar con mi vida, ¿no? Y dejarlo ahí.*
T.: *Ahora es otro tema, pero, como nota a pie de página: ¿para ti es igual el perdón que la reconciliación? Porque yo no sé si pretendes la reconciliación.*
H.: *Me gustaría que en lo poco que les queda a ellos y lo poco que me queda a mí… Me gustaría la reconciliación. Pero ellos no ven el problema.*
T.: *Pero a ti te gustaría que lo vieran.*
H.: *Claro, me gustaría que lo vieran.*
T.: *Ahí está, donde el tema no acaba todavía de evolucionar. Porque perdonar a veces no significa solo decir «vale, te perdono», sino «te perdono y te libero… de tu carga o de tu deuda».*

H.: *Sí, sí, yo le escribí una carta muy densa, muy... Pero nada.*
T.: *Si te liberan de tu carga significa que yo no voy a necesitar una reparación. No es tan fácil perdonar.*
H.: *No, no.*
T.: *Perdonar quiere decir que yo ya renuncio a la reparación, pero renuncio porque no la necesito, no la quiero... O sea, prefiero no tener que esperar reparaciones imposibles. A veces hay que cortar para perdonar.*

En efecto, el perdón es un proceso psicológico poco conocido y se va descubriendo a medida que la persona se ve llevada por las circunstancias a la opción de perdonar como un acto de liberación. En el siguiente diálogo entre terapeuta y varios pacientes se desgranan gradualmente algunos de los principales componentes de este proceso.

T.: *Habíamos hablado un poco el otro día de que el perdón parecía como que se podía trabajar cuando existía una comprensión de lo que había ocurrido. Por ejemplo, tú, Chema, hablabas de intentar contextualizar, intentar comprender qué es lo que ha ocurrido. Entonces, ¿creéis que esa comprensión es importante para el perdón? Si no llegamos a comprender, ¿qué pasa?*
CHEMA: *Yo creo que te queda el sentimiento de injusticia por encima de todo, igualmente. Cuando yo, por lo menos en mi experiencia, comprendí aquella serie de cosas, no es que viera que hubiera sido justo lo que me había dicho. Pero entonces, para mí, el grado de injusticia bajó, porque entendí que para esa persona había alguna razón que le llevaba a valorar más sus razones, las consecuencias que podían tener sus acciones. Entonces, mi grado de sentimiento de injusticia bajó. Y mi rabia bajó también con él. A mí lo que me perdía era la rabia que yo sentía por la injusticia. Entonces tenemos que encontrarles ese sentido a las cosas.*
T.: *Mientras no perdono, estoy en oposición a algo. Y cuando perdono dejo de estar en oposición y puedo aprender. Porque, justamente, un paso importante es comprender. Pero com-prender, si no lleva a a-prender, no sirve de mucho. Si yo comprendo, pero no aprendo, en realidad no he comprendido. Cuando comprendo es porque he aprendido algo.*

OLGA: *Ya, pero hay una cosa que yo no acabo de entender. Si eres empático y siempre piensas «bueno, esta persona me ha hecho esto, se ha comportado así porque, claro pobre, no sé qué. Bueno va, la perdono», ¿vale? Y tu autoestima ¿dónde queda? Alguien te ha hecho algo que a ti te ha perjudicado, que te ha hecho daño. Para perdonarlo tú te pones en el sitio del otro. Pero entonces, de alguna manera, ¿dónde queda tu autoestima? Si cada vez que alguien te hace algo lo perdonas y entiendes por qué lo ha hecho, es como decir «claro, pobre, es normal que me haya hecho esto. Si es que me lo merecía».*
CH.: *Eso es resignación, y no tiene nada que ver con perdonar ni con comprender. Con la resignación sí que se va la autoestima por el suelo. Pero el perdón y la comprensión no tienen nada que ver con que la autoestima la dejes a la altura del betún. Para mí es al contrario. Cuanto más capaz eres de comprender a los demás, significa que tú estás mejor contigo mismo. Por lo menos es a lo que llegué en aquel momento. Yo antes, cuando tan mal me sentía, no podía perdonar a nadie, ni al que tiraba un papel al suelo por la calle. Fue al revés, fue cuando ya me sentí mejor conmigo cuando pude realmente perdonar sinceramente a la otra persona. Entonces mi autoestima estaba por las nubes. Es al contrario. Si tú estás bien contigo mismo, no pones el foco de tu felicidad en los demás, lo pones dentro de ti. Entonces…*
HEIDI: *Yo, por mi experiencia, lo que he entendido es que te hacen daño si tú permites que te hagan daño, porque tú te entregas a esa persona.*
CH.: *Le das poder a la otra persona.*
O.: *Ya, pero, ¿cómo lo perdonas?*
T.: *A ver, el tema del perdón es muy complicado. Para empezar, el perdón no es un fin, sino un medio. ¿Es un medio para qué? Para avanzar, para desprenderme de algo que me retiene atado a un sentimiento de apego, como puede ser el odio, el rencor, la rabia, lo que sea. Comprender no significa compadecer. Por ejemplo tú* (se refiere a Olga) *en tu discurso has utilizado «me da pena». No, no, eso no es comprender, eso es compadecer. No se trata de comprender al otro o sus motivos, sino la situación, el contexto en el que se han producido los hechos. Entonces si yo he de compadecer al otro, me jorobo a mí mismo, ¿no? Porque para que la otra persona suba, yo bajo. No, claro, eso no es equitativo, porque*

tiene que ver con la injusticia, tiene que ver con la violencia, sea física, sea social, sea de lo que sea. No, tampoco la finalidad es perdonar a la persona, precisamente, porque no busco la reconciliación. Perdonar no incluye necesariamente perdonar a la persona, sino la deuda. No es una finalidad en sí misma, sino un medio para liberarme. Poder seguir adelante, sin ese peso, sin ese enganche que tengo con esa persona que me ha hecho algo. En un determinado momento de la vida, podrá ser que incluso agradezcas que aquella persona te haya hecho algo, porque eso te hizo despabilar, por ejemplo. Aunque fuera de malas maneras, dan igual las intenciones. Pero no confundamos eso con la reconciliación. Porque claro, el perdón tampoco es reconciliación. La reconciliación es volver a ser amigos. Nos habíamos peleado, una pareja se ha peleado y luego se reconcilian en la cama. Se reconcilien donde se reconcilien, ya sea en el juzgado, en la cama o en el café de al lado, da igual. Eso no equivale a perdonar. O sea, porque lo que estamos ahí poniendo por encima es la voluntad de mantener la relación, en la reconciliación. Pero yo puedo reconciliarme y guardarme toda una lista de agravios, que luego, a la mínima, vuelve a salir. Entonces, la lista estaba ahí. Y luego también está el tema de olvidar. O sea, hay cosas que no se olvidan, por eso sale la lista. Se ha hecho la reconciliación, pero no se ha perdonado. A veces, la mejor manera de perdonar algo es alejarse de aquello. Simplemente, no lo quiero en mi vida. Eso me tiene enganchado allí, me tiene sumiso, yo quiero cambiar y eso me impide. Pues ¡fuera! Me libero.

CH.: *Yo a mi socio no le he vuelto a hablar, no le he dicho nunca que lo he perdonado. Pero realmente yo lo he perdonado, y a su mujer también, pero no los he vuelto a ver nunca más. O sea, que es lo mismo que si estuvieran muertos, ¿no? Y además, no los quiero ver; los puedo haber perdonado, pero no tengo ningunas ganas de verlos.*

T.: *La finalidad del perdón es la liberación. La liberación de la deuda. Tú no me debes nada a mí, ni yo te debo nada a ti, pero cuanto más lejos mejor. Porque justamente no quiero este lazo.*

CH.: *Este vínculo.*

T.: *Este vínculo de deuda. No lo quiero, porque siempre me remite a ti y justamente lo que no quiero es pensar en ti, es estar pendiente de ti; me libero definitivamente. En cambio, si lo que quiero es la reconciliación, necesitaré reconstruir el vínculo sobre otras bases, liberadas igualmente de la deuda que haya podido ser pagada, reparada o perdonada.*

Aceptar

No siempre es posible en terapia incidir sobre los factores externos, sobre todo cuando se tratan temas que afectan al pasado (abusos, errores, culpas, etc.) o a situaciones que se presentan como irreversibles (duelos, pérdidas, separaciones, etc.). En este caso se requiere una serie de actitudes que hagan posible integrar estas experiencias de modo que posibiliten un aprendizaje o superación de los errores o las pérdidas que se hayan producido en ellas. Tales actitudes equivalen a reconocimiento, aceptación o renuncia según los casos, tal como pone de manifiesto el comentario de Raquel, la paciente del duelo por el cáncer de pulmón de su padre, en la sesión de despedida, en la que manifiesta el deseo de finalizar el periodo de terapia porque considera que ya ha alcanzado suficiente autonomía para poder continuar la vida por su cuenta.

Terapeuta: *¿Cómo va a ser raro? Es muy bonito que lo puedas decir.*
Raquel: *¡Sí! ¿No? Pues aceptar eso: que ha sido toda la vida mi forma de pensar, que no me ha ayudado mucho. Reconocer que me esperaba otra cosa de los demás. Entender que tampoco era tan importante esperar me ha servido, también, porque a veces esperamos; pero lo importante es que tiene que haber un cambio en mí, y eso yo lo tengo clarísimo. Pero yo siempre he reclamado a los demás, siempre he estado muy pendiente, o sea, he querido mucho, mucho. Al mismo tiempo quería que me quisieran, y reconocer que no era tan importante que me quisieran como que yo me quisiera. Porque yo vengo de una familia muy especial: tengo hermanos ludópatas, hermanas que han intentado suicidarse, tengo una hermana que yo creo que es esquizofrénica, pero que nunca lo han detectado, porque ella siempre habla con fantasmas. Fantasmas que no existen, ya que, si no existe Dios, no existe ningún fantasma. Pero como he dejado*

de creer en la magia (renuncia), *he tocado con los pies en el suelo, pues ahora, cuando entro en mi casa observo lo que vivo en mi casa y es cierto que me siento frustrada, porque no he conseguido mis sueños.*

Yo pienso que no he querido ver todo lo que he vivido, porque todo siempre ha sido negativo. En cambio, ahora estoy viendo todo lo que he conseguido. Porque luego he conseguido vivir bien, o sea que realmente lo que para mí era inalcanzable, lo tengo. Pero me he olvidado de algo que a mí no se me enseñó. Para llegar adonde he llegado ahora he tocado fondo. Hay que ser sincera y clara, pues yo lo he sido conmigo, he sido dura conmigo (reconocimiento). *Alguien te hace algo que te molesta y tienes que enfadarte y sacar las uñas, ¿no? En cambio, contigo siempre usas compasión: «Pobre de mí, qué mal que estoy». Pues no. He sido capaz de enfadarme conmigo misma y de ver que no soy perfecta y que estoy pidiendo a los demás… Y que no tengo derecho de pedir nada a nadie. Por ejemplo, la religión para mí ha sido muy fuerte, y reconocer que yo esperaba algo y me siento egoísta.*

Que mi padre muriera fue muy duro, pero los padres, los hijos, todo el mundo se muere. Reconocer que esta es la vida también me duele, pero lo acepto. Estoy procesándolo y aceptando que no habrá un reino de los cielos, ni nada, que el Dios que yo imaginaba no existe (renuncia), *pero que hay uno que sí, que está por dentro… Que, para mí, ser Dios es tu interior o lo que sea. Yo me había negado y al negar eso negaba tantas cosas…*

En mi vida he vuelto atrás, pero no para compadecerme, sino para saber por qué me he convertido en lo que soy. Porque si quedamos doce hermanos de dieciocho que éramos, y cada uno es distinto y yo lo he vivido tan mal, tiene que ser algo mío, es algo propio. Esto no me lo ha hecho mi padre. «Tú serás así». Ni mi madre, ¡no! He sido yo.

Y reconocer, pues, que en eso estaba equivocada, que yo no puedo fusionarme con nadie. Tengo que vivir yo, que ser yo, que sentir yo; y aceptar. Hace poco pensaba que no me iba a curar. Vine de urgencias. Y empecé a mirarme al espejo para ver si era verdad que yo era tan horrible y decía «Bueno, te quiero… y tal». Y yo qué sé. Pero a la semana siguiente me decía «Ahora no te quiero, ni eres mona ni nada, eres horrorosa, ¿qué quieres que te diga?».

Entonces empezaba a valorar las cosas y a ver los fallos y, al mismo tiempo, me iba aceptando como soy. ¿Por eso no me voy a querer? Me quiero porque tengo que quererme, porque soy yo… (aceptar).

Y cuando me pegaron la patada yo no sabía caminar y ahora, pues, me doy cuenta de que tengo que caminar sola. Pienso que las cosas tan duras que he pasado me han enseñado; y, por ejemplo, ahora puedo ver la dependencia. Es la dependencia, porque no quiero tener dependencia ni de los hijos ni de un psicólogo (renuncia). *Así me siento en la vida.*

T.: *Me ha gustado que pusieras en el mismo saco también al psicólogo, que no lo vas a necesitar.*

R.: *No, a ver, no quiero tener dependencia de nada, porque entonces no habré aprendido nada. Pienso que, en este tiempo que he estado aquí, he aprendido mucho, porque sin este espacio yo no hubiera visto nada, me hubiera hundido en el dolor y no hubiera visto nada, y estar aquí me ha enseñado a poder separar una cosa de la otra* (aprender). *Me ha ido bien, pero no quiero tener dependencia porque entonces siempre voy a depender de un bastón para vivir y no quiero.*

T.: *Los psicólogos somos como los kleenex, para usar y tirar, para secar las lágrimas. Pero cuando ya han cumplido su función, pues se tiran, para que cada uno haga su proceso.*

Reconstruir

Los argumentos con los que Raquel plantea su decisión de finalizar la terapia ponen de manifiesto que los procesos de duelo, comprensión, reconocimiento, aceptación y renuncia no son un fin en sí mismos, sino un medio para llegar a la liberación de los enganches en el victimismo y la impotencia, asumiendo la responsabilidad de la propia existencia, para pasar de la dependencia pasiva a la autonomía activa. Este proceso, que puede considerarse paradigmático en el caso de la depresión, con todas las variables individuales imaginables, lo encontramos igualmente en el caso de Heidi.

El proceso terapéutico de Heidi es una muestra fehaciente del poder de las personas para recuperarse de los traumas sufridos y (re)construir los eslabones ausentes, perdidos o rotos de la cadena evolutiva en el camino hacia la autonomía. La enorme variedad de síntomas que acompañan a Heidi durante gran parte de su vida son muestra de los intentos adaptativos, fracasados durante años. Los inicios de su vida parecían condenarla ya a una anulación ontológica o invalidación existencial, incluso ya antes de su nacimiento.

T.: *Entonces, no te tocaba haber nacido, como dices, ¿no?*
H.: *Si pudiéramos haberlo visto desde ese punto de vista, hubiéramos sido más felices todos.*
T.: *Tú hubieras sido a-feliz, porque no habrías nacido. Tampoco infeliz, sino afeliz.*
H.: *Esa célula no se forma y ya no estoy aquí* (ríe).
T.: *Vaya que fue un embarazo, no sé si deseado o no, pero sí conflictivo.*
H.: *Sí. No sé si mi madre en algún momento del embarazo deseó no tenerme. No lo sé, no lo sé…*
T.: *Pues tienes que darle gracias a la vida. La vida quiso que nacieras y ahí estás.*
H.: *Gracias a eso, me considero una luchadora total, sí, porque he tenido que luchar siempre por vivir.*
T.: *¿Y la fuerza? ¿De dónde la sacas? Porque has estado depre, depre durante mucho tiempo.*
H.: *Cuando estaba depre, no tenía fuerza.*
T.: *Pero fue dejar a Marcos* (segunda pareja) *y aquí todo el mundo vio un cambio tremendo.*
H.: *Yo salí de la depre antes de dejar a Marcos. Si no, no lo hubiera dejado nunca. Lo interesante para mí es que la relación con Marcos la he roto yo sola. Lo vi claro: había una carencia afectiva y luego como una dependencia al maltrato, que me llevaba a repetir el patrón que tenía siempre de sometimiento. Por eso, cuando yo empecé a ser yo, discutimos con Marcos hasta que se fue. Lo que me hace sentir bien en ese proceso es que lo hice yo sola, no lo comenté con nadie y es como lo quise hacer, de esta manera.*
T.: *Un proceso personal y propio.*
H.: *Sí. Y eso me hace sentir muy bien.*

T.: *Ya, pero ¿qué te hizo dar ese giro?*

H.: *Pues pensar «tú siempre te has valido por ti misma, siempre has sacado todo adelante y con lo que tú sabes ahora, con lo que has aprendido, ¿te estás permitiendo todo esto?». Empecé a sentir un bienestar dentro de mí, querer hacer las cosas por mí misma, saber que me estaban manipulando. «Pero bueno, ¿a ti cuándo te ha manipulado alguien? Pues tu marido, el padre de tus hijos... Pero eso fue hace mucho tiempo. ¿Y ahora se va a repetir? Pues no, no lo permitas». O sea, de víctima, esta parte de victimismo, ya no existe.*

T.: *Ajá, te has hecho responsable de tu existencia.*

H.: *Exactamente. Es lo primero que tienes que sacarte para poder caminar. Dejar de ser víctima y verte a ti misma como persona. Ir de «ay, pobrecita», ir de víctima... Al sacarte esa etiqueta, te sacas un peso tremendo de encima. Porque somos víctimas, porque nos va bien ir de víctimas. Tengo que mirar al futuro, tengo que vivir, vivir siempre es para adelante, no para atrás.*

El significado de este proceso de cambio seguido por Heidi puede entenderse desde la perspectiva del desarrollo moral como un pasaje de la regulación socionómica a la autónoma. Una regulación no integrada y deficitaria a partir de la experiencia de abuso, basada en la confusión del amor como disolución del yo en el otro, entendido tanto como sumisión y dependencia que dan pábulo al maltrato, o como cuidado que exige la contraparte de la debilidad y la enfermedad y, en consecuencia, de la dependencia, como dejación de la propia voluntad.

El proceso terapéutico ha permitido a Heidi retomar los apoyos de una base segura que conservaba todavía en sus recuerdos de infancia con los abuelos, durante la fase anómica; reconectar con su historia de resiliencia manifestada en su capacidad de trabajo para sustentarse por sí misma; valorar la superación de las dificultades extremas en la crianza de los hijos; asumir con valentía la travesía en solitario del desierto del dolor; ejercer la fortaleza para hacer frente al maltrato en su primera pareja y desprenderse de los falsos apoyos de la sobreprotección en la segunda; desplegar la generosidad consigo misma y con sus relaciones más significativas para liberarse de las cargas emocionales destructivas del pasado a través del *perdón*. De este modo, Heidi ha convertido el proceso psicoterapéutico en un camino hacia una autonomía plena, no solo psicológica, sino también afectiva y funcional: ya no depende de las relaciones tóxicas de pareja, ni de las muletas en que apoyarse para caminar o de la mascarilla para poder respirar.

La psicoterapia como camino a la autodeterminación

Nos hemos referido a la autodeterminación como la forma más completa de ejercicio de la libertad y a los trastornos psicológicos como «constricciones de la libertad». Queda claro, por tanto, que una terapia de orientación existencial tiene por objetivo nuclear la consecución o el aumento de la autonomía (Villegas, 2015). Una buena metáfora de este proceso de autodeterminación lo constituye el episodio de las sirenas en el relato de la *Odisea* de Homero, en el que Ulises se ve enfrentado en su viaje de vuelta a Ítaca a su canto seductor que lo quiere apartar de su camino, lo que lleva a centrarse sobre sí mismo y su objetivo, atándose al palo mayor de su embarcación, para no ceder en su empeño. Atarse al palo mayor, convertirse en el centro o eje de sí mismo, esta es la función del paciente en la terapia, y la del terapeuta es semejante a la de los marineros fieles a Ulises, que lo ayudan a no desatarse de él, volviéndolo a sujetar a su propio centro cuantas veces haga falta.

Ulises viaja en tren

El siguiente testimonio de Maite es el relato de una experiencia terapéutica en la que resulta fácil imaginarse a la paciente tratando de centrarse en sí misma, evitando dejarse llevar por el canto de las sirenas y al terapeuta manteniéndose firme a su lado: «permitiéndome hacer mi propio camino, dejando que diera mil vueltas a las cosas antes de tomar una decisión», como las innumerables vueltas que dio Ulises en su largo camino de vuelta a Ítaca:

Estoy escribiendo desde el tren. Curiosidades de la vida: fui al psicólogo porque no podía subirme a un tren, ni a ningún transporte cerrado. Y ahora me quedan dos horas, si todo va bien, de estar aquí encerrada, así que aprovecho para leer un rato y despedirme de ti.

Hace ahora apenas un mes nos despedimos y quiero darte las gracias. El último día me preguntaste qué pensaba que había aprendido en este tiempo de terapia. Creo que en este tiempo de terapia he aprendido a verme como el centro de mi mundo, pero sabiendo siempre mirar a los demás como a iguales. Este fue un punto clave para adentrarme en este mundo y no salir volando o huyendo. Crecí en seguridad para aprender que también me puedo equivocar, pero que eso forma parte del aprendizaje. Aprendí a ponerme yo misma como punto de referencia que decide qué hacer en cada momento, estando a gusto con lo que haya decidido.

En este tiempo he tomado decisiones, algo que siempre me había costado mucho, pero que me ha ayudado a crecer y a ser más feliz. Sigue siendo difícil por ahora escoger el camino recto y estable, pero en cualquier caso intento hacer lo que siento en cada momento, poniendo ilusión en ello. E intento hacerlo bien. Estoy contenta e incluso orgullosa con frecuencia.

Pienso que no vale la pena atraer los problemas o quedarse en una situación que te hace daño. También hay que ser fuerte para romper ciertos lazos que a veces te hacen daño. Pero sí tengo claro que somos nosotros quienes dejamos que nos hagan daño y quienes decidimos quedarnos (sufriendo y haciéndonos las víctimas) o salir. Siempre hay una salida. Supongo que una de las claves está en responsabilizarse de uno mismo y del camino que está recorriendo. Y pensar tal vez, también, que cada día es un regalo que hemos de aprovechar para trabajar y crecer.

Gracias por escucharme, gracias por entenderme, gracias por no juzgarme, gracias por ayudarme a crecer sin forzarme, dejando que haga mi propio camino, dejando que diera mil vueltas a las cosas antes de tomar una decisión y volviendo a veces a recular. Gracias por ayudarme a llorar. Sí, la tristeza también forma parte de la vida, aunque siempre huimos para no encontrárnosla de cara. Igual que la muerte, ¿no? Es el golpe más fuerte que nos podemos dar, pero que aun así forma parte de la vida.

Muchas técnicas, pero una sola psicoterapia

En el capítulo introductorio de una obra anterior, *Prometeo en el diván* (Villegas 2013), y en el intento de delimitar el concepto de psicoterapia, proponíamos una definición que partiera de la etimología de la palabra misma. Esta está compuesta de dos términos procedentes del griego clásico «Psique» y «Terapia», de modo que «psicoterapia» significa literalmente «curación de la psique» o «curación por la psique»; así que, uniendo ambas posibles interpretaciones etimológicas de la palabra, nos quedaría una definición como la siguiente: «curación de la psique por la psique».

Siguiendo con esta lógica tan elemental, quedaría claramente delimitado el ámbito de la psicoterapia, que, en cuanto a «terapia psíquica», se distinguiría radicalmente de la psiquiatría, al no considerar enfermedades del cerebro el malestar o las disfunciones psicológicas, aun sin negar su existencia e influencia, sino como efecto de problemas existenciales. En consecuencia, los medios o métodos de intervención serían también distintos de los de la psiquiatría, no de naturaleza física o química, sino simbólica o semántica.

Es importante delimitar claramente el objeto y el método de la psicoterapia como algo específicamente relacionado con el mundo simbólico y no físico o fisiológico, puesto que, de otro modo, no solo no puede justificarse su praxis, sino tampoco su entidad conceptual. La reiterada tentación, por parte de algunos grupos científicos, de reducir toda expresión de malestar psicológico o de disrupción conductual a desajustes cerebrales impide tomarse en serio cualquier intento de comprensión y, en consecuencia, de intervención psicológica o social.

El complejo sistema cerebral humano, sede de la actividad cognitiva y de la reactividad emocional, responde a los acontecimientos exteriores y a los fantasmas interiores de forma apropiada, espantándose cuando percibe un peligro o amenaza (miedo), entristeciéndose cuando experimenta una pérdida (tristeza), exaltándose cuando entrevé una ganancia (alegría), enfureciéndose cuando se siente atacado o frustrado (rabia), o desconcertándose ante lo imprevisto (sorpresa). Estas reacciones, a las que llamamos «emociones», son absolutamente normales y sanas, aunque pueden desestabilizarnos anímicamente y ser causa de sufrimiento cuando no se consigue darles una salida adaptativa.

A las respuestas emocionales desadaptativas, sobre todo cuando se prolongan en el tiempo o incluso se cronifican, les atribuimos gran parte de la responsabilidad de los trastornos psicológicos. Así, el miedo puede transformarse en fobia, pánico o incluso paranoia; la tristeza o el duelo en depresión; la rabia en ideas intrusivas o la culpa en rituales preventivos y conductas de comprobación. Y estas transformaciones pueden convertirse en el origen del sufrimiento psicológico que, en un grado muy elevado y en distintos momentos de la vida, pueden afectar a la mayoría de las personas, para lo que no se necesitan estadísticas, puesto que tanto el sufrimiento como el goce son inherentes a la naturaleza humana y no suponen un cerebro «estropeado». Que estas experiencias induzcan cambios en la química cerebral y que estos puedan ser paliados con reactivos químicos o de otra índole no significa que nuestro cerebro esté «estropeado», sino, a lo sumo, «alterado» (Mirapeix *et al.*, 1998).

Precisamente, estos males del alma no son el resultado de cerebros «estropeados» y la psicoterapia tiene un sentido. Se deben recuperar las emociones originales y permitirles ir de una forma natural y libre hacia una superación de las frustraciones, las pérdidas, los fracasos o las amenazas. Se trata de poder reconstruir el significado de los acontecimientos pasados de un modo que haga posible integrarlos en la propia historia, o de poder afrontar los cambios que se nos plantean en el presente o se prevén en un futuro inmediato. La definición de psicoterapia como «terapia de la psique por la psique» adquiere en su sencillez, y a la luz de estas consideraciones, pleno significado, sin necesidad de complicarla más. La psique humana «enferma», es decir, sufre, por su susceptibilidad al dolor, pero puede «curarse» por sus propios medios, cicatrizando sus heridas, como sucede, por ejemplo, en el duelo, parte intrínseca, como hemos señalado, del curso depresivo.

La psicoterapia, en consecuencia, no es más que el proceso autocurativo que lleva a cabo el propio psiquismo humano. El papel del terapeuta es posibilitar este proceso. Maite, la paciente que escribe en el tren, lo resume de forma muy apropiada: «Gracias por escucharme, gracias por entenderme, gracias por no juzgarme, gracias por ayudarme a crecer sin forzarme, dejando que haga mi propio camino».

La pregunta que puede acudir a la mente del lector en este punto del capítulo final del libro puede plantearse de la siguiente manera: si el papel del psicólogo se reduce al de facilitador del cambio, ¿qué sentido tienen la variedad de paradigmas, métodos y técnicas de las diversas psicoterapias?

Unos modelos se centran en el inconsciente; otros en la conducta observable; otros en los síntomas patológicos; otros en los pensamientos o creencias; otros en las emociones; otros en el contexto social o familiar; otros en las respuestas del cuerpo; otros en las construcciones mentales o en las narrativas alternativas; otros intentan integrar todas estas dimensiones a veces en un gran batiburrillo, lleno de guioncitos del tipo *bio-psico-social,* que dice todo y no dice nada. Y hará bien el terapeuta en formarse o al menos informarse sobre todos ellos y más, puesto que presentan perspectivas conceptuales que, aunque aparentemente contrapuestas, se complementan entre sí y ayudan a entender la complejidad de la experiencia humana.

Si tomamos un ejemplo simple como dejar de fumar, se puede intentar intervenir mediante fármacos (ansiolíticos, antidepresivos, parches de nicotina, etc.) o bien enfocarlo como una conducta reforzada, cuyos refuerzos hay que intentar extinguir o convertir en aversivos. También se la puede considerar una actividad cargada de significados sociales como manifestación asertiva de uno mismo, expresión de masculinidad o de asimilación feminista, como manifestación de rebeldía juvenil, como un hábito o adicción adquirida, como un ansiolítico o desestresante en sí mismo, y así hasta el infinito. La forma de intervenir psicoterapéuticamente dependerá de la concepción que tenga el terapeuta de la naturaleza de este fenómeno.

Pero es mucho más fácil y certero plantearse cuál es el significado que tiene este hábito para el propio sujeto. Hay menos riesgo de equivocarse y más posibilidad de acertar en el tratamiento que sea adecuado para esta persona en concreto. Incluso, es posible que descubramos que este problema no se puede desconectar de otros más nucleares de su existencia, como el de la propia autoestima o estima ontológica.

Montse Barderi (2007), por ejemplo, en un libro muy sugerente en el que explica su proceso de desapego de sus tres grandes adicciones —los amores tóxicos; la obesidad mórbida, efecto de una compulsión en la comida; y la dependencia del tabaco—, escribe:

> Ya no fumo y estoy convencida de que no volveré a fumar nunca más. De repente dejé el tabaco, aun cuando todavía no lo había decidido.

Y más adelante:

> Así que pude dejar de fumar de forma clara, contundente y precisa, justamente cuando ya me quería un poco más, cuando ya había madurado en mi interior un sincero amor hacia mí.

Como comenta la autora en otro momento, en general dejamos las decisiones de las cosas que nos convienen, como dejar de fumar, a factores externos: la prescripción médica, una experiencia aversiva después de una bronquitis asfixiante, la presión social en forma de constricciones ambientales, y esperamos las instrucciones técnicas de los profesionales, en lugar de actuar por nosotros mismos y desde nosotros mismos. Y, citando a Confucio, concluye con esta sentencia:

> La persona de bien se lo exige todo a ella misma; la persona ordinaria lo espera todo de los demás.

Como bien se puede deducir a partir del ejemplo de dejar de fumar, un problema psicológico solo puede ser abordado psicológicamente, si es definido como tal. Si fumar se concibe como un hábito generado por una dependencia a una sustancia química como la nicotina, su tratamiento se enfoca, en consecuencia, por ejemplo, a través de la prescripción médica de parches de nicotina. Lo mismo sucede con la dependencia del alcohol, para el que se receta el Antabuse.

Se puede decir: ahí hay una sustancia química y se puede neutralizar o volver aversiva a través de otra sustancia química. Pero, si se trata de adicción al juego o a las redes sociales, debe ser necesariamente un problema psicológico, porque ¿dónde está la sustancia química? Bueno, la respuesta es que, aparte de la activación de las neurohormonas de recompensa cerebral, y por lo tanto susceptible de tratamiento médico o farmacológico, esta conducta puede ser tratada como un hábito y, en consecuencia, ser objeto de modificación de conducta, sin necesidad de entrar en la «caja negra» de la psique, como la llamaban los conductistas, con su mundo de motivaciones, sentimientos, fines, propósitos vitales, autoestima, posicionamiento existencial.

Esta es una cuestión que lleva más de medio siglo debatiéndose en los círculos académicos, con resultados siempre parecidos. Centenares de estudios, como el de Cuijpers *et al.* (2023), concluyen insistentemente desde la década de 1970 que la eficacia de las terapias sobre la depresión está ampliamente demostrada. Al examinar las distintas modalidades terapéuticas, en general se hallan índices semejantes de eficacia entre todas ellas. Les sucede como a los animales que participan en la carrera propuesta por el pájaro Dodo en *Alicia en el país de las maravillas*. Todos corren a su manera y todos ganan. En efecto, como comenta Mansilla (2021):

> Si se aborda el estudio de la psicoterapia, sin interferencias ni sesgos interesados por pertenencia a una u otra orientación, no se encuentran diferencias relevantes sobre la eficacia entre los principales enfoques psicoterapéuticos. La superioridad de un modelo sobre otro no ha sido suficientemente verificada; los diferentes enfoques psicoterapéuticos producen efectos equivalentes y presentan, en mayor o menor medida, resultados similares sobre su eficacia (Cuijpers, 2019).

Este efecto curioso de homogeneidad en la práctica de los distintos métodos terapéuticos ha sido atribuido a los llamados «factores comunes» (Frank, 1991), entre los que se citan la alianza terapéutica, la personalidad y experiencia del terapeuta, la expectativa de cura del paciente o cliente, el contexto dinámico de aceptación y de confianza, la catarsis, la empatía y el *feedback*, entre otros. La razón de todo ello podría ser la del enunciado de este apartado: «muchas son las técnicas, pero solo uno el proceso terapéutico», a saber, el que lleva a cabo el paciente.

El interés, por tanto, por parte del terapeuta parece que debe dirigirse a la comprensión del proceso subjetivo del paciente. Esto implica una escucha activa y empática, una aceptación positiva incondicional de la persona, un respeto por el ritmo de sus avances y retrocesos, una particular atención a la construcción de su discurso, una actitud socrática en el diálogo.

Su objetivo es ayudar a recuperar la capacidad de gestionar la propia existencia, la promoción de la autonomía psicológica, en una palabra. Este no es el resultado de la aplicación de unas técnicas por parte de un profesional al que llamamos psicoterapeuta, sino el de un proceso personal de crecimiento o de cambio. Coherentemente con el objetivo de promover la autonomía, el papel del mal denominado «paciente» se ve llamado a convertirse en «agente» de su propio proceso de cambio.

Desde este punto de vista, no se concibe la terapia como una técnica de curación de ningún tipo de enfermedad psíquica de origen más o menos desconocido, sino como una intervención facilitadora en el proceso de llegar a ser una persona autónoma (Villegas, 2015). Evidentemente, las intervenciones del terapeuta pueden ser más o menos acertadas, las técnicas o ejercicios propuestos más o menos congruentes o afines con las características del paciente, las actitudes más o menos apropiadas en cada momento del proceso, las reformulaciones o interpretaciones más o menos acertadas o coherentes con el mundo discursivo del paciente. No existe un protocolo para hacerlo mejor o peor, ni la eficacia se basa en un paradigma teórico superior a otro. Es la confluencia de objetivos entre terapeuta y paciente la que puede activar la zona de desarrollo proximal que, en términos de Vygotsky (1978), describe paso a paso el proceso que puede hacer la persona en su camino hacia la autonomía.

Existir significa, en efecto, asumir la propia existencia para proyectarla libremente en el mundo en un acto de autodeterminación, que llene de sentido el *vacío* en el que estamos *atrapados* en su ausencia. La psicoterapia no pretende cambiar la realidad objetiva, física o social, sino capacitar a la persona para hacerse dueña de la propia existencia. Su objetivo es recuperarla, aun al precio de la confrontación con el propio pasado, a fin de liberar el presente y el futuro. Si el pasado es el reino del determinismo, el futuro es el de la libertad. Libertad para ser.

Bibliografía

Achotegui, J. (2002). *La depresión en los inmigrantes: una perspectiva transcultural.* Barcelona: Ediciones Mayo.

Altimira, M., Bellver, C. (2024). El consumo de antidepresivos se dispara entre menores. *La Vanguardia,* 17-08-24.

American Psychiatric Association apa (2014). *Diagnostic and Statistical Manual of Mental Disorders* dsm-v. Arlington: apa.

Balcells, A. (2017). Seguro de muerte, seguro de vida. *Revista de Psicoterapia* 28(106), pp. 57-69.

Barderi, M. (2007). *Perdre per guanyar.* Barcelona: Ara Llibres.

Basaglia, F. (1968). *L'isituzione negata.* Turín: Einaudi.

Bentall, R.P. (2009). *Doctoring the mind. Is our current treatment of mental illness really any good?* Nueva York: University Press.

Binswanger, L. (1973). «El caso Ellen West». *Artículos y conferencias escogidas,* Madrid: Gredos.

Blech, J. (2005). *Los inventores de enfermedades. Cómo nos convierten en pacientes.* Barcelona: Destino.

Cancrini, L. (1996). *Date parola al dolore. Intervista a cura di Rossini.* Segrate: Frassinelli.

Colina, F. (2011). *Melancolía y paranoia.* Madrid: Síntesis.

Cooper, D. (1967). *Psychiatry and Anti-Psychiatry.* Londres: Tavistock.

Costa, M., López, E. (2003). *Consejo psicológico. Una alianza estratégica para el apoyo, la potenciación y el cambio.* Madrid: Síntesis.

Costa, M., López, E. (2006). *Manual para la ayuda psicológica. Dar poder para vivir. Más allá del counseling.* Madrid: Pirámide.

Cuijpers, P., Reijnders, M., Huibers, M. (2019). The role of common factors in psychotherapy outcomes. *Annual Review of Clinical Psychology* 15(1), pp. 207-231.

Cuijpers, P., Harrer, M., Miguel, C., Ciharova, M., Karyotaki, E. (2023). Five decades of research on psychological treatments of depression: A historical and meta-analytic overview. *American Psychologist* 15(335), pp. 141-151.

Dunker, C. (2021). *Uma biografia da depressão*. San Pablo: Paidós.

Dupuy J.P. (2002). *Pour un catastrophisme éclairé. Quand l'impossible est certain.* París: Seuil.

Echeburúa E. *et al.* (2010). Efectividad de las terapias psicológicas: Un análisis de la realidad actual. *Revista de Psicopatología y Psicología Clínica* 15(2).

Evragio Pontico (2013). *Obras espirituales.* Madrid: Ciudad Nueva.

Ezquiaga, E., López, A., Díaz de Neira, M., García, M.J. (2011). Depresión. Imprecisión diagnóstica y terapéutica. Importantes consecuencias en la práctica clínica. *Revista de la Asociación Española de Neuropsiquiatría* 31(3), pp. 457-475.

Frances, A. (2014). *¿Somos todos enfermos mentales?* Barcelona: Ariel.

Frank, J.D. (1991). *Persuasion and healing: A comparative study of psychotherapy*. Baltimore: Johns Hopkins University Press.

Frankl, V. (2015). *El hombre en busca de sentido.* Barcelona: Herder.

Freud, S. (1917). Duelo y melancolía. *Obras Completas, vol. XIV.* Buenos Aires: Amorrortu.

García, J., García, H., González, M. (2018). Cuando los síntomas no dejan ver el sentido. Viaje existencial al centro de la psicoterapia. *Revista de psicoterapia* 29(109), pp. 39-68.

González, H., Pérez, M. (2007). *La invención de trastornos mentales. ¿Escuchando al fármaco o al paciente?* Madrid: Alianza.

Hollon S.D. (2024). What we got wrong about depression and its treatment. *Behaviour Research and Therapy* 180, 104599.

Huxley, A. (1923). *On the Margin: Notes and Essays*. Londres: Chatto & Windus.

Janoff-Bulman, R. (1992). *Shattered Assumptions: Towards a New Psychology of Trauma.* Nueva York: The Free Press.

Kapuscinski, R. (2000). *Ébano.* Barcelona: Anagrama.

Kraus, K. (2011). *Dits et contre-dits.* París: Rivages.

Kübler-Ross, E. (1989). *La muerte: un amanecer.* Barcelona: Luciérnaga.

Kundera, M. (1993). *La Insoportable levedad del ser.* Barcelona: Tusquets.

Laborit, H., (1980). *L'inhibition de l'Action, biologie comportementale et physio-pathologie.* Montreal: Masson / Presses Universitaires de Montréal.

Laín-Entralgo, P. (1958). *La curación por medio de la palabra en la antigüedad.* Madrid: Revista de Occidente.

Laing, R.D. (1960). *The Divided Self. An Existential study of sanity and madness.* Londres: Tavistock Publicatiolns.

Laing, R.D. (1982). *The voice of experience.* Londres: Pantheon.

Laporte, J.A. (2024). *Crónica de una sociedad intoxicada.* Barcelona: Península.

Levi-Strauss, C. (1962). *Le Totemisme aujour-dui,* Paris: puf.

López, E., Costa, M. (2012). *Manual de Consejo Psicológico. Una visión despatologizada de la Psicología Clínica.* Madrid: Síntesis.

López, E., Costa, M. (2014). *Los problemas psicológicos no son enfermedades. Un análisis crítico de la retórica psicopatológica.* Madrid: Pirámide.

Mallor, P. (2006) Relaciones de dependencia, ¿cómo llenar un vacío existencial? *Revista de Psicoterapia* 68, pp. 65-88.

Mallor, P. (2004). Bulimia. ¿cómo llenar un vacío existencial? una aproximación a los trastornos de la alimentación. *Revista de Psicoterapia,* 15(58-59), pp. 145-164.

Mansilla, F. (2021). Una perspectiva de los factores comunes en psicoterapia. xxii *Congreso Virtual Internacional de Psiquiatría, Psicología y Salud Mental.* www.interpsiquis.com.

Marinoff, L. (1999). *Más Platón y menos Prozac.* Barcelona: Ediciones B.

Marinoff, L. (2003). *Pregunta-ho a Plató. Com la filosofia et pot canviar la vida.* Barcelona: Proa.

Mirapeix, C., Caro, I., Echeburúa, E., González, M.A., Ibáñez, E., Rodríguez, B., Villegas, M. (1998), «Mesa redonda cibernética, Análisis de la influencia de la combinación de psicofármacos y psicoterapia, según las diferentes orientaciones de psicoterapia». *Revista de Psicoterapia* 36, pp. 63-90.

NARDONE, G. (2016). *El arte de mentirse a sí mismo y de mentir a los demás*. Barcelona: Herder.

NEIMEYER, R.A. (2000). *Aprender de la pérdida. Una guía para afrontar el duelo*. Barcelona: Paidós.

NEIMEYER, R.A. (2002). Duelo y significado. *Revista de Psicoterapia* 49 (XII), pp. 5-24.

NEUBURGER, R. (2022). *Existir. El más íntimo y frágil de los sentimientos*. Barcelona: Kairós.

ORTEGA Y GASSET, J. (1977). *Ideas y creencias*. Madrid: El Arquero.

ORTIZ, A., MATA, I. (2015). Allen Frances y la pureza del diagnóstico. *Revista de la Asociación Española de Neuropsiquiatría* 35(125), pp. 165-174.

PARKER, G. (2000). Classifying depression: should paradigms lost be regained? *American Journal of Psychiatry* 157(8), pp. 1195-1203.

PÉREZ-ÁLVAREZ, M. (2008) ¿Son los trastornos psicológicos enfermedades como otra cualquiera? *Infocop* 22, abril.

PORGES, S.W. (1995). Orienting in a defensive world: mammalian modifications of our evolutionary heritage. A Polyvagal Theory. *Psychophysiology* 32(4), pp. 301-318.

PORGES, S.W., BUCZYNSKI, R. (2012). *La teoría polivagal para el tratamiento del trauma*. Webinar: National Insitute for the Clínical Application of Behavioral Medicine UNAM.

PUBILL, M.J. (2016). *Guía para la intervención emocional breve*. Barcelona: Paidós.

ROJÍ, B. *et al.* (2014). *Intervención psicoterapéutica*. Madrid: UNED.

RIEF, W., NESTORIUC, Y., WEISS. S., WELZEL, E., BARSKY, A.J., HOFMANN S.G. (2009). Meta-analysis of the placebo response in antidepressant trials. *Journal of Affective Disorders* 118(1-3), pp. 1-8.

ROJAS, E. (2006). *Adiós depresión. En busca de la felicidad razonable*. Madrid: Temas de hoy.

SELIGMAN, M.E. (1975). *Helplessness: On Depression, Development, and Death*. San Francisco: W.H. Freeman.

SZASZ, T. (1968). *El mito de la enfermedad mental*. Buenos Aires: Amorrortu.

SZASZ, T. (2007a). *The medicalization of everyday life*. Nueva York: Syracuse University Press.

SZASZ, T. (2007b). *Coercion as cure. A critical history of psichiatry.* Londres: Transaction Publishers.

UGAZIO, V. (2012). *Storie permesse, storie proibite.* Milán: Bollati Boringhieri.

VALLEJO-NÁJERA, J.A. (2001). *Ante la depresión.* Barcelona: Planeta.

VYGOTSKY, L.S. (1978). *Mind and society. The development of higher psychological processes.* Cambridge: Harvard University Press.

VILLEGAS, M. (1989). Ellen West: análisis de una existencia frustrada. *Revista de Psiquiatría y Psicología Humanista* 25, pp. 71-94.

VILLEGAS, M. (1992). Análisis del Discurso Terapéutico. *Revista de Psicoterapia* 10-11, pp. 23-65.

VILLEGAS, M. (1993). Las disciplinas del discurso: hermenéutica, semiótica y análisis textual. *Anuario de Psicología* 59, pp. 19-60.

VILLEGAS, M. (2002). ¿Dónde vas con mantón de Manila?: el proceso de convertirse en persona... autónoma. *Revista de Psicoterapia* 50-52, pp. 102-162.

VILLEGAS, M. (2011). *El error de Prometeo. Psico(pato)logía del desarrollo moral.* Barcelona: Herder.

VILLEGAS, M. (2013). *Prometeo en el diván. Psicoterapia del desarrollo moral.* Barcelona: Herder.

VILLEGAS, M. (2015). *El proceso de convertirse en persona autónoma.* Barcelona: Herder.

VILLEGAS, M. (2018). *Psicología de los siete pecados capitales.* Barcelona: Herder.

VILLEGAS, M. (2020). *La mente emocional.* Barcelona: Herder.

VILLEGAS, M. (2021). Patologías de la libertad (v). Depresión y suicidio: la constricción del ser. *Revista de Psicoterapia* 32(119), pp. 211-269.

VILLEGAS, M. (2022a). *Atrapados en el espejo. El narcisismo y sus modalidades.* Barcelona: Herder.

VILLEGAS, M. (2022b). *Diàlegs d'ultratomba. Psicoteràpia amb divuit personatges de la història.* Barcelona: Fragmenta.

VILLEGAS, M. (2023). *Atrapados en el amor. La dependencia afectiva.* Barcelona: Herder.

VILLEGAS, M. (2024). *Atrapados en la mente. Las obsesiones.* Barcelona: Herder.

Villegas, M., Mallor, P. (2015). Estima ontológica, estima narcisista. *Revista de Psicoterapia* 100, pp.3-44.

Villegas, M., Mallor, P. (2017). Heidi: Un caso de resiliencia al abuso sexual. *Revista de Psicoterapia* 106, pp. 87-111.

Weiskopf, C. (2017). *Amazona.* Colombia: Castarántula Films.

Williams, P. (2014). *El quinto principio.* Barcelona: Herder.